# 南昌海关年鉴

# 2022

《南昌海关年鉴（2022）》编纂委员会——编著

中国海关出版社有限公司
·北京·

**图书在版编目（CIP）数据**

南昌海关年鉴 . 2022/《南昌海关年鉴（2022）》编纂委员会编著 . —北京：中国海关出版社有限公司，2023. 3

（中国海关史料丛书）

ISBN 978－7－5175－0647－8

Ⅰ. ①南… Ⅱ. ①南… Ⅲ. ①海关—南昌—2022—年鉴 Ⅳ. ①F752. 55-54

中国国家版本馆 CIP 数据核字（2023）第 036540 号

**南昌海关年鉴（2022）**

NANCHANG HAIGUAN NIANJIAN（2022）

作　　者：《南昌海关年鉴（2022）》编纂委员会

责任编辑：叶　芳

出版发行：中国海关出版社有限公司

社　　址：北京市朝阳区东四环南路甲 1 号　　邮政编码：100023

编 辑 部：01065194242-7531（电话）

发 行 部：01065194221/4238/4246/5127（电话）

社办书店：01065195616（电话）

https://weidian.com/?userid=319526934（网址）

印　　刷：北京盛通印刷股份有限公司　　经　　销：新华书店

开　　本：889mm×1194mm　1/16

印　　张：19.5　　字　　数：365 千字

版　　次：2023 年 3 月第 1 版

印　　次：2023 年 3 月第 1 次印刷

书　　号：ISBN 978－7－5175－0647－8

定　　价：200.00 元

# 《南昌海关年鉴（2022）》编纂委员会

## 《南昌海关年鉴（2022）》编辑部

# 编辑说明

一、《南昌海关年鉴》是由南昌海关组织编纂的，全面、客观、系统记载南昌海关发展历程的编年史料，是集权威性、综合性、实用性为一体的资料性工具书，每年出版一卷，本卷为首卷。

二、《南昌海关年鉴（2022）》以习近平新时代中国特色社会主义思想为指导，载录2021年度南昌海关工作的基本情况，包括关区改革发展的重要举措、重大事件以及成绩和经验，以资政育人，凝心聚力，为建设社会主义现代化海关提供精神动力和史实支撑。

三、《南昌海关年鉴（2022）》记述时间为2021年1月1日至2021年12月31日。鉴于本卷为首次编纂，综合反映南昌海关发展的前言、概况、专记等内容适当上溯。

四、《南昌海关年鉴（2022）》记述资料来源为南昌海关及其所属机构、隶属海关各部门，限于篇幅，不一一注释。

五、《南昌海关年鉴（2022）》采用分类编辑法，设类目、分目、条目3个层级，有特载、专记、党的建设、业务建设、政务及后勤保障、隶属海关、企事业单位、人物荣誉、大事记、海关统计资料10个类目，依次设有分目，以条目为基本记述单元。卷首设专题图片，卷末设附录。

六、《南昌海关年鉴（2022）》统计数据和单位名称以及标点符号均按国家有关规定执行，计量单位采用国家法定计量单位和国际单位，技术规范、专业名词遵从规范要求。

# 前　言

欲知大道，必先为史。习近平总书记指出：当代中国是历史中国的延续和发展。新时代坚持和发展中国特色社会主义，更加需要系统研究中国历史与文化，更加需要深刻把握人类发展历史规律，在对历史的深入思考中汲取智慧，走向未来。南昌海关认真贯彻落实习近平总书记关于重视历史、研究历史、借鉴历史，用历史映照现实、远观未来等一系列重要指示批示精神，坚决落实海关总署（以下简称“总署”）关于深化海关史研究工作部署，坚持通过学习研究海关历史做到知荣辱、明兴替，系统地搜集整理珍贵的海关史料，严把政治关、史实关、特色关、体例关，全面细致总结，提炼特色亮点工作，编纂完成《南昌海关年鉴（2022）》。

盛世修史，正逢其时。当前，我们国家进入全面建设社会主义现代化国家、向第二个百年奋斗目标进军的新征程。在这一具有里程碑意义的时间节点，根据总署党委关于加强海关史研究工作整体安排，总署决定组织“中国海关年鉴”丛书编纂出版工作。《南昌海关年鉴》作为“中国海关年鉴”丛书的重要组成部分，关区第一时间成立《南昌海关年鉴》编纂委员会，统筹实施年鉴的组稿、撰稿、统稿、编辑、审稿等工作。自2021年12月启动相关工作以来，历经编辑部成员的培训和参考编目大纲的定稿、资料搜集整理和编目撰写等过程，在总署关史办的大力支持下，《南昌海关年鉴（2022）》先后通过编辑初审、保密审查及脱密管理、副主任委员二审、主任委员终审、总署关史办核校，由南昌海关编纂委员会最终审定。全书约36万字，内容涵盖2021年南昌海关发生的重大事件及其背景、社会影响，南昌海关事业改革发展的新业绩、新成就等，全面、客观、真实地总结了南昌海关2021年事业传承、发展变革的历史，充分展示了南昌海关队伍奋发向上的精神风貌，为当代提供资政辅政之参考，为后世留下堪存堪鉴之记述。

以史为鉴，开创未来。希望《南昌海关年鉴》能成为新时代记录南昌海关发展的重要平台，引导关区广大关警员筑牢历史记忆、增强历史认知，进一步丰富历史文化，收到资政育人、凝心聚力的良好效果，为建设新时代讲党性、讲政治、讲忠诚、讲担当的社会主义现代化海关提供强大的精神力量和史实支撑。

# 目　录

## 第四篇　业务建设

## 第五篇　政务及后勤保障



## 第六篇　隶属海关

## 第七篇　企事业单位

## 第八篇　人物荣誉



## 第九篇　大事记



## 第十篇　海关统计资料



## 附　录



## “中国海关史料丛书” 编委会

# 海关专题图片

## 领导活动

◀2021年2月1日，海关总署署长、党委书记倪岳峰与南昌海关视频连线并慰问值班人员

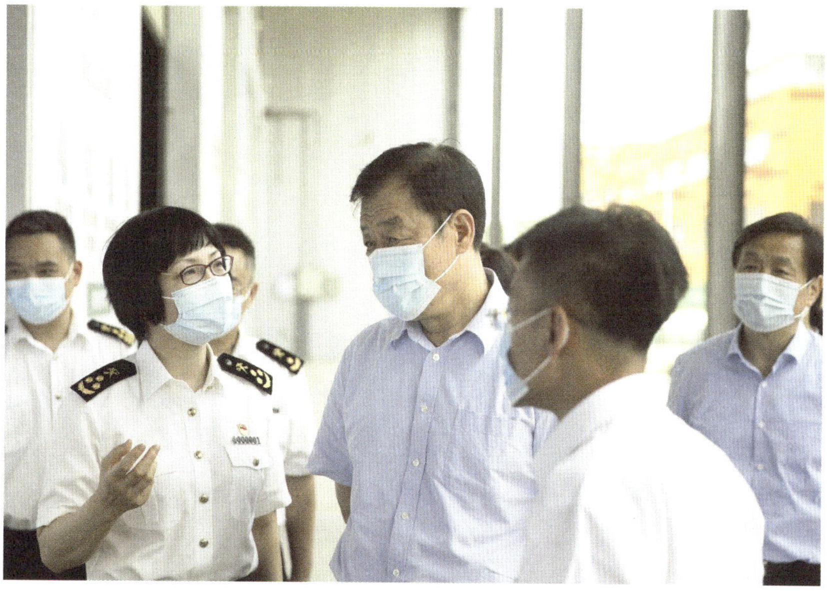

2021年5月22日，江西省委书记刘奇到龙南保税物流中心（B型）调研并肯定海关工作 ▶

◀ 2021 年 8 月 6 日，海关总署副署长王令浚在南昌海关调研

2021 年 7 月 21 日，驻署纪检监察组组长陶治国在南昌海关调研 ▶

◀ 2021 年 12 月 23 日，海关总署总检验师孙文康到赣州国际陆港调研

◀ 2021 年 4 月 28 日，南昌海关党委理论学习中心组（扩大）专题学习班在井冈山干部学院开班

2021 年 7 月 5 日，南昌海关举行党委理论学习中心组（扩大）专题学习 ▶

◀ 2021 年 3 月 17 日，南昌海关关长、党委书记张格萍到萍乡海关调研

2021 年 6 月 29 日，南昌海关关长、党委书记张格萍到南昌综合保税区调研 ▶

◀ 2021 年 10 月 28 日，南昌海关关长、党委书记张格萍到遂川调研乡村振兴

2021 年 9 月 14 日，南昌海关缉私局局长、党委委员赵月淦讲授学习习近平法治思想专题党课 ▶

◀2021 年 5 月 28 日，南昌海关副关长、党委委员符平到鹰潭国际陆港经济区调研

2021 年 5 月 7 日，南昌海关副关长、党委委员李宇到宜春开展锂辉石进口专项调研 ▶

◀2021 年 6 月 24 日，南昌海关副关长、党委委员温劲松赠送党员政治生日礼物

2021年6月24日，南昌海关政治部主任、党委委员张潮到龙南海关调研 ▶

◀ 2021年9月27日，南昌海关副关长、党委委员邵飞到江西国储物流海关铁路监管作业场所调研

2021年12月23日，南昌海关党委纪检组组长、党委委员蔡金水到江西沃格光电股份有限公司调研 ▶

# 疫情防控

◀2021 年 3 月 17 日，南昌海关组织封闭管理人员进行宣誓

▲2021 年 7 月 17 日，南昌海关关员现场监督昌北机场入境航班固体废物处置

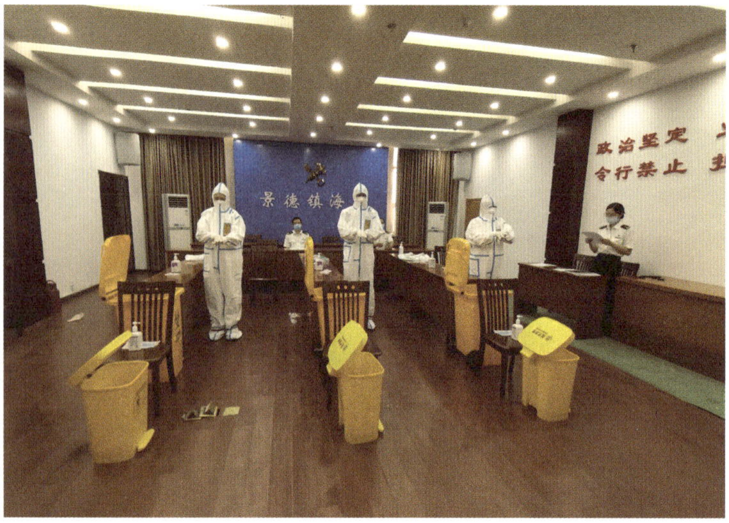


2021 年 8 月 2 日，南昌海关关员开展新冠肺炎疫情防控应急演练 ▶

◀ 2021 年 8 月 9 日，南昌海关关员开展昌北机场入境全货运航班监管工作

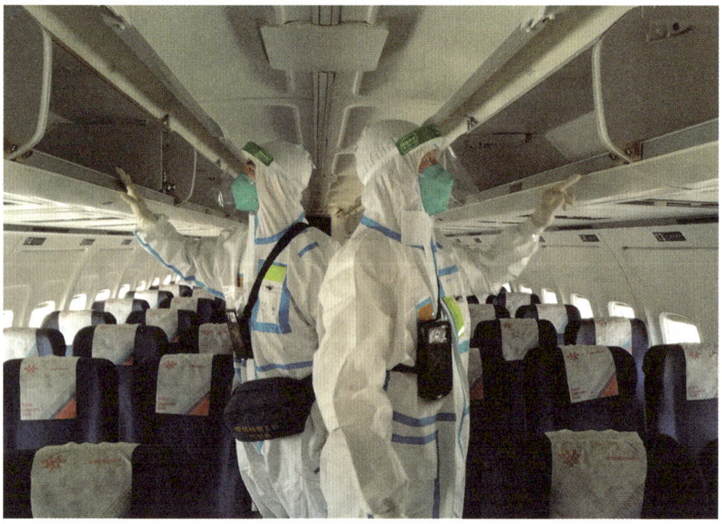

2021 年 11 月 11 日，南昌海关关员对昌北机场入境航班实施登临检疫工作 ▶

# 业务建设

2021 年 2 月 10 日，南昌海关关员在龙头岗码头开展海关监管区域巡查工作 ▶

◀ 2021 年 4 月 7 日，南昌海关关员在赣州国际陆港保障“双区联动”及“组合港”模式出口班列开行

◀ 2021 年 6 月 8 日，南昌海关关员对井冈山综合保税区货物开展查验

2021 年 6 月 11 日，南昌海关保障九江口岸首票“抵港直装”业务顺利开通 ▶

◀ 2021 年 10 月 1 日，南昌海关关员在赣州国际陆港铁路场站开展现场巡查

2021 年 10 月 21 日，南昌海关关员在南昌综合保税区重点电商企业了解“双十一”促销备货情况 ▶

◀ 2021 年 10 月 24 日，南昌海关支持首列“九江—莫斯科”中欧班列开行

2021 年 11 月 24 日，九江彭泽红光码头海关监管作业场所通过验收 ▶

# 队伍风采

2021 年 1 月 4 日，南昌海关举行升国旗仪式 ▶

◀ 2021 年 6 月 1 日，南昌海关组织“党在我心中”党史知识竞赛

◀2021 年 6 月 28 日，南昌海关举行“光荣在党 50 年”纪念章颁发仪式暨“两优一先”表彰大会

2021 年 6 月 28 日，南昌海关举办庆祝中国共产党成立 100 周年文艺汇演 ▶

# 第一篇

# 特载

# 南昌海关概况、主要职能、组织架构

## 一、概况

中华人民共和国南昌海关（简称南昌海关）是国家设在江西省的进出境监督管理机关，受中华人民共和国海关总署垂直领导的直属海关，辖区范围为江西省整个行政区划，面积16.69万平方千米。可追溯至1980年成立的九江海关（直属海关总署的正处级机构）。1987年10月4日，国务院批复同意设立南昌海关（副厅级）。1988年12月1日，南昌海关正式开关。2004年1月18日，国务院批准南昌海关调整为正厅级直属海关。2018年4月20日，根据中共中央《深化党和国家机构改革方案》，出入境检验检疫管理职责和队伍划入海关总署，南昌海关如期完成机构改革转隶工作。

近年来，在总署党委的正确领导下，南昌海关坚持以习近平新时代中国特色社会主义思想为指导，聚焦习近平总书记视察江西时提出的作示范、勇争先目标定位，全面践行“政治建关、改革强关、依法把关、科技兴关、从严治关”总体要求，坚持马上就办、真抓实干，锲而不舍、一以贯之，坚持绝对忠诚讲政治、把好国门强基础、改革创新抓落实、严管厚爱带队伍，为促进地方开放型经济发展贡献海关力量，党的建设、队伍建设、法治建设、业务建设、科技建设等方面取得了长足的发展。

截至2021年年底，关区共有在编干部职工724人、离退休干部226人，各级基层党组织110个、党员759人。内设18个机构（不含缉私局），下辖14个隶属海关，管理4个事业单位。规划建成国家级检测重点实验室8个，区域性中心实验室6个，常规检测实验室3个。监管国家批准开放口岸2个、临时开放口岸2个，分别是南昌昌北国际机场（空运口岸）、九江港（水运口岸）和赣州国际陆港（铁路临时开放口岸）、赣州黄金机场（空运临时开放口岸）。监管海关特殊监管区域4个，分别为南昌综合保税区、九江综合保税区、赣州综合保税区、井冈山综合保税区。

## 二、主要职能

1. 负责本关区贯彻落实党中央、国务院关于海关工作的方针政策和决策部署，在履行职责过程中坚持和加强党对海关工作的集中统一领导，履行全面从严治党主体责任。

2. 负责贯彻执行与海关管理相关的法律、法规、规章、规范性文件和相关技术规范，负责本关区征税、监管、缉私、出入境检验检疫、统计等工作。

3. 监控研判本关区各类执法风险、管理风险和廉政风险并组织防范和化解，负责本关区基层党组织建设、队伍建设和日常管理工作。

4. 完成总署交办的其他工作。

## 三、组织架构

### （一）内设部门。

1. 办公室（党委办公室）：保障机关日常运转，承担安全、保密、信访、政务公开、外事等工作。

2. 法规处：承担规范性文件和制度的合法性审查工作，承担海关标准化工作，承担有关行政复议和行政应诉等法制工作。

3. 综合业务处：承担日常业务统筹协调、综合管理事项和全国通关一体化相关工作。承担重点改革事项的统筹规划、综合协调、整体推进、督促落实工作。协调开展与海关管理相关的技术性贸易措施工作。承担通关流程、申报规范、通关运行管理工作。组织实施知识产权海关保护工作。承担海关特殊监管区域监管制度的组织实施工作，承担海关特殊监管区域的设立和事中事后监督工作。

4. 关税处：承担进出口关税及其他税费征管规定、国家关税和进口环节税减免规定的组织实施工作。承担进出口商品分类目录、原产地规则及签证管理、海关估价等相关工作。组织实施反倾销和反补贴措施、保障措施及其他关税措施。

5. 卫生检疫处：承担出入境卫生检疫监管及口岸突发公共卫生事件处置的监督管理，承担出入境卫生检疫、传染病监测、卫生监督、卫生处理以及口岸突发公共卫生事件应对工作。

6. 动植物检疫处：承担出入境动植物及其产品的检验检疫、监督管理工作，组织实施风险分析和紧急预防措施，承担出入境转基因生物及其产品、生物物种资源的检验检疫工作。

7. 进出口食品安全处：承担进口食品、化妆品的检验检疫、监督管理工作，组织实施风险分析和紧急预防措施。依据多双边协议承担出口食品相关工作。

8. 商品检验处：承担进出口商品法定检验的监督管理，承担进口商品安全风险评估、风险预警和快速反应工作。承担国家实行许可制度的进口商品验证工作，监督管理法定检验商品的数量、重量鉴定。依据多双边协议承担出口商品检验相关工作。

9. 口岸监管处：承担进出境运输工具、

货物、物品、动植物、食品、化妆品和人员的海关检查、检验、检疫工作制度的组织实施工作。承担物流监控、监管作业场所及经营人管理工作制度的组织实施工作。承担进出境邮件快件、暂时进出境货物、进出境展览品监管制度的组织实施工作。承担国家禁止或限制进出境货物、物品的监管工作，承担海关管理环节的反恐、维稳、防扩散、出口管制等工作，承担进口固体废物、进出口易制毒化学品等口岸管理工作。

10. 统计分析处：承担海关统计制度的组织实施。承担国家进出口货物贸易等海关业务统计和统计分析工作，发布海关统计信息和海关统计数据，承担报关数据和单证管理工作。研究分析经济贸易政策、形势。承担相关动态监测、评估工作。承担服务进出口企业的信息公共服务平台相关工作。

11. 企业管理和稽查处：承担海关信用管理制度的组织实施工作，承担加工贸易等保税业务管理制度的组织实施工作，承担海关稽查及贸易调查、市场调查等制度的组织实施工作。

12. 缉私局：副厅局级，主要履行打击走私的综合职能和执行职责。

13. 财务处：承担各类资金、专用基金和国有资产、基本建设、政府采购、罚没财物、车船装备及制装等工作管理制度的组织实施，管理征收的税费资金和罚没收入的收缴入库工作，承担预决算管理工作。

14. 科技处：承担科技发展、科技装备保障、信息化标准规范、实验室建设规划的组织实施，开展相关科研、技术引进、科技应用项目开发、推广和运行的管理工作，承担网络及信息系统安全工作。

15. 督察内审处：承担执法监督、执法评估、内控机制、内部审计工作制度，以及领导干部任期经济责任审计和管理审计等制度的组织实施工作。

16. 人事教育处（党委组织部）：承担干部人事、机构编制、海关关衔、劳动工资和教育工作，承担海关行业人才队伍建设工作。

17. 机关党委（政工办、党委宣传部、巡察办）：承担关区党群工作。

18. 监察室（党委纪检组）：承担纪检监察工作。

19. 离退休干部办公室：承担机关离退休干部工作，指导隶属海关单位离退休干部工作。

### （二）隶属机构。

南昌海关下设14个隶属海关，负责各辖区内海关各类管理工作，分别为：昌北机场海关、赣江新区海关、青山湖海关、九江海关、赣州海关、吉安海关、景德镇海关、新余海关、鹰潭海关、上饶海关、宜春海关、萍乡海关、抚州海关、龙南海关。另设有4个企事业单位，分别为后勤管理中心、技术中心、江西国际旅行卫生保健中心、中国电子口岸数据中心南昌分中心。

# 在 2021 年南昌海关工作会议上的讲话

南昌海关关长、党委书记　张格萍

会议的主要任务：以习近平新时代中国特色社会主义思想为指导，深入贯彻党的十九大和十九届二中、三中、四中、五中全会精神，认真落实中央经济工作会议部署，学习贯彻 2021 年全国海关工作会议、全国海关全面从严治党工作会议精神，总结工作、分析形势、明确要求，研究部署 2021 年工作。

## 一、闻令而动、遵令而行，奋进的 2020 年为“十三五”关区工作收官

过去的一年，是极不平凡的一年，困难比预料的多，挑战比预想的大，但取得的成绩比预料的好、收获比预期的多。面对严峻复杂的国际形势特别是新冠肺炎疫情冲击，我们坚持以习近平新时代中国特色社会主义思想为指导，坚决贯彻党中央、国务院决策部署，全面践行总署党委“五关”建设总体要求，讲政治、战疫情、稳外贸、保安全、强治理、守廉洁，扎实推进高质量发展“六篇文章”落地见效，各项工作稳中有进、稳中提质。

昌北机场海关党总支荣获全国抗击新冠肺炎疫情先进集体称号。总署领导 4 次批示南昌海关工作。江西省委书记刘奇 2 次到南昌海关、1 次连线海关现场，江西省省长易炼红 1 次到海关现场考察调研。南昌海关作为 3 个单位之一在江西内陆开放型经济试验区建设动员大会上作典型发言。南昌海关机关和 9 个隶属海关获评或被继续认定为全国文明单位。景德镇海关获评全国节约型公共机构示范单位。党建考核列省直机关第 1 名。张彦敏同志获全国先进工作者荣誉称号，6 个集体、21 人次获省部级以上表彰。

### （一）高站位推进政治建设，“两个维护”坚定坚决。

学习习近平新时代中国特色社会主义思想走深走实。坚持两个“第一议题”制度，坚持“每日必学、每周研讨”机制，

第一时间学习习近平总书记重要讲话和重要指示批示精神，党委会、党委理论学习中心组学习94次，召开形势分析及工作督查例会12次，分专题学习《习近平谈治国理政》第三卷7次，党委委员开展“三必一听”调研205人次。深入学习党的十九届五中全会精神，举办党委理论学习中心组集体学习，党员干部学习宣讲1,970人次、覆盖率100%。

落实习近平总书记重要讲话和重要指示批示精神见行见效。将党中央重大决策部署细化成“55项重点任务清单”，纳入每月形势分析及工作督查例会督办，做到每月动态更新、实时对账销号。慎终如始战疫情，闻令而动、遵令而行，确保“零输入、零漏检、零感染”。千方百计稳外贸，全力以赴支持企业复工复产，多措并举促进江西外贸增长14.3%。打击“洋垃圾”、野生动植物及其制品走私取得新成效，查获375吨走私废旧矽钢片、22.5吨野生动物大珠母贝，侦破2起走私珍贵动物制品案。决战决胜脱贫攻坚，深化政策、产业、爱心、消费、健康扶贫“五大工程”，8个扶贫村全部脱贫，央视专栏报道南昌海关扶贫事迹。厉行勤俭节约反对餐饮浪费，人均用餐成本压缩10%以上。持之以恒防风险，风险防控清单391项整改措施整改完成率99.7%。汇聚众智谋划“十四五”，召开6场专题座谈会，开展主题征文和“我为海关‘十四五’献一策”活动，收集意见建议221条。

政治机关建设扎实推进。开展强化政治机关意识教育，细化12项措施，两级党委书记人人讲党课，全体党员个个测试合格。落实意识形态工作责任，强化意识形态管理。巩固“不忘初心、牢记使命”主题教育成果，细化72项措施，开展“8+1+4”整治“回头看”。开展“不忘初心，弘扬优良家风”“牢记使命，传承红色基因，做忠诚国门卫士”等主题党日活动88次。推进机关“灯下黑”专项整治，制定整改措施75项。深化中央巡视整改，落实总署巡视要求，161项整改措施落地落实。

### （二）高质量维护国门安全，国门防线更密更牢。

防控疫情大战大考交出合格答卷。关党委以坚决的态度、迅速的行动、有力的举措，加强组织领导、强化统筹协调，带头下沉一线、靠前指挥118次；旅检一线“硬核”担当，全关“火线”驰援，广大党员干部不畏艰险、逆行出征、昼夜奋战、敢打硬仗，用绝对忠诚和专业执法筑牢口岸检疫防线。

实施“一机一案”，严格落实“三查三排一转运”，创新实施登临检疫等“8个100%”，建立7项联防联控机制，推动实行“五个闭环”管理，江西口岸入境通报病例全检出。坚持“人”“物”同防，对进口冷链食品抽样开展病毒检测，全为阴性。加严内部防控，加强经费和物资保障，确保“打胜仗、零感染”。强化党建引领，232名党员第一时间请战，500名党员投身抗疫一线，15名党员驰援上海口岸，10名同志“火线”入党，3个集体、13名个人获省部级以上抗疫先进表彰，79名在新冠肺炎疫情防控一线表现突出的优秀干部获得提拔晋升，基层党组织战斗堡垒和党员先锋模范作用在新冠肺炎疫情防控一线充分发挥。我们以实际行动体现了“海关站位”，贡献了“海关力量”，展现了“海关担当”。

综合监管效能显著提升。开展安全生产专项整治三年行动，危险货物监管风险隐患全覆盖排查整治，货物渠道查获夹藏3,300升油漆，为近年来查获数量最大的危险品。进出口商品检验不合格755批次，增长24.8%。布控精准度和查获率稳步提高。布控查获伪瞒报口罩案例选入全国海关典型案例。布控查获邮递渠道伪报情事，获署领导批示肯定。全国首个实现CT机等设备和辐射探测设备100%与总署联网，首批建成直属海关音视频实时监控体系。查获730件非法出版物、11起疑似毒品、4起枪支弹药以及38.4万支香烟。“龙腾行动2020”成效明显，查扣知识产权侵权货物446批次。落实“四个最严”要求，监管核查出口食品生产企业253家，退回不符合要求进口食品57批次。有效防控非洲猪瘟疫情，保障活猪供港6.93万头，供澳活猪实现“零突破”；截获有害生物83种类、387种次。税收入库90.9亿元，实现正增长，综合治税水平进一步提升。突出“三零”要求、“三查”重点，业务数据安全专项行动扎实有效。

打击走私取得积极战果。深入落实缉私部门管理体制调整重大决策部署，出台进一步加强打击走私的19条具体措施。开展“国门利剑2020”等专项行动，2起案件列为一级挂牌督办案件，1起涉检案例被总署通报表扬。刑事立案28起，增长33%；行政立案147起，案值5.2亿元，增长25%。

**（三）高标准推进改革与制度建设，治理能力有效提升。**

“放管服”改革深入推进。开发制度管理平台系统，制度“立改废”234项，“三项制度”落细落实。实施不见面审批、无陪同查验等超常规服务举措，船边直提、抵港直装等试点落地，实现企业“一次不跑”。全面推行“双随机、一公开”监管，监管证件减少到41个，企业办理通关手续更加方便快捷。

“海关改革2020”落地见效。“两步申报、两轮驱动、两段准入、两类通关、两区优化”五项创新改革全面推广，“两步申报”应用率30.4%，有关经验做法被总署点名表扬。

科技保障稳步加强。参与完成公安部、省网络攻防演习2次，获省演习优秀防守奖。信息系统安全稳定运行，业务骨干网可用率、应用系统可用率、信息系统整合率均实现100%。深化科技应用，H986机检比例56%，智能审图有效识别商品覆盖率 54%。

**（四）高水平优化口岸营商环境，服务开放提速提效。**

超常规服务措施提质提效。《海关总署 江西省人民政府合作备忘录》53 项任务措施取得阶段性成效。出台落实总署稳外贸稳外资工作 182 条等系列措施。全力做好营商环境评价工作，开展新一轮“通关与沿海同样效率”专项行动，12 月进、出口整体通关时间分别为 13.96 小时（扣除国内运输段）、0.41 小时，较 2017 年分别压缩 72%、98%，通关效率保持全国前列。

“十百千万”服务工程提能见效。心贴心支持十大重点产业发展，助力产业链供应链稳定，促进十大产业进出口增长 16.7%。一对一助力百强外贸企业做大做强，新增海关高级认证企业 10 家、达 35 家，联合地方在全国率先发起“关助融”项目，42 家企业获贷款 41.6 亿元，百强企业进出口增长 23.8%。实打实推动千家中小型企业问题清零，解决问题 1,805 个。全覆盖服务万家注册企业尽享红利，对 1.9 万家企业政策宣讲全天候、全领域。

助力开放平台扩量增效。支持对接“一带一路”建设，赣欧班列开行 351 列，推动“赣深组合港”建设，深赣欧班列首发开行。井冈山综保区获批并验收，依托南昌综保区首批保税展示交易业务在景德镇落地，4 个综保区进出口同比增长 89.3%。发挥指定监管场地功能，实现直接进口肉类、汽车“零突破”，粮食进口增长 1.4 倍。南昌“一货站、三中心”全面运行，南昌、赣州、九江、吉安、龙南开通 1210 跨境网购保税业务，南昌、赣州、龙南开通 9610 跨境零售出口业务。

**（五）高起点打造过硬基层，基层基础持续夯实。**

战斗堡垒建强筑牢。深化“三强一树”，开展“支部唱主角、书记挑大梁、党员站前排、品牌创示范”活动，“四强”党支部创建深入推进，党支部标准化规范化建设全面推进。评选“四强”党支部示范点 6 个，表彰先进基层党组织 16 个、优秀共产党员 92 名。制定基层党组织书记任职谈话实施细则，开设“支部书记讲坛”，278 人次上台讲党课。深化“一支部一品牌、一品牌一特色”，现有署级品牌 5 个、关级示范品牌 9 个。

执法一线科长队伍配齐建强。激励力度更“大”，全面落实总署党委“22 项措施”，6 名执法一线科长获省部级以上表彰。用人导向更“明”，机构改革以来新提任的 43 名副处级干部、晋升的 14 名四级高级主办、56 名一级主办中，有执法一线科长经历分别占 72%、93%、70%。队伍结构更“优”，科长配备率达 100%，平均年龄下降 4.3 岁，35 岁以下 27 名、占 36%，30 岁以下 2 名。

内涵学军扎实推进。狠抓内务规范，运用“双随机”开展视频检查、内务督察。开展“公文强化月”活动，机关发文减少34.1%。分级分类精准施训，开展“双百双讲”600余场，加大岗位练兵力度，学时学分达标率100%。

**（六）高质量加强党的建设，“两个责任”压紧压实。**

“四责协同”持续深化。修订党委工作规则，完善“三重一大”决策制度，细化落实全面从严治党主体责任规定16项措施和44项内容的责任清单，制定党建工作高质量发展31条措施。创新线上考、随机抽、现场答、领导点、群众评、事后谈“六位一体”党建述职评议考核模式，3次对处科两级20名支部书记随机化考责，署领导充分肯定并向全国海关推广。

清廉海关建设持续强化。协调推动驻署纪检监察组与江西省纪委监委建立协作配合机制。深化对“一把手”和领导班子监督，开展“三个监督”调研，制定加强同级监督、开展政治谈话等制度。推进形式主义、官僚主义整治“回头看”。建立巡察、审计、纪检监察、风险防控等“四个清单”，巡察8个单位（部门）、审计6个单位，开展综合大调研、问题“大起底”。深化内控机制建设，围绕重大决策部署开展常态化督察审计，深化“五个一”现场监督模式。做实日常监督，将新冠肺炎疫情防控、脱贫攻坚、制止餐饮浪费等工作纳入纪检监督重点，节假日期间开展公车管理、酒驾醉驾等交叉暗访。坚持违纪必究，处置问题线索4件，同比下降42.9%。

“三关心”机制持续优化。政治上激励，机构改革以来干部选任、职级晋升28批次573人次，覆盖面达87.2%；事业单位选拔任用管理岗位领导干部10名，聘任到更高一级专业技术岗位29名、占比70.7%，高级专业技术岗位占比34%；选人用人满意度测评和从严管理干部情况好评率均为100%。工作上支持，表彰新冠肺炎疫情防控等先进9批次、10个集体、95名个人，稳妥推进事业单位岗位设置和绩效工资实施，事业单位改革率先落地。生活上关心，养老保险参保有序推进，关员福利待遇稳步提升。老干部工作进一步加强，1个退休老干部家庭获评全国“五好家庭”。

同时，机关运转更加顺畅，关区工作46次登上央视《新闻联播》《人民日报》等中央媒体，以文辅政水平进一步提高，应急值班、机要保密更加规范。分析研究成果显著，出台进一步加强分析研究工作16项措施，宏观分析、贸易分析、业务分析、课题研究工作实现历史性突破。财务保障更加有力，预算管理、政府采购、节能减排等工作水平进一步提高。技术中心检测能力进一步增强、收入实现正增长，卫保中心疫情防控技术支撑作用发挥明显，后勤管理中心、数据分中心服务保障水平进一步提升。文明创建、平安建设得到新加强。学会工作取得新成绩。

同志们，2020年是“十三五”收官之年，一年来海关队伍在口岸疫情防控斗争中得到了历练，关检深度融合的成效经受住了实战检验，海关的地位和作用得到了充分彰显。一年来取得的成绩和进步，为“十三五”关区工作画上圆满句号。回顾五年来的发展历程，特别是海关机构改革以来，我们不忘初心、牢记使命，砥砺奋进、成绩斐然。

这是一以贯之讲政治、忠诚履职的五年。我们始终牢记政治机关属性，真学真信真用，“三严三实”专题教育、“两学一做”学习教育、“不忘初心、牢记使命”主题教育高质量开展，两个“第一议题”“每日必学、每周研讨”等机制长效建立，“四个意识”更加牢固，“四个自信”更加坚定，“两个维护”更加坚决。

这是一如既往守国门、监管提效的五年。牢固树立总体国家安全观，坚决维护国门安全，新冠肺炎疫情阻击战打出成效，非洲猪瘟疫情防控有力有效，“洋垃圾”、野生动植物及其制品反走私行动打出声势。“十三五”期间，监管进出口货运量 7,520 万吨，征收税款 437.8 亿元，原产地签证 26.5 万份，进出境货物检验检疫 29.6 万批次，截获外来有害生物 1.3 万种次，检验检疫抽检不合格 4,470 批次，立案侦办走私刑事案件 101 起、立案调查行政案件 910 起，查证“洋垃圾” 3.9 万吨，查获象牙等濒危物种及其制品 12 千克、毒品 66.4 千克、枪支 58 支。人工分析布控查获率、汇总征税率、自报自缴率等多项业务指标持续稳居全国海关“第一方阵”，把关质效稳步提升。

这是一往无前求突破、改革创新的五年。机构改革落地最早，关检融合效果明显，隶属海关增加到 14 个、实现各地市全覆盖。“三互”大通关、全国通关一体化、“五项创新”等改革蹄疾步稳、全面落地，通关效率稳居全国前列。集中审像、智能审图全面推广，金关工程二期稳定运行，科技管理体系更加完善。

这是一心一意促发展、担当作为的五年。全力支持老区扩大开放，口岸由 2 个变 4 个，综保区由 1 个变 4 个，指定监管场地由 1 个变 7 个，跨境电商、国际快件、国际邮件从无到有，推动江西形成了纵贯南北、覆盖全省的内陆开放新格局。“十三五”期间，江西外贸连跨 3,000 亿、4,000 亿两个台阶，由 2016 年的 2,638.5 亿元增至 2020 年的 4,010.1 亿元，年均增速 8.8%，出口规模从全国 16 位上升到 14 位。

这是一抓到底固根基、全面从严治党的五年。两级党组改设党委优势有效发挥，“三强一树”党建工作法在“海关 e 课堂”作经验交流，连续 6 年获评江西省直机关党建特优单位。准军事化海关纪律部队建设持续加强，队伍精气神持续提振；防范化解重大风险有力有效，清廉海关建设深入推进，关区政治生态风清气正。

五年发展历程昭示我们：必须对标看齐保持政治定力，坚决做到“两个维护”，不折不扣贯彻落实习近平总书记重要指示批示精神和党中央重大决策部署，确保关区工作始终沿着正确方向前进；必须明晰思路保持战略定力，对“国之大者”心中有数，始终坚持党对关区工作的全面领导，坚持垂直管理，坚持系统观念，统筹发展和安全，全面落实“五关”建设总体要求；必须依法履职保持实干定力，坚持人民海关为人民，坚持把监管作为最基本、最重要的职责，严格依法行政，深化改革创新，在法治的轨道上同步强化监管优化服务，做到“管得住、放得开”，以实干体现担当；必须清廉为政保持廉洁定力，全面从严治党从严治关，弘扬准军事化纪律部队优良作风，坚持严管厚爱，强化队伍执行力战斗力，建设清廉海关，坚决守住底线。这些经验弥足珍贵，需要倍加珍惜、长期坚持。

上述成绩的取得，是习近平新时代中国特色社会主义思想引领的结果，得益于总署的正确领导、地方党政的关心支持，饱含着全体南昌海关人的心血和汗水，我们南昌海关每个人都了不起！在此，我代表关党委向长期以来为关区事业付出辛勤劳动、作出积极贡献的全体干部职工和离退休老同志表示亲切的慰问和衷心的感谢！

与此同时，我们也要清醒地看到，关区工作还存在一些问题不足：学习贯彻习近平新时代中国特色社会主义思想还不够自觉深入，学用结合有差距；制度供给质量还需进一步提高；口岸突发事件应急处理能力还有短板；执法的专业性有待进一步增强；科技创新应用还有提升空间；准军事化海关纪律部队建设还不够全面过硬，全面从严治党“最后一公里”还需持续压紧压实，等等。我们要直面这些问题，认真加以解决。

## 二、把握形势、保持定力，科学谋划目标思路

习近平总书记强调，要准确把握新发展阶段，深入贯彻新发展理念，加快构建新发展格局，推动“十四五”时期高质量发展，确保全面建设社会主义现代化国家开好局、起好步。倪岳峰署长指出，要深刻认识新发展阶段的新特征新要求，完整、准确、全面贯彻新发展理念，从全局和战略高度准确把握海关工作面临的新形势新任务。我们要准确识变、科学应变、主动求变，以确定性工作应对不确定性形势，努力在危机中育先机、于变局中开新局，迈好第一步、展现新气象。

**（一）越是使命任务艰巨，越要坚持政治统领，坚决做到“两个维护”。**

习近平总书记强调，旗帜鲜明讲政治，既是马克思主义政党的鲜明特征，也是中国共产党一以贯之的政治优势。倪岳峰署长指出，海关作为中央国家机关，首先是政治机关，政治机关第一位的是坚决做到“两个维护”。

实践证明，越是矛盾风险挑战增多，越要有坚强的领导核心来保证国家经济行稳致远、社会安定和谐。海关承担着维护国门安全和促进对外开放的重要职责，我们要充分认识海关各项工作首先是政治工作，善于从政治上观察和处理问题，遇事多想政治要求，办事多想政治规矩，处事多想政治影响。要常怀“国之大者”，放眼全局谋一域，围绕大局精准发力，充分发挥海关职能作用，坚定走好“两个维护”的第一方阵。

**（二）越是风险挑战交织，越要统筹发展和安全，筑牢国门安全屏障。**

习近平总书记强调，要统筹发展和安全，建设更高水平的平安中国；越开放越要重视安全，越要统筹好发展和安全，着力增强自身竞争能力、开放监管能力、风险防控能力，练就金刚不坏之身。倪岳峰署长指出，要深入贯彻落实总体国家安全观，切实筑牢国门安全防线；制定政策、推出改革以强化监管为首要目标，全面审视、有效应对开放中遇到的各类安全挑战。

经受疫情大战大考的洗礼，我们对增强底线思维、风险意识的认识更加深刻，对防范化解重大风险更加自觉，对维护国门安全的意识更加牢固。当前，海关面临的执法风险挑战大幅增加，新冠肺炎疫情仍在全球加速蔓延，加之其他重大疫情疫病多发高发，口岸疫情防控难度不断增大。关区跨境电商、邮快件等渠道监管风险日益显现，危险品监管要求高、任务重，“洋垃圾”和象牙等濒危野生动植物及其制品走私屡禁不止，各类风险跨关境、跨领域、跨层次、跨部门的“跨域”特征更加凸显。我们必须统筹好发展和安全“两件大事”，坚持系统观念，树牢底线思维，把安全问题放在更加突出的位置，将监管作为安身立命之本，任何时候都要牢记严格监管是本职，放松监管就是失职渎职，实施监管能力水平提升工程，强化制度执行的刚性约束，提高综合监管效能，建设让政治更安全、经济更安稳、社会更安定、口岸更安静、人民更安康的平安国门。

**（三）越是经济逆全球化，越要促进内陆开放提升，服务构建“双循环”新发展格局。**

习近平总书记强调，新发展格局绝不是封闭的国内循环，而是更加开放的国内国际双循环。倪岳峰署长指出，必须从全局和战略的高度准确把握加快构建新发展格局的战略构想，使海关工作主动适应构建新发展格局的需要。

2020年，我国进出口总值32.16万亿元，增长1.9%，是全球唯一实现正增长的主要经济体。江西外贸逆势增长14.3%，高于全国12.4个百分点。当前，世界经济复苏势头仍然很不稳定，经济全球化遭遇逆流，产业链供应链本土化、短距化、区域化布局趋势显现，国内经济恢复基础尚不牢固。江西开放发展面临的不确定性因素增多，外贸发展质量总体不高，出口、进口不平衡较为突出，高水平开放平台功能利用不足等问题仍未得到根本解决，外贸产业链外迁风险有所显现，稳中提质任务依然艰巨。海关身处国内国际双循环的交汇枢纽，我们要深入思考新发展格局赋予海关职能的新内涵，优化口岸营商环境，打通国内国际双循环堵点，支持铸链强链引链补链，促进江西外贸高质量发展，构建内外并举、全域统筹、量质双高的高水平开放格局。

**（四）越是斗争形势严峻，越要坚持全面从严治党，营造风清气正的政治生态。**

习近平总书记强调，要深入贯彻全面从严治党方针，充分发挥全面从严治党引领保障作用，坚定政治方向，保持政治定力，做到态度不能变、决心不能减、尺度不能松。倪岳峰署长指出，必须坚持严字当头，持之以恒正风肃纪，毫不松懈抓好清廉海关建设。

海关处于国门一线，工作点多、线长、面广，特别是执法权力主要集中在基层，外部执法环境复杂，执法风险、管理风险、廉政风险交织，不法分子“围猎”手段不断翻新，权力寻租空间仍然较大，容不得丝毫掉以轻心，务必常抓不懈、久久为功。我们要始终保持“赶考”的清醒，保持对“腐蚀”“围猎”的警觉，压实全面从严治党主体责任链条。把“严”的主基调长期坚持下去，一刻不停推进党风廉政建设和反腐败斗争，为关区事业发展提供坚强的纪律作风保证。

面对新形势新任务，关党委研究确定2021年工作的总体要求是：以习近平新时代中国特色社会主义思想为指导，深入贯彻党的十九大和十九届二中、三中、四中、五中全会精神，认真落实中央经济工作会议部署，全面加强党的领导，增强“四个意识”、坚定“四个自信”、做到“两个维护”，坚持稳中求进工作总基调，立足新发展阶段，贯彻新发展理念，构建新发展格局，以推动高质量发展为主题，以深化供给侧结构性改革为主线，以改革创新为根本动力，以满足人民日益增长的美好生活需要为根本目的，坚持系统观念，落实“六稳”“六保”部署，更好统筹发展和安全，强化监管优化服务，巩固拓展口岸疫情防控和促进外贸稳增长成效，马上就办、真抓实干，锲而不舍、一以贯之，深入践行总署党委“五关”建设总体要求，认真落实全国海关工作会议、全国海关全面从严治党工作会议精神，按照关党委“绝对忠诚讲政治、把好国门强基础、改革创新抓落实、严管厚爱带队伍”工作思路，提升制度创新和治理能力建设水平，建设新时代最讲党性、最讲政治、最讲忠诚的社会主义现代化海关，以优异成绩庆祝中国共产党成立100周年。

### 三、马上就办、真抓实干，锲而不舍、一以贯之，高质量做好2021年工作

2021年是“十四五”开局之年、中国共产党成立100周年。开局关系全局，起步决定后势。我们要对标总署“五个大幅提升”要求，上紧发条、铆足干劲，努力实现“五个新作为”。

**（一）对标“大幅提升政治建设水平”，在践行“两个维护”上实现新作为。**

坚持两个“第一议题”。始终将学习贯彻习近平新时代中国特色社会主义思想、习近平总书记重要讲话和重要指示批示精神作为党委会、形势分析及工作督查例会的“第一议题”。坚持“每日必学、每周研讨”学习机制，开展党委理论学习中心组学习，组织党的十九届五中全会精神轮训，抓好各级领导干部专题培训，深入实施青年理论学习提升工程。

坚定走好“第一方阵”。持续推进政治机关意识教育，深化模范机关创建。把贯彻落实习近平总书记重要指示批示精神作为首要政治任务，锲而不舍、一以贯之统筹推进口岸疫情防控和促进外贸稳增长、禁止“洋垃圾”入境、打击象牙等濒危野生动植物及其制品走私、防范化解重大风险等重大任务，确保落地落实、取得实效。巩固脱贫攻坚成果，助力乡村振兴。

持续提高“第一能力”。实施政治能力提升计划，不断提高把握新发展阶段、贯彻新发展理念、构建新发展格局的政治能力、战略眼光、专业水平。压紧压实意识形态工作责任，从严从实抓好意识形态工作。加强党的优良传统和作风教育，开展“党旗在基层一线高高飘扬——以实际行动庆祝中国共产党成立100周年”“我为群众办实事”活动。推进瑞金中央苏区税关旧址保护与红色史料馆建设，打造海关红色教育基地。落实“快广深”要求，增强分析研究政治功能。加强规划引领，研究制定落实《“十四五”海关发展规划》的具体举措。

**（二）对标“大幅提升法治建设水平”，在筑牢国门安全屏障上实现新作为。**

着力抓好常态化疫情防控。始终把疫情防控作为头等大事。要依托地方联防联控机制，探索建立跨部门生物安全风险评估体系，构建各方参与、合作共赢的口岸公共卫生安全共治体系。持续推进口岸核心能力建设，完成昌北机场旅检通道和卫保中心实验室负压改造项目，大力提升新冠病毒检测能力。全面推广健康申报电子化，电子化率达到90%以上。坚持做好进口冷链食品及高风险非冷链集装箱货物口岸环节新冠病毒检测和预防性消毒工作，强化事前源头管控、事中检测消毒、事后追溯管理。强化内部安全防护，确保“打胜仗、零感染”。严防埃博拉、拉沙热、黄热病等重大传染病传入，加强动植物疫情监测、预警，推进农产品检疫分类管理，持续严防疫情疫病传入传出和外来物

种入侵。扎实做好供港澳活猪等农产品检验检疫工作。建立疫情防控人力资源储备库，打造一支一专多能的跨职能应急处置队伍。

着力提高监管能力水平。落实安全生产专项整治三年行动，规范监管作业场所运行管理，做好口岸环节反恐维稳工作，加强危化品、烟花爆竹等重点敏感商品的监管。强化查验规范性、有效性，紧盯旅检、货检、寄递三个渠道，提高禁限物品查发效率。深入推进邮递物品监管改革。大力推进三级运行监控指挥中心建设和实体化运行，进一步提升监控指挥工作效能。继续保持“扫黄打非”高压态势。持续推进风险整体防控和精准防控，积极开展以供应链为单元的风险防控，深入推进大数据智慧风控，提升布控针对性和有效性。加强后续监管，开展涉税、涉检等重点领域专项稽核查。扩大主动披露适用范围到检验检疫领域。开展“龙腾行动2021”，加强知识产权海关保护。严格数据分类分级管理，坚决守住数据安全底线。

着力提升综合治税效能。坚持量质效并举，全力以赴完成全年税收目标。加强税收监控分析，强化归类审价，优化非贸税收征管机制，防控税收风险。加强属地纳税人管理，推广预裁定政策。落实关税调整、减税降费等国家税收政策，加强税政调研，优化税政服务。进一步推广原产地智能审核和自助打印、汇总征税、关税保证保险、自报自缴等便利措施。

着力加强质量安全管控。落实“四个最严”要求，持续推进进口食品“国门守护”行动，逐步构建“预防为主、风险管理、全程管控、国际共治”的进出口食品安全治理体系。优化出口食品检验监管模式，助力更多企业获得对外推荐注册，力争全年新增出口食品生产企业50家以上，促进优质食品农产品出口。深化商品检验模式改革，完善商品监管和后续处置措施，建立健全进出口商品质量安全风险监测、评估、预警、处置体系，加强口岸查验、属地检验、风险研判、后续稽核查以及企业信用管理等多领域合作。开展“清风行动”，严厉打击进出口商品假冒伪劣行为。

着力加大打私力度。认真落实加强打击走私工作“1+6”项制度，开展“国门利剑2021”“蓝天2021”等打私专项行动，严厉打击涉枪涉毒、重点涉税商品、农产品、冻品等走私，持续关注跨境电商、邮递快件渠道走私风险。深入推进“智慧缉私”建设，提高缉私专业能力水平。强化对打私工作的组织领导，压实各隶属海关关长打私“第一责任人”责任。坚持综合治理，进一步推动地方政府履行打私综合治理主体责任。

着力加强法治建设。常态化推进业务制度和工作规范实时动态“立改废”，稳步推进落实“三项制度”。持续推进权责清单编制，规范统一执法。加强法治保障，壮大公职律师队伍。抓好民事合同审核，规范民事行为。加大普法宣传力度，提升全员法治素养。

**（三）对标“大幅提升制度创新和治理能力”，在助力构建新发展格局上实现新作为。**

更大力度深化改革攻坚。巩固“海关改革2020”成效，适应总署推进业务全领域一体化的要求，争取更多改革试点。全面推进“提前申报”“两步申报”，“两步申报”全年应用率不低于50%。稳步扩大“两段准入”信息化监管覆盖面。深化“两轮驱动”，落实“双随机、一公开”制度，推动向全执法领域拓展，构建科学随机抽查与精准布控协同分工、优势互补的风险统一防控机制。提前对接新一轮跨境贸易便利化专项行动。继续做好营商环境评价工作，持续实施“通关与沿海同样效率”专项行动，巩固压缩整体通关时间成效，继续推广船边直提、抵港直装等改革措施。优化口岸卫生监督许可和特殊物品审批流程。深入推进“赣深组合港”等监管创新。

更大范围支持口岸扩大开放。大力支持江西融入共建“一带一路”、长江经济带、长三角一体化、粤港澳大湾区建设，支持江西申报设立自贸区，促进江西内陆开放型经济试验区建设，服务景德镇陶瓷文化传承创新试验区建设。落实国务院促进综保区高水平开放高质量发展的21条措施，积极复制自贸区海关监管创新制度，对4个综保区开展适用性研究，“一区一策”引导用好功能、提高绩效。加快推动赣州综保区调整至赣州国际陆港，支持上饶申报设立综保区。做好《区域全面经济伙伴关系协定》（RCEP）实施相关工作，帮助企业早享尽享协定优惠。支持赣欧班列常态化运行，服务赣欧“一线双区联动”项目，推动赣欧班列与跨境电商融合发展。支持增加航空口岸、增开国际客货运航线（航班），做大做强航空物流。支持发展江海联运中日直航。支持用好指定监管场地功能，推动南昌3个进口指定场地加快建成并投入使用。

更宽领域保障产业链供应链稳定。支持江西承接新兴产业布局和转移，常态推进“十百千万”服务工程，促进产业链供应链创新链融合发展。支持战略性农产品进口，服务保供稳价。支持重点产业原材料、生产设备、关键零部件进口。服务江西企业和特色产品“走出去”，支持企业出口转内销。开展AEO认证培育三年专项行动，年内力争新增10家。加强技术性贸易措施研究与应对，做好预警、咨询、评议等工作。

更深层次推动外贸高质量发展。全面推广企业集团加工贸易监管模式，促进保税维修、保税展示等业务发展。支持跨境电商等新业态加速发展，助推南昌、赣州、九江等跨境电商综试区做大做强，支持依托综保区推广跨境电商进口退货中心仓模式，壮大9610、9710、9810等业务，加快形成“保税+新兴业态”叠加效应。落实 RCEP“快件 6 小时”要求，推动邮快件业务健康发展。支持市场采购、外贸综合服务等新兴贸易业态发展。加强外贸形势分析，做好进出口监测预警。

**（四）对标“大幅提升科技创新应用水平”，在建设智慧海关上实现新作为。**

加强智慧监管。探索 VR、人工智能、无人机、“大数据+区块链”等新技术新装备的运用，创新海关业务“自助式”“移动式”“智能化”模式，提升现场“快检快放”的快筛能力。加强智能审图系统应用，开展快件智能同屏比对试点。结合昌北机场 T3 扩建和赣州机场 T1 改造，推进旅检“无感通关”模式。深化监管装备的配备、运用和联网集成，推进海关地理信息支撑系统（HGIS）“三维建模”试点。创新后续监管手段，推广“互联网+稽核查”监管模式，推行稽核查作业“网上电子审核”。

加强智慧管理。加大对海关智慧办公、智慧保障的信息化投入，主动争取更多科技项目试点应用，做好 HB2012 办公系统托管上云测试及业务切换。加快推进智慧财务、智慧后勤等建设。

加强实验室建设。理顺技术中心、卫生保健中心实验室的管理关系，整合优化实验室布局。建好烟花爆竹风险监测点，争取获评陶瓷产品风险监测点。加大对新冠病毒检测、防疫物资检测、濒危物种鉴定、进出口食品监管等检测设备投入。推动卫保中心基因扩增实验室建设，加快完成聚合酶链式反应（PCR）实验室升级改造，进一步提高国际旅行健康服务水平和传染病检测能力。探索“检学研企”协同创新，在开展疫情预警、陶瓷产品鉴定等方面实现技术创新。

**（五）对标“大幅提升干部队伍素质”，在深化内涵学军上实现新作为。**

建设过硬班子。落实领导班子建设规划，树立重实干重实绩导向，选优配强处科级领导班子，优化领导干部年龄结构。加强对年轻干部的培养使用。加强和规范党内政治生活，广泛开展政治谈话，严格执行民主集中制。压紧压实全面从严治党主体责任，加强对“一把手”监督和同级监督，拧紧“清单式”明责、“跟踪式”督责、“随机式”考责的责任链条。

锻造过硬队伍。全面落实总署关于推进干部工作五大体系建设的意见，落实人才发展和教育培训规划，激发各类人才活力。搭建海关干部思想淬炼、政治历练、实践锻炼、专业训练“四大平台”，着力提升“七种能力”。持续抓好执法一线科长队伍建设“22 项措施”落实，守好“前沿阵地”。严格内务规范，提高专项业务练兵比武实效，评选关区十佳业务能手（业务标兵）。强化干部监督，开展请休假、因公因私出国（境）管理等自查整改“回头看”，个人事项如实申报率力争 100%。

打造过硬基层。巩固拓展“强基提质

工程”成果，深化“四强”党支部建设，深入开展“支部唱主角、书记挑大梁、党员站前排、品牌创示范”活动，深挖基层党建热源，打造一批基层标兵单位。落实总署党建与业务深度融合的具体措施，着力破解“两张皮”问题。持续落实党委委员基层支部联系点和执法一线科室联系点制度，坚持“三必一听”调研机制。深入落实党建述职评议制度，实施基层党支部书记、党务干部能力提升计划，推动基层党建全面进步、全面过硬。

建设清廉海关。突出政治监督，做深日常监督，推动落实“两个责任”同向发力。持之以恒落实中央八项规定及其实施细则精神，毫不松懈纠治“四风”，坚决防止形式主义、官僚主义滋生蔓延。持之以恒强化内务规范，加强八小时内外监督，坚决杜绝酒驾醉驾。推广应用海关政务服务“好差评”系统。深化内控机制建设，实施“日清、周查、月结”工作机制，加强督审监督，充分发挥“新海廉”平台和执法评估作用。促进巡察、督审、纪检监察等各种监督贯通融合，形成监督合力，增强监督治理效能。深化清单式、嵌入式、下沉式监督，提升派驻监督实效。发挥打私反腐“一案双查”作用，拓展问题线索来源。加强监督执纪“四种形态”运用，特别是运用好“第一种形态”。持续正风肃纪，一体推进不敢腐、不能腐、不想腐，推动政治生态持续向上向好。

落实“三关心”机制。按照总署统一部署，开展机构改革“回头看”，持续释放改革红利。持续推进公务员分类改革，发挥公务员职务职级并行激励作用。持续优化事业单位岗位设置，稳步推进绩效工资落地落实，激发专业技术人才队伍活力。完善疫情防控保障机制，用好综合性奖励和专项奖励手段，持续关心关爱一线人员。用好政策“上限”，保障干部职工福利待遇。打造“健康食堂”，做好机关后勤服务。加强海关文化建设，高标准推动文明创建工作。加强离退休干部政治、思想和组织建设，用心用情做好服务。

同时，着力提高机关运行效能，加强政务保障，狠抓督办落实，优化值班应急管理，进一步精简会议文件、改进文风会风，推动信息宣传量质齐升，强化机要保密和档案管理。着力提高财务管理效能，最大程度争取财力支持，健全“过紧日子”的长效机制，加强预算执行绩效管理，提高政府采购质效，持续盘活固定资产。进一步提升事业单位管理水平，发挥群团组织作用。

同志们，关区工作在“十四五”时期能不能开好局、起好步，各位领导干部都是当事人、责任人，都是组织者、推进者。能不能走好第一步、见到新气象，考验着各单位、各部门领导干部能力的大小、水平的高低和作风的优劣，而其中第一位的是政治能力。作为领导干部尤其是各单位各部门“一把手”，必须带头强化政治机关意识，绝对忠诚讲政治，带头提高政治判断力、政治领悟力、政治执行力。

第一，要见微知著，提高政治判断力。增强政治敏锐性和鉴别力，深刻理解海关各项工作都蕴含着很高的政治要求，凡事从政治上考虑，从现象看本质，从苗头倾向看发展走向，做到在重大问题和关键环节上头脑特别清醒、眼睛特别明亮、行动特别迅速，做政治上的明白人。

第二，要胸怀大局，提高政治领悟力。要在学懂弄通做实上走在前列、做好表率，不断提高政治素养、理论素养。对“国之大者”要了然于胸，时刻关注习近平总书记在强调什么、关心什么，党中央在提倡什么、反对什么，准确把握大局大势，做到领会不偏差、落实不走样。

第三，要争创一流，提高政治执行力。要经常同习近平总书记对海关工作的重要指示批示精神、党中央精神对表对标，不折不扣抓好落实。要强化责任担当，知责于心、担责于身、履责于行。要坚持问题导向，瞄准问题去，针对问题干，真正做到聚焦聚力、破题解题。要拿出勇立潮头的决心和气魄，瞄准一流、对标一流、争创一流，秉持精致思维，过程精细管控，效果精美呈现，争创新时代“第一等的工作”。

同志们，奋斗“十四五”，奋进新征程。让我们更加紧密地团结在以习近平同志为核心的党中央周围，按照总署党委部署要求，马上就办、真抓实干，锲而不舍、一以贯之，扎实推进关区各项事业高质量发展，在建设社会主义现代化海关新征程中拉开“十四五”阔步向前的精彩大幕，在赣鄱大地续写新的海关精彩篇章，以优异成绩庆祝中国共产党成立100周年！

# 在 2021 年南昌海关全面从严治党工作会议上的讲话

南昌海关党委书记、关长 张格萍

会议的主要任务：深入学习贯彻习近平总书记在十九届中央纪委五次全会上的重要讲话精神，认真落实全国海关工作会议、全国海关全面从严治党工作会议部署，总结 2020 年关区全面从严治党工作，部署 2021 年重点任务。

## 一、深刻领会习近平总书记重要讲话和十九届中央纪委五次全会精神，牢牢把握全面从严治党的正确方向

习近平总书记的重要讲话，对推进党风廉政建设和反腐败斗争作出重大部署，科学回答了新阶段新征程全面从严治党“怎么看”“怎么干”的系列理论和实践问题，是推进全面从严治党向纵深发展的重要遵循。我们要认真学习领会，坚决贯彻落实。

### （一）深刻把握大战大考之年全面从严治党交出的“优异答卷”，进一步增强政治自觉。

习近平总书记从“五个方面”全面总结了 2020 年全面从严治党取得新的重大成果。习近平总书记指出，2020 年是新中国历史上极不平凡的一年。面对错综复杂的国际形势、艰巨繁重的改革发展稳定任务，特别是突如其来的新冠肺炎疫情，党中央统筹中华民族伟大复兴战略全局和世界百年未有之大变局，让党旗在防控疫情斗争、决胜全面建成小康社会、决战脱贫攻坚中高高飘扬。广大人民群众深切感受到，风雨袭来时，党的坚强领导、党中央的权威是最坚实的靠山。倪岳峰署长要求，要以全面从严治党新成效促进海关制度创新和治理能力建设，为落实党中央重大决策部署提供坚强保证。进入新阶段、奋斗新征程，我们必须深学笃行习近平新时代中国特色社会主义思想，以全面从严治党重大战略成果增强开启新征程的必胜信心，保持永远在路上的执着和韧劲纵深推进全面从严治党，为“十四五”开好

局、起好步提供有力保障。

**（二）深刻把握“全面从严治党首先要从政治上看”的根本要求，进一步提高政治“三力”。**

习近平总书记反复强调，政治问题要从政治上来解决。腐败这个党执政的最大风险仍然存在，存量还未清底，增量仍有发生。政治问题和经济问题交织，传统腐败和新型腐败交织，腐败问题和不正之风交织，腐蚀和反腐蚀斗争长期存在，稍有松懈就可能前功尽弃，反腐败没有选择，必须知难而进。倪岳峰署长要求，要旗帜鲜明讲政治，坚定不移贯彻落实，把海关全面从严治党引向深入。进入新阶段、奋斗新征程，我们必须从讲政治的高度，清醒认识各类腐败问题的政治本质和政治危害，不断提高政治判断力；从政治上领会体悟党中央坚定不移正风肃纪反腐的决心意志，不断提高政治领悟力；按照党中央指明的方向、路线开展党风廉政建设和反腐败工作，不断提高政治执行力。

**（三）深刻把握新发展阶段全面从严治党的“主攻方向”，进一步强化政治保障。**

习近平总书记指出，要深入贯彻全面从严治党方针，充分发挥全面从严治党引领保障作用，坚定政治方向，保持政治定力，做到态度不能变、决心不能减、尺度不能松，确保“十四五”时期我国发展的目标任务落到实处。倪岳峰署长要求，要把严的主基调长期坚持下去，为建设社会主义现代化海关提供坚强保障。进入新阶段、奋斗新征程，我们必须始终心怀“国之大者”，把全面从严治党要求体现到立足新发展阶段、贯彻新发展理念、构建新发展格局的全过程，融入“五关”建设各方面，以强有力的政治监督保障“十四五”规划顺利实施。

**（四）深刻把握锲而不舍强化管党治党“政治责任”，进一步强化政治担当。**

习近平总书记强调，各级领导干部特别是主要负责同志必须切实担负起管党治党政治责任，始终保持“赶考”的清醒，保持对“腐蚀”“围猎”的警觉，把严的主基调长期坚持下去，以系统施治、标本兼治的理念正风肃纪反腐。倪岳峰署长指出，推动全面从严治党向纵深发展，必须强化责任担当，拧紧责任链条。进入新阶段、奋斗新征程，我们必须扛牢管党治党政治责任，知责于心、担责于身、履责于行，用实际行动践行“两个维护”，把南昌海关建设成为最讲党性、最讲政治、最讲忠诚的社会主义现代化海关。

## 二、2020年工作回顾

2020年是新中国历史上极不平凡的一年，也是关区发展历程中极不平凡的一年。面对国际国内形势的复杂变化，特别是突如其来的新冠肺炎疫情，关党委坚持以习近平新时代中国特色社会主义思想为指导，坚决扛起全面从严治党政治责任，一以贯之、坚定不移全面从严治党，各项工作取得新成效。

（一）突出政治建设，“两个维护”坚定坚决。

以政治建设为统领，常态坚持两个“第一议题”制度，深化“每日必学、每周研讨”，及时跟进学习习近平总书记重要讲话和重要指示批示精神，深入学习党的十九届五中全会精神，党委会、党委理论学习中心组学习94次，分专题研学《习近平谈治国理政》第三卷7次，自觉做到绝对忠诚讲政治。将党中央重大决策部署细化成“55项重点任务清单”，纳入每月例会督办。南昌海关打击野生动植物及其制品走私工作得到中央政治局委员、全国人大常委会副委员长王晨充分肯定。打击“洋垃圾”走私取得明显成效。以“十百千万”服务工程为抓手，促进江西外贸率先复工复产、进出口增长14.3%。助力8个对口扶贫村全部脱贫，央视专栏“百村脱贫记”报道南昌海关对口扶贫村脱贫事迹。政治机关意识教育、机关“灯下黑”专项整治深入开展，严格落实意识形态责任制，细化制定巩固深化“不忘初心、牢记使命”主题教育成果72项措施。

（二）突出党建引领，党旗在大战大考中高高飘扬。

面对新冠肺炎疫情的严峻挑战，关党委把抓好新冠肺炎疫情防控作为头等大事，第一时间成立领导小组、设立指挥部，制定并落实“为打赢疫情防控阻击战提供坚强政治保证30条”“激励关爱防控一线党员干部担当作为11条”措施，下沉一线、靠前指挥118次。广大党员干部全力以赴、尽锐出征，冲在口岸检疫、复工复产、冷链检测一线，232名党员递交请战书，500名党员投身抗疫一线，15名党员驰援上海口岸，10名同志“火线”入党，67个基层党组织奋战在疫情防控最前沿，一面面鲜红的党旗在一线高高飘扬。昌北机场海关党总支荣获全国抗击新冠肺炎疫情先进集体称号；3个集体、13名个人获省部级以上抗疫先进表彰，10个集体、95名个人获关区表彰，79名在新冠肺炎疫情防控一线表现突出的优秀干部获得提拔晋升。

（三）突出严字当头，正风肃纪不断深化。

紧盯重点领域、重要节点开展落实中央八项规定精神监督检查31次，对1起违规用车问题进行问责和通报。对1名未如实报告新冠肺炎疫情防控情况的党员领导干部进行处理。牢固树立“过紧日子”思想，制定“制止餐饮浪费行为15条”，人均用餐成本压缩10%以上。深入整治形式主义、官僚主义，制定改进会风文风克服形式主义18条措施，全年发文减少34.1%，会议同比压缩81.8%。准军事化纪律部队建设深入推进，岗位练兵和内务规范强化月活动扎实开展。用好“四种形态”特别是“第一种形态”抓早抓小。精神文明建设成效明显，关区“全国文明单位”增加至10个。推行政务服务“好差评”，推动为民服务提质增效。

**（四）突出精准有效，权力运行监督质效稳步提升。**

聚焦“两步申报”等重大业务改革，查找薄弱环节和风险隐患，立改废制度234项。扎实推进“三项制度”，完善“双随机、一公开”工作机制。“新海廉”平台监督效能有效发挥。将风险防控清单更新为8个方面391项整改措施，整改完成率99.7%。业务数据安全管理更加规范。开展问题“大调研”“大起底”，推动问题整改“清零”。加强对非执法领域全覆盖职能检查和审计，围绕新冠肺炎疫情防控等重大决策部署开展常态化专项督察9次，对扶贫、基建项目、实验室建设等领域开展专项审计7次。事业单位管理得到加强。领导干部报告个人有关事项工作专项整治扎实开展，158名领导干部如实申报配偶、子女及其配偶从业行为。

**（五）突出标本兼治，“三不”综合效应日益显现。**

坚持违纪必究，减存量遏增量，全年受理信访举报同比下降20%，处置问题线索同比下降42.9%，对1起“一案双查”移交问题线索立案审查。深化“一案一会三查找”以案促改，开展警示教育月活动，开展廉政教学1,200余人次，引导党员干部知敬畏、守底线。深化中央巡视整改，落实总署巡视要求，161项整改措施落地落实。聚焦“四个落实”，对8个单位开展常规巡察，对7个单位开展巡察“回头看”，巡察利剑作用有效发挥。

**（六）突出担当作为，管党治党政治责任层层压实。**

关党委自觉担起全面从严治党主体责任，制定落实主体责任16项措施和44项责任清单、推进党建高质量发展31条措施、落实意识形态责任制考核办法，党建考核列省直机关第1名，连续6年获评特优单位。创新“六位一体”党建述职评议考核模式，署领导给予充分肯定并向全国海关推广。协调推动驻署纪检监察组与江西省纪委监委建立协作配合机制。开展“三个监督”调研，制定加强同级监督、开展政治谈话等制度，探索破解对“一把手”和领导班子监督难题。全力支持纪检工作，定期听取党委纪检组和各派驻纪检组工作汇报，选优配强纪检干部队伍，机构改革以来提拔10名优秀干部到纪检岗位培养锻炼。

在肯定成绩的同时，我们必须清醒地看到，对照倪岳峰署长在全国海关全面从严治党工作会议上指出的5个方面的问题，对照陶治国纪检组组长指出的“六个依然存在”的问题，关区还存在一些问题不容忽视：政治机关意识没有完全“落地生根”，全面从严治党主体责任还存在“堵点”“温差”，职能监督作用发挥不充分、派驻监督质量不平衡，执行纪律规矩存在“木桶效应”，形式主义官僚主义问题隐形变异需要警惕，执法与非执法领域风险隐患不容忽视等等。这些问题，我们要高度重视，采取措施加以解决。

## 三、2021 年主要任务

2021 年是实施“十四五”规划、开启全面建设社会主义现代化国家新征程的第一年，也是中国共产党成立 100 周年，做好全面从严治党工作意义重大。2021 年全面从严治党工作的总体要求是：以习近平新时代中国特色社会主义思想为指导，全面贯彻党的十九大和十九届二中、三中、四中、五中全会精神，认真落实十九届中央纪委五次全会精神，增强“四个意识”、坚定“四个自信”、做到“两个维护”，坚持稳中求进，立足新发展阶段，贯彻新发展理念，构建新发展格局，深入贯彻全面从严治党方针，充分发挥全面从严治党引领保障作用，把严的主基调长期坚持下去，以推动高质量发展为主题，坚持系统观念，按照全国海关全面从严治党工作会议工作部署，一刻不停推进党风廉政建设和反腐败斗争，深入推进“五关”建设，为建设新时代最讲党性、最讲政治、最讲忠诚的社会主义现代化海关提供坚强保证，以优异成绩庆祝中国共产党成立 100 周年。

重点开展以下六个方面工作：

### （一）锲而不舍走好“第一方阵”，在保障“十四五”规划顺利实施上展示新作为。

习近平总书记指出，要善于从政治上观察和处理问题，使讲政治的要求从外部要求转化为内在主动。倪岳峰署长要求，政治机关建设第一位的是要坚决做到“两个维护”。我们要把“两个维护”融入血脉、注入灵魂、见诸行动。

下更大力气强化理论武装。要强化政治机关意识教育，坚持“每日必学、每周研讨”，把学懂弄通做实习近平新时代中国特色社会主义思想作为首要政治任务，与学习“四史”贯通起来，组织开展党的十九届五中全会精神集中轮训，开展庆祝中国共产党成立 100 周年系列活动，根据中央部署开展“党旗在基层一线高高飘扬”活动，巩固深化“不忘初心、牢记使命”主题教育成果，在对标对表中把牢政治方向、担好政治责任、提高政治能力。要常观大势、常思大局，始终胸怀“两个大局”，始终对“国之大者”心中有数，坚持用党中央精神分析形势、推动工作，全面落实意识形态责任制，在同党中央保持高度一致上十分自觉、十分用心。

下更大力气践行“两个维护”。做好海关工作，最根本的要求是讲政治，最重要的职责是抓落实，这是我们应有的特质和鲜明的底色。要自觉把“两个维护”作为思想认识上的政治态度、政治信条，一切实践活动的政治原则、政治保障。要全面落实“第一议题”制度，聚焦统筹推进常态化疫情防控和促进外贸稳增长等头等大事，聚焦筑牢国家安全屏障、服务构建新发展格局、巩固脱贫攻坚成果等重大部署，聚焦禁止“洋垃圾”入境、打击象牙等濒危物种及其制品走私等重大事项，以最坚决的态度、最迅速的行动、最有力的举措狠抓落实，确保习近平总书记重要指示批示精神和党中央重大决策部署一贯到底、落实到位。要完善“分得清责任、理得清进度、看得清成效”的抓落实机制，各级领导干部决不能“看着干”，而是要“指导干”，以“拼”的状态阔步新征程。要完善督查问责机制，充分发挥督查“利器”作用，督在关键处、查出阻滞点、找到责任人，使督查结果成为评先评优和追责问责的“双料”依据。

下更大力气增强政治功能。要实施政治能力提升计划，加强政治历练，提高把握新发展阶段、贯彻新发展理念、构建新发展格局的政治能力、战略眼光、专业水平。要深入开展“让党中央放心、让人民群众满意的模范机关”创建活动，当好“三个表率”。要严肃党内政治生活，严守党的政治纪律和政治规矩。要发挥两级党委的体制优势，深化“强基提质工程”，巩固“三强一树”成果，深入开展“支部唱主角、书记挑大梁、党员站前排、品牌创示范”活动，推动党建与业务深度融合，以高质量党建推动高质量发展。

**（二）锲而不舍推进“三不”机制建设，在建设清廉海关上见到新气象。**

习近平总书记强调，要坚定不移推进反腐败斗争，不断实现不敢腐、不能腐、不想腐一体推进战略目标。倪岳峰署长要求，坚持系统观念，一体推进不敢腐、不能腐、不想腐，打造清廉海关。我们要坚持全面从严主基调，以系统施治、标本兼治的理念正风肃纪反腐。

保持“惩”的力度。坚持全面从严、一严到底，既要紧盯“关键少数”、重点领域和关键岗位，对受贿索贿、以权谋私、失职渎职、放纵走私等腐败问题严加惩治，也要聚焦“小微权力”，坚决整治推诿扯皮、吃拿卡要等群众身边的腐败和作风问题，对顶风违纪、不收敛不收手的要严肃处理。紧盯政府采购、基建工程、信息开发、资产管理等重点部门、关键岗位，对逃避制度、损公肥私、索贿受贿的要严查快处。要坚决防止发生涉黄涉赌、间谍行为、故意伤害、失泄密等非职务犯罪行为。要构建新型政商关系，坚决杜绝利益交换等“清”“亲”不分现象。有效落实打私反腐“一案双查”工作机制。完善受处分人员跟踪回访制度，对吸取教训、及时改正、表现良好的，该肯定的肯定、该使用的继续使用。严厉查处诬告陷害、制造谣言等行为，对失实检举控告及时澄清正名，为干事者撑腰鼓劲。

完善“治”的措施。针对“贴着海关发财”这一典型风险特征，围绕查验通关与外勤执法权力寻租开展专项整治。健全以案促改长效机制，开展案件审查同步启动以案促改，查找制度、监管、作风等深层次问题，真正起到“查处一人、警示一片、治理一域”的效果。要深化运用“四种形态”，尤其要常用善用第一种形态，始终把纪律和监督挺在前面，真正做到防范在先、发现在早、处置在小。

提升“防”的效果。发挥廉政教育基础性作用，抓好思想道德和党纪国法教育，加强廉政文化建设，深入开展警示教育月活动，用“活教材”敲响“警示钟”，使党员干部真正抛弃“看客”心理，切实筑牢不想腐的思想根基。用好江西红色资源，注重从优秀传统文化中挖掘提炼弘扬新风正气的元素，深入开展廉政文化创作，加强家庭家教家风建设，营造敬廉崇廉爱廉的浓厚氛围。

### （三）锲而不舍抓严作风建设，在纠治“四风”上取得新成效。

习近平总书记强调，要完善作风建设长效机制，把好传统带进新征程，将好作风弘扬在新时代。倪岳峰署长指出，作风建设既是攻坚战也是持久战。南昌海关要持之以恒推进作风建设，驰而不息转作风树新风。

持续开展“四风”专项整治。以抓反复、反复抓的韧劲持续落实中央八项规定及其实施细则，坚持“过紧日子”，深入开展节约型机关创建活动，以钉钉子精神整治公款吃喝、餐饮浪费等歪风陋习，严查享乐主义、奢靡之风，坚决反对特权思想和特权现象，对查出的问题点名道姓通报曝光。坚决整治“小圈子”“小金库”“酒瓶子”“车轮子”等问题，坚决杜绝收送电子红包、私车公养、出差绕道走亲访友报销差旅费等隐形变异问题，坚决防反弹回潮、防隐形变异、防疲劳厌战。

持续为基层松绑减负。全面检视、靶向纠治形式主义、官僚主义，注重以下看上找问题，自上而下抓整改。持续治理不用心不务实、拖沓推诿、不担当慢作为等问题。完善“三减三转”措施，拓展精文简会成果，减少基层报文报表，对用公文处理纸、联系单、邮件安排工作过频开展专项整治。要加强公文审核，落实政治审核责任制度，建立检查通报机制，对上报总署、南昌海关的请示、报告及其他重要文件，实行“双人唱校”制度，坚决杜绝“指尖上的官僚主义”。

持续抓好政风行风建设。深化“放管服”改革，持续推进“单一窗口”建设，加强企事业单位进出口环节涉企收费的清理，促进跨境贸易便利化。深入实施“十百千万”服务工程，持续开展“通关与沿海同样效率”专项行动，不断优化口岸营商环境。开展“我为群众办实事”主题实践活动，用好海关政务服务“好差评”系统和12360服务热线，让企业群众的获得感成色更足。

### （四）锲而不舍深化内涵学军，在锻造全面过硬准军事化纪律部队上树立新形象。

习近平总书记强调，要坚持从严教育、从严管理、从严监督，把从严管理干部贯彻落实到干部队伍建设全过程。倪岳峰署长要求，深入落实“16字”要求，以更高标准推进准军事化纪律部队建设。我们要坚持高标准严要求，努力锻造适应社会主义现代化海关要求的过硬干部队伍。

抓好能力提升。搭建思想淬炼、政治历练、实践锻炼、专业训练“四大平台”，持续深化“知行讲习坛”“双百双讲”等活动，常态化开展全员培训。聚焦实战实训，针对基层业务一线开展练兵比武，开展“十佳业务能手”评选活动，培养更多的专业技术人才。

抓严纪律规范。落实从严管思想、管工作、管作风、管纪律要求，坚持严在日常、抓在平常，开展“内务规范强化季”活动，常态化抓好“双随机”视频检查，强化仪式教育，做到纪律严明、令行禁止。加大领导干部个人有关事项报告查核力度，继续从严规范领导干部配偶、子女及其配偶经商办企业行为，加强八小时内外监督，以最严的措施持续深化酒驾醉驾专项整治。

抓实激励担当。深入开展党的优良传统和作风教育，大力弘扬伟大抗疫精神，开展“两优一先”评选表彰，让奋斗引领海关风尚。注重在新冠肺炎疫情防控一线、急难险重任务中考察识别干部，大力培养选拔优秀年轻干部，持续抓好执法一线科长队伍建设“22 项措施”落实。加强职级公务员管理，用“成绩单”说话，引导激励职级公务员立足岗位发挥作用。深化精神文明创建，做深做细思想政治工作，持续落实“三关心”措施。

**（五）锲而不舍完善监督体系，在增强监督治理效能上取得新突破。**

习近平总书记强调，促进各类监督贯通融合，不断增强监督治理效能。倪岳峰署长要求，统筹推进政治巡视巡察等各种监督协调贯通，形成常态长效监督合力。我们要积极探索提升监督合力，形成配置科学、权责协同、运行高效的监督网。

在统筹监督上打好“组合拳”。坚守政治巡察定位，聚焦“四个落实”，盯住权力和责任，重点围绕党的十九届五中全会精神、“十四五”重大部署落实等情况开展政治监督。2021 年对机关部门和事业单位开展政治巡察，适时开展巡察“回头看”。研究制定巡视巡察上下联动制度实施细则，提高全覆盖质量。要强化底线意识，推动监督下沉、监督落地、监督于问题未发之时，严守不出现重大决策部署不落实、新冠肺炎疫情防控“零感染”、危险品安全监管、纪律规矩、保密安全、廉洁自律、“零发生”酒驾醉驾“七个底线”。要统筹用好各类监督力量，推动巡察与纪检、派驻、审计等各类监督贯通融合，组织人事、督察审计、业务职能部门等要加大问题线索移交力度，共建优势互补、高效联动的监督“大格局”。

在权力运行上架起“高压线”。统筹推进制度“立改废释”，持续推进权责清单编制，让权力在法治化轨道上运行。同步加强执法领域和非执法领域风险管控，在推进业务改革时要在流程设计、制度建设等各个环节嵌入风险防控措施，防控外出执法、稽核查等重点执法领域风险，严防邮快件、跨境电商等监管领域出现新的伴生风险。强化海关数据安全管理，推进海关大数据智慧风控，加强企事业单位管理，提高风险防控协同性、有效性。以“制度+科技”限权控权，深化内控机制建设，深化“双随机、一公开”，发挥“新海廉”平台监督功能，实现权力运行的精准监督、全程监督。

在问题整改上念好“紧箍咒”。要牢固树立“哪里存在问题就往哪里发力、哪里问题突出就向哪里攻坚”的工作导向，全面梳理工作调研、巡视巡察、督审、党建检查等方面发现的问题，逐项查缺补漏，补齐监督短板。关党委委员要按照“谁分管、谁负责”的原则，推动分管条线存在问题的整改。问题发现部门要“订单建账”“派单对账”，整改责任部门要“交单理账”“限期销账”。要对中央巡视整改再深化，对总署巡视整改再推进，确保问题整改“零折扣”。要健全“屡查屡犯”“前改后犯”问题治理长效机制。建立整改评估机制，雷厉风行解决好当下问题、举一反三解决好同类问题、立足长远解决好根本问题，做到既“见底清零”又“决不贰过”。

**（六）锲而不舍强化政治担当，在推动“两个责任”贯通协同上实现新提升。**

习近平总书记强调，要强化责任意识，知责于心、担责于身、履责于行。倪岳峰署长要求，要强化压力有效传导，确保管党治党政治责任落到实处。我们要坚决扛起全面从严治党政治责任，做到“四责协同”、一体推进。

主体责任再压实。关区两级党委要坚决扛起主责，对照全面从严治党主体责任清单抓好落实。关长、党委书记作为第一责任人要敢抓敢管，深入调查研究、定期听取汇报、专题研究部署、强化跟踪问效，确保管党治党责任落实落细。党委委员要认真履行“一岗双责”，检查、指导、督促分管领域全面从严治党工作。职能部门要主动承担起职责范围内和所管辖业务条线的全面从严治党相关工作。完善政治谈话制度，规范谈话内容、转化谈话成果，推动政治谈话全覆盖，不断强化对下级“一把手”和领导班子的监督。

监督责任再落细。纪检部门要更加突出政治监督，更加突出高质量发展主题，更加突出整治群众身边腐败和作风问题，更加突出发挥监督治理效能，更加突出严管厚爱结合、激励约束并重，认真履行监督专责，对落实责任中的堵点、断点，抓住一个解决一个，发挥监督保障执行、促进完善发展作用。派驻纪检组要发挥“派”的权威和“驻”的优势，创新监督理念和方式，见小见早，及时排查隐患，做实做细日常监督。各隶属海关要大力支持派驻纪检组开展工作，主动接受监督。纪检干部要从严从实加强自我监督约束，始终做政治素质高、忠诚干净担当、专业化能力强、敢于善于斗争的纪检监察铁军。

考核问责再强化。制定全面从严治党主体责任检查考核制度，对照指标抓落实、通过考核看成绩。通过“六位一体”述职考核、民主生活会监督等形式，层层压实责任。用好问责利器，精准规范问责。坚持“三个区分开来”，落实容错纠错机制，严格执行党员权利保障条例，鼓励党员干部敢于担当、踏实做事。

同志们，征途漫漫，唯有奋斗。让我们紧密地团结在以习近平同志为核心的党中央周围，坚持严的主基调，坚决落实总署党委各项部署，马上就办、真抓实干，锲而不舍、一以贯之，高质量推进全面从严治党向纵深发展，为建设社会主义现代化海关提供坚强保证，以管党治党的新成效庆祝中国共产党成立100周年！

# 南昌海关贯彻落实《“十四五”海关发展规划》任务分工及细化措施

## 一、关于《“十四五”海关发展规划》重点内容的落实措施（共42个方面197项措施）

| 序号 | 类别 | 重点内容 | 落实措施、预期目标 |
|---|---|---|---|
| 1 | 坚决维护国家安全 | 加强进出境环节实货监管 | 1. 完善联防联控机制，加强与地方政府及公安、安全、安监、环保、外事、铁路、民航、银行等部门沟通协作，不断优化口岸监管作业机制和流程。<br>2. 按照总署统一部署，完善进出境货物查检作业相关制度规范，提高进出境货物查检作业的规范性和科学性。<br>3. 推进场所巡查“双随机、一公开”工作，强化口岸监管作业场所场地监控和管理。按业务实际，每年开展反恐应急演练，提升关区应急反恐处置能力，提升口岸核生化爆监测和枪支弹药的查发能力。<br>4. 推进行李物品、免税品、邮递物品监管智能化、规范化建设，强化选、审、查、处、控分离，严格落实各项作业规范。定期开展全链条检查，有效管控风险。探索进境托运行李先期机检，出境行李“一次过检”。落实“RCEP快件6小时通关”，推广跨境电商B2B出口监管业务。继续完善快件、跨境电商场所（场地）设施设备，推进邮递物品监管智能化建设，加快南昌海关邮递物品监管信息化建设。积极推动进出境邮递物品“互联网+海关”服务平台应用，探索“一点清关”模式。推动“南昌海关快件、跨境电商智能监管系统”建设，建立“人、企、物”黑白名单，优化跨境电商“提单布控”查验模式和一二级库分流分拨监管模式。配合完善市内免税店政策，切实做好市内免税店批准后的注册及免税品监管工作。<br>5. 货运渠道推广H986应用，查验集装箱机检比例不低于50%，推行“先期机检”，动态调整机检商品目录。行邮渠道强化和规范CT机和X光机使用，做到“100%过机”“逢警必处、逢疑必查”，不断提升监管的精确性和威慑力。根据总署统一部署，推广智能审图应用管理平台应用，探索开展“图像识别+低温探测识别”，规范集中制图和现场查发制图作业，积极参与总署有效识别商品清单建设。<br>6. 加强重点商品管控，有效落实贸易管制措施。认真履行蒙特利尔议定书等国际公约，对进出境禁限管制物项实施有效监管。 |

续表1

| 序号 | 类别 | 重点内容 | 落实措施、预期目标 |
|---|---|---|---|
| 2 |  | 确保税收安全 | 7. 深化综合治税，完善海关税收征管流程，优化税收征管模式，提高税收征管质量。坚持“量、质、效”并举，努力完成年度税收预算目标，杜绝欠税情事。<br>8. 开展税政调研。充分发挥关税调节作用，力争在增列税则子目、调整暂定税率和出口退税率等方面提出有分量的税则修订调整建议，推动实体经济高质量发展。<br>9. 加强风险研判。定期开展邮、快件和旅客行李物品等非贸税收征管风险分析。以集中工作方式或实地检查等方式，对可能存在的监管漏洞进行摸排，及时开展整改。<br>10. 认真落实各项税收优惠政策，不断加强原产地管理，积极引导企业用好用足政策红利。进一步强化重大技术装备进口税收政策跟踪落实，积极对政策相关目录提出完善意见和建议。 |
| 3 | 坚决维护国家安全 | 维护口岸公共卫生安全 | 11. 完善口岸公共卫生制度，持续深化联防联控机制。强化江西出入境人员口岸卫生检疫排查和国际旅行健康监测，整合总署、地方及关区疫情监测信息建立口岸传染病多点触发预警机制，充分运用卫生检疫业务信息系统实施智慧口岸精准检疫，筑牢“境外、口岸、境内”三道检疫防线。<br>12. 以《中华人民共和国生物安全法》（简称《生物安全法》）施行为契机，联合地方卫生、科技等部门探索构建完善口岸公共卫生安全共建共治机制，推动口岸核心能力建设，积极参与重大疫情指定口岸和分级建设。<br>13. 持续完善口岸卫生监督“双随机、一公开”制度，根据总署要求逐年制订口岸卫生监督及食品安全抽检年度计划，加强对高风险食品抽检力度，动态更新检查人员和检查对象“两库”，通过随机抽取检查人员和检查对象进一步优化口岸卫生监督工作模式。<br>14. 根据总署要求不断完善关区口岸公共卫生突发事件应急响应指挥体系和工作机制，细化各类口岸突发公共卫生事件应对预案并组织开展培训和实操演练，协同人教部门建立“总关—隶属关”两级和“在岗—预备—储备”三个梯队的应急队伍，配合财务等部门进一步完善口岸“平战结合”的应急物资储备制度。<br>15. 积极推动口岸新冠肺炎疫情联防联控机制常态化运作，在保持地方建立的“前中后”协同防控、远端信息共享、口岸检疫支持、留观跟踪管理、“三统一”检测、人员转诊转运、废弃物处置等联防联控机制的基础上，进一步强化联合调查、联合预警、联合管理、信息共享。 |

续表2

| 序号 | 类别 | 重点内容 | 落实措施、预期目标 |
| --- | --- | --- | --- |
| 4 | 坚决维护国家安全 | 严格进出境动植物检疫监管和外来入侵物种口岸防控 | 16. 按总署统一部署做好动植物疫情监测、评估与预警体系建设工作。强化动植物疫情信息的收集和整理，探索建立重大动植物疫情监测网络、动植物疫情信息平台。综合运用国内外相关产业和检疫准入要求等数据库，优化风险评估方法、范围、指标体系及程序标准，开展风险预警信息分析研判，探索建立动植物疫情风险级别判定指标体系及风险预警智能化判定模型，积极融入海关大数据池。不断完善风险预警发布机制，逐步实现疫情实时预警。<br>17. 建立健全智慧精准的动植物疫情监管体系。构建科学随机抽查与精准布控协同分工、优势互补的风险统一防控机制。优化动植物检疫作业监管模式，实现动植物检疫监管各环节智能化、数字化，确保所有行政执法活动信息进系统、可追溯。优化动植物检疫查验机制，完善“前置作业、查验作业和后续处置”进境检疫操作流程，健全“申报前监管、口岸抽查验证和后续核查”出境检疫管理机制。<br>18. 规范检疫作业标准，健全检疫准入、境外预检、现场检疫查验、实验室检测、检疫处理等工作流程管理制度，以及各类动植物及其产品检疫管理制度和技术法规，强化对检疫作业的监督管理，落实技术规范的回顾性审查机制。<br>19. 严格按照布控指令要求对进出境动植物实施检疫监管，加强对非法携带、邮递外来物种的打击力度。<br>20. 加强场地和设施设备建设。积极推进海关监管作业场所（场地）动植物检疫查验设施建设，推广应用智能查验、抽采样、检疫处理以及有害生物远程鉴定等先进技术和装备。<br>21. 配合推动总署—直属海关—隶属海关三级重大动植物疫情风险预警应急处置机制建设，强化跨部门、跨区域重大动植物疫情风险的沟通协调和联动处置，建立健全应急物资储备体系。<br>22. 严格口岸检疫，加大进境粮食定点加工检疫监管力度，有效运用企业稽查核查、信用管理制度，落实差别化信用管理措施，压实企业主体责任。参与地方党政领导干部粮食安全责任制落实情况年度考核工作。<br>23. 扩大江西优质农产品出口。充分发挥WTO/SPS国家通报咨询中心作用，积极参与贸易国家或地区动植物检疫法规标准建设。加强对主要贸易国家（地区）和“一带一路”沿线国家（地区）动植物检疫法规标准的系统收集和研究，搭建主要贸易国家（地区）检疫要求数据库和江西优势农产品资源数据库。支持生猪、蜜橘、烤鳗、茶叶等优势农产品扩大出口。 |
| 5 |  | 强化进出口食品安全监管 | 24. 落实食品安全“四个最严”要求。优化进出口食品源头治理、口岸监管和后续监管，构建“常规核查+日常监管+风险核查”的全覆盖、分层次的进出口食品安全监督管理体系，督促进出口食品生产经营落实主体责任。<br>25. 落实输华食品国家或地区食品安全管理体系回顾性审查机制，建立健全不合格食品信息通报制度。高度重视我国出口食品被境外检出的质量安全问题，认真组织做好核查工作，及时进行情况汇总分析。强化与国内相关监管部门的合作，压紧压实食品安全主体责任，对核查发现的问题，向相关生产经营企业进行通报，并按有关规定向其所在地县级以上地方政府进行通报。<br>26. 优化进出口食品监督抽检和风险监测机制，严格执行年度进出口食品抽样检验和风险监测计划，规范不合格食品的处置程序，提升口岸快速反应能力，更加有效处置进出口食品安全风险事件。完善进口食品准入审核机制，坚决杜绝非准入食品进口。<br>27. 提升进出口食品备案、进境动植物检疫审批（食品部分）工作质量，严格按照行政许可和相应工作规范的时限要求执行。切实做好供港澳食品安全监管工作。<br>28. 推动出口食品安全监管制度与国内监管制度有效衔接，完善风险分级分类管理制度，全面推行出口食品直通放行。 |

续表3

| 序号 | 类别 | 重点内容 | 落实措施、预期目标 |
|---|---|---|---|
| 6 | 坚决维护国家安全 | 保障进出口商品质量安全 | 29. 充分发挥进出口商品质量安全风险预警和快速反应监管体系作用，强化质量安全风险管控，防范化解重大安全风险。持续对标总署进出口商品质量安全监管要求，健全完善关区进出口商品检验监管制度。主动跟进进出口法检目录的动态调整，持续做好监管重心调整及监管能力保障。聚焦“安全卫生健康环保”，加强烟花爆竹、危险化学品、旧机电、大宗资源性商品等重点敏感商品安全监管。<br>30. 优化商品检验模式，探索多元化的合格评定方式。持续开展“清风行动”，拓宽案件线索发现的途径和思路，严厉打击进出口假冒伪劣商品行为。<br>31. 建立专业辅助监管工作机制，建设多层次的专业人才队伍。强化烟花爆竹、锂电、香精香料、陶瓷等关区特色产业国外技术性贸易措施研究。 |
| 7 | | 强化风险整体管控 | 32. 打造具有南昌海关特色的风险工作模式。集成各条线的专业优势，将各业务条线人员一并纳入全员风险分析工作，以项目负责制为抓手，开展风险分析、集中研判和实地验证。<br>33. 强化海关业务风险协同管理。加强与各业务部门的统筹协作和业务衔接，充分发挥职能部门在各自领域风险防控的职能优势和主体作用，强化风险防控整体合力。<br>34. 依托江西省口岸安全风险联合防控机制，围绕重要领域、重大风险，开展跨部门风险联合研判和协同处置，借助外部门信息和职能优势，促进口岸综合治理。根据总署要求，统一承接落实各项国家政策布控要求。 |
| 8 | | 严厉打击走私违法行为 | 35. 围绕中央关注、社会关切、群众关心的突出走私问题，加强走私态势掌控，坚决打击“洋垃圾”和象牙等濒危动植物及其制品走私行动，持续深化打击“水客”走私等专项行动，严厉打击重点涉税商品、农产品、毒品等走私。<br>36. 强化信息经营和研判。对关区重点商品、重点地区、重点渠道走私活动，注重深挖扩线，实施纵深打击。争取实现关区打击走私绩效始终位于绿色区间。<br>37. 凝聚关警合力。综合运用多种执法手段，与各隶属海关、风险、监管、关税、企管等部门密切协作、互通信息，使关区打击走私与正面监管相互促进。<br>38. 深化反走私综合治理。加强与省公安厅、省烟草公司、长江航运公安局、法院、检察院等地方单位和部门协作配合，形成预防打击治理合力，推动地方政府落实主体责任。 |
| 9 | 服务国内国际双循环相互促进 | 推动共建“一带一路”高质量发展 | 39. 支持江西与“一带一路”沿线国家（地区）开展产业合作和经贸往来，鼓励企业“引进来”“走出去”，推动江西高水平开放。<br>40. 支持江西充分利用我国与“一带一路”沿线国家（地区）的双多边贸易协议，构建优势互补、合作共赢的产业链条。<br>41. 支持江西中欧班列常态化运行，不断提升中欧班列通关便利化水平。指导地方口岸管理部门对照《口岸查验基础设施建设标准》，配合铁路部门做好铁路口岸查验配套设施升级改造。支持亚欧货运大通道建设，优化中欧班列和多式联运监管，支持中欧班列国内外集结中心从“点到点”向“枢纽到枢纽”升级。<br>42. 支持江西建设国际客货运“一带一路”空中走廊，支持拓展货运航线网络、增开国际客运航线。<br>43. 加大对省内与“一带一路”沿线国家（地区）有贸易往来企业的AEO培育和认证工作，对相关企业重点培育、优先认证。<br>44. 配合做好国际贸易“单一窗口”新功能应用。<br>45. 定期开展江西与“一带一路”沿线国家（地区）的贸易分析。<br>46. 加强对主要贸易国家（地区）和“一带一路”沿线国家（地区）动植物检疫法规标准的系统收集和研究，建成主要贸易国家和地区检疫要求数据库和我国优势农产品资源数据库。 |

续表4

| 序号 | 类别 | 重点内容 | 落实措施、预期目标 |
|---|---|---|---|
| 10 | 服务国内国际双循环相互促进 | 推动产业链、供应链优化升级 | 47. 巩固深化“十百千万”服务计划成效和机制，助力补链强链。<br>48. 推进企业集团加工贸易监管模式试点，以企业生产运行规律为出发点，在政策允许范围内，按照企业集团运作需求设立账册和办理各类加工贸易业务。积极探索高端制造全产业链保税模式。<br>49. 提升保税政策应用效能，支持企业开展保税研发、保税检测，支持扩大保税维修、再制造业务领域。创新保税监管模式，促进产业链内保税料件自由流转，促进区内区外联动。<br>50. 积极复制推广自贸区海关监管创新制度，支持江西申建自贸区。<br>51. 贯彻实施农产品进口多元化战略，加强对外农业产业链供应链建设，增加国内紧缺和满足消费升级需求的重点农产品进口，适度发挥检疫政策对进口的调控作用，保障国内产业链、供应链安全稳定。加强国外技术性贸易措施研究应对，促进和扩大江西省优势农产品出口，提升国际竞争力和市场占有率。持续巩固拓展脱贫攻坚成果，服务乡村振兴战略。<br>52. 支持申建药品进口口岸，落实特殊物品进出境监管机制，助力江西生物医药产业健康发展。<br>53. 鼓励优质消费品进口，积极吸引海外中高端消费回流。<br>54. 支持江西扩大中东欧国家食品农产品进口。<br>55. 完善制度措施，强化信息共享，积极开展知识产权海关保护专项行动，坚决打击进出口环节侵权违法行为。 |
| 11 | | 推动外贸创新发展 | 56. 完善加工贸易海关监管制度体系。支持江西承接沿海加工贸易梯度转移，推动企业提升加工贸易技术含量和附加值，促进产业链由加工组装向技术、品牌、营销等环节延伸。<br>57. 积极推行适应跨境电子商务、市场采购贸易、外贸综合服务等新兴业态发展的通关便利化措施，提升跨境电商零售进口试点成效，鼓励符合条件的企业依托综保区设立全球供应仓与枢纽。 |
| 12 | | 促进内外贸一体化 | 58. 支持江西扩大进口，充分发挥汽车整车进口、粮食、肉类等指定监管场地功能，积极推进水果、冰鲜水产品、食用水生动物等指定监管场地建设。<br>59. 鼓励企业用足用好税收优惠政策，加大对国家战略性重点产业链的扶持力度，服务江西14个重点产业链和“2+6+N”产业①，支持能源资源性产品进口，支持企业扩大重点产业的原材料、生产设备、关键零部件进口。<br>60. 继续完善通关服务保障，不断提升文化贸易便利化水平。支持景德镇陶瓷文化传承创新试验区建设，打造国际陶瓷“线上线下”交易平台，开展保税展示交易等业务。<br>61. 进一步提升技术性贸易措施研究、应用、服务能力与效能，加大对企业的宣传咨询力度，帮助企业积极有效应对国外技术性贸易壁垒。<br>62. 大力推进内销便利化，加强对消费品同线同标同质的基本要求、评价内容和评价程序的研究，对海关特殊监管区域内生产的内销产品，探索实施特殊质量安全检验监管便利化措施。 |

① 《江西省“2+6+N”产业高质量跨越式发展行动计划（2019—2023年左右）》，旨在通过5年时间，实现有色金属、电子信息2个产业主营业务收入迈上万亿级，装备制造、石化、建材、纺织、食品、汽车6个产业迈上5,000亿级，航空、中医药、移动物联网、半导体照明、虚拟现实（VR）、节能环保等N个产业迈上千亿级。

续表5

| 序号 | 类别 | 重点内容 | 落实措施、预期目标 |
| --- | --- | --- | --- |
| 13 | 服务国内国际双循环相互促进 | 支持区域协调发展 | 63. 贯彻落实《中共中央 国务院关于新时代推动中部地区高质量发展的意见》《国务院关于新时代支持革命老区振兴发展的意见》精神，进一步加强海关制度创新和治理能力建设，全力支持江西在新时代推动中部地区高质量发展中加快崛起。<br>64. 支持江西对接融入“一带一路”建设、粤港澳大湾区、长三角一体化等国家战略，进一步优化区域开放布局。支持江西内陆开放型经济试验区建设，进一步促进贸易和投资自由化、便利化，有效降低综合物流成本，完善高水平开放通道，建设高能级开放平台，培育高质量开放主体，打造一流营商环境，强化政策保障。<br>65. 深化与地方口岸部门合作，探索推进“信息互换、监管互认、执法互助”的大通关体系制度创新。<br>66. 发挥综合保税区开放型经济平台作用，支持确有发展需要且符合条件的地市设立综合保税区。优化提升综合保税区功能，指导南昌、赣州、九江、吉安等地市落实好《国务院关于促进综合保税区高水平开放高质量发展的若干意见》“21条措施”，推动海关特殊监管区域高质量发展。<br>67. 加快制度创新步伐，积极支持具备条件的地区增设国家一类口岸，增开国际客货运航线航班班列，加强与口岸海关通关制度衔接，持续推动通道沿线通关便利化。<br>68. 支持生猪、蜜橘、烤鳗、茶叶等优势食品农产品出口，推动实现巩固拓展脱贫攻坚成果同乡村振兴有效衔接。 |
| 14 | | 促进跨境贸易便利化 | 69. 围绕实现“三同”目标，深入实施“通关与沿海同样效率”专项行动，优化口岸营商环境。<br>70. 巩固压缩货物整体通关时间成效，加快推动“两步申报”“提前申报”等通关改革，强化职能监控作用，定期开展通关问题排查，为企业疏通通关渠道。推进口岸快速提离，扩大试点进口“船边直提”、出口“运抵直装”模式。推行灵活查验，对于有特殊运输要求的出入境货物，灵活采取预约查验、下厂查验、入库查验等方式，减少货物搬倒和企业等待时间。进出口整体通关时间持续保持在全国前列。<br>71. 精简进出口环节监管证件和随附单证。扩大食品农产品等重点商品快速通关“绿色通道”范围，促进优进优出。<br>72. 规范和降低进出口环节合规成本。严格进出口环节涉企收费，强化口岸收费目录清单制度，实现目录清单动态管理。加强监督，严禁利用海关行政影响力开展进出口环节涉企收费，坚决杜绝不合规、不合理收费。<br>73. 深化税收担保方式改革，积极开展以企业为单元的税收担保改革，助力汇总征税、自报自缴、提前申报和两步申报扩大范围。<br>74. 按总署统一部署，积极做好建立健全跨境服务贸易负面清单管理制度、健全技术贸易促进体系等相关工作。 |

续表6

| 序号 | 类别 | 重点内容 | 落实措施、预期目标 |
| --- | --- | --- | --- |
| 15 | 服务国内国际双循环相互促进 | 加快口岸现代化建设 | 75. 推进平安、效能、智慧、法治、绿色“五型”口岸建设，促进人流、物流、资金流、信息流高效便捷流动，持续优化口岸营商环境。推进平安口岸建设，完善口岸安全联合防控工作机制，提升口岸风险预警、防控和应急处置能力。积极推动完善常态化口岸疫情防控机制和口岸运行监控指挥体系建设。<br>76. 促进江西内陆口岸提能增效。支持九江港瑞昌港区、彭泽港区一体化建设步伐，完善南昌向塘国际陆港功能。支持赣州临时航空口岸申报建设粮食、肉类、水果等特定商品进境指定监管场地，开办保税航油（材）业务。探索推进指定口岸与综合保税区共用、共享。<br>77. 推进江西智慧口岸建设。持续推进智能审图创新应用，继续深化旅客行李物品智能化监管改革，完善“无感通关”模式，继续深化监管装备智能化应用。 |
| 16 | 持续深化海关改革 | 深化“放管服”改革 | 78. 持续推进简政放权，落实总署海关权责清单制度，厘清权力边界，规范权力运行。持续深化行政审批制度改革，扎实推进“证照分离”改革。<br>79. 积极复制推广“放管服”先进经验做法，精简行政许可事项，拓展“多证合一”“双随机、一公开”等改革，创新监管模式，努力做到监管效能最大化、监管成本最优化、对市场主体干扰最小化。<br>80. 持续推动各项简政放权政策落地见效。巩固压缩货物整体通关时间成效，推动精简进出口环节单证及证明材料，简化企业注册备案流程，取消不必要的监管要求，推进规范和降低进出口环节合规成本，不断促进外贸便利化和高质量发展。<br>81. 深入推进海关行政执法检查事项“双随机、一公开”监管工作，营造公平竞争的市场环境和法治化、便利化的营商环境。按照总署要求，建立健全相应工作机制，做好“两库”维护和抽查结果公开等工作。加强业务指导和监督，确保“双随机、一公开”在关区全面有效实施。<br>82. 推进海关行政相对人统一管理平台建设，整合行政相对人管理系统，建立统一的行政相对人数据库，推动数据共用共享，实现一个平台统一办理。 |
| 17 | | 深化全国通关一体化改革 | 83. 扎实推进海关全业务领域一体化改革。围绕“拓围、提质、增效”目标，更高质量、更大范围、更深层次地推进通关一体化改革。以“五项创新”为指引，优化监管资源配置，提高监管精准性、有效性。拓展通关环节与流程的全国一体化到海关全业务领域一体化。<br>84. 积极推动各业务领域跨关区协同管理，推进实施风险防控、纳税人属地管理等业务的区域一体化管理。提高系统集成水平，强化业务结合部协调联动，整合优化出口货物海关监管流程，规范检疫处理。<br>85. 持续高质量推进“提前申报”和“两步申报”。在巩固“提前申报”和“两步申报”前期成果的基础上，解决前端申报和整体通关改革的不平衡不充分问题，力争在改革的整体性和联动性上实现突破。 |

续表7

| 序号 | 类别 | 重点内容 | 落实措施、预期目标 |
|---|---|---|---|
| 18 | 持续深化海关改革 | 创新事中事后监管 | 86. 完善海关信用管理制度，推行以信用管理为基础的新型海关监管机制，落实企业信用等级评定、调整工作，做到应调尽调。<br>87. 参与地方社会信用体系建设工作，推动落实联合激励和联合惩戒。<br>88. 探索包容审慎监管，健全支持服务贸易和数字贸易发展管理机制，完善跨境电商监管模式，规范外贸综合服务和市场采购监管，促进新业态健康有序发展。<br>89. 创新稽核查工作模式，在总署支持下推行“互联网+稽核查”模式。<br>90. 统筹开展“洋垃圾”、涉税、涉检、跨境电商等领域专项稽查，拓展稽查广度深度。<br>91. 严格落实并深入推进核查分类管理、选查处分离、第三方协助核查工作、第三方结果采信、守法优质企业自查结果认可等制度，健全联系配合机制，构建权责明晰、统一规范、协同高效的核查工作体系。<br>92. 根据总署统一部署，落实主动披露制度并扩大适用范围，促进企业规范经营、守法自律。积极参与中小企业信息、技术、进出口和数字化转型综合性服务平台的建设和推广。 |
| 19 | | 推动自由贸易试验区和特殊监管区域发展 | 93. 支持江西申建自由贸易区，复制推广自由贸易试验区改革试点经验，持续释放改革红利，进一步优化营商环境，增强发展活力，着力打造内陆开放型经济新高地。<br>94. 支持综合保税区不断完善政策，拓展功能，科学规划综合保税区布局，促进综合保税区高水平开放高质量发展。加强对江西现有综合保税区的事中事后监督，按规定做好综保区绩效考核工作，严格对新设综合保税区的审核，把好准入关。推动综合保税区发展成为具有全球影响力和竞争力的加工制造中心、研发设计中心、物流分拨中心、检测维修中心、销售服务中心。 |
| 20 | | 全面提升服务决策能力 | 95. 推进统计现代化改革。贯彻落实总署党委“快、广、深”要求，深入挖掘数据价值，统筹开展宏观分析、贸易分析、业务分析和课题研究，服务宏观决策，服务外贸发展，服务海关管理，不断提升关区分析研究能力。<br>96. 服务构建新发展格局，持续巩固“十百千万”服务计划成果，打造分析研究“一关一品”工程，建立分析研究人才库、成果库、资料库、外脑专家库、重点企业库。<br>97. 服务“一带一路”建设，积极参与“一带一路”货物贸易指数的研究编制，定期开展江西与“一带一路”沿线国家（地区）货物贸易的分析评估。<br>98. 建立健全关区全球贸易监测分析工作小组机制、宏观分析研究工作机制、业务分析研究机制、课题研究管理机制、快速反应的分析研究工作专班机制。配合总署积极探索构建具有中国海关特色、准确反映国际国内经贸发展趋势的指数体系。每年向统计司报送文件不少于110篇。<br>99. 积极开展省市外贸综合性分析和进出口监测预警分析，江西外贸综合分析报告每年不少于11篇。<br>100. 优化数据发布机制，加大进出口数据解读力度，提升外贸领域海关话语权。按照总署统一部署，加强文化贸易统计工作，及时向有关部门提供有关文化产品进出口海关统计数据。<br>101. 严格数据安全管控，推进业务数据分类分级管控，规范数据对外交换和服务，确保数据安全可控。加强数据质量控制和不实贸易管控，健全关区业务指标体系。<br>102. 强化统计调查平台运用，发挥统计调查联系海关和企业的桥梁作用，形成直通重点外贸企业调查机制，提升统计调查效能。 |

续表8

| 序号 | 类别 | 重点内容 | 落实措施、预期目标 |
| --- | --- | --- | --- |
| 21 | 持续深化海关改革 | 完善海关技术规范和业务规范体系 | 103. 遵循国家和国际有关标准规范，从关区实际出发，提出海关技术规范需求，每年向总署申报2个以上技术规范或业务规范项目，按期高质量完成技术规范制（修）订任务，不断提高南昌海关标准化建设水平。 |
| 22 | | 深化财务管理改革 | 104. 深入推进预算和绩效一体化，全面提升预算执行效能。<br>105. 坚决落实“过紧日子”要求。从严控制“三公”经费，压减一般性支出，盘活存量资金资产，推进节能工作创新发展。<br>106. 全面统筹财力资源，增强财务保障能力。积极争取财政资金支持，全面统筹存量资金、地方应有支持等财力资源，持续推动海关预算保障机制落实落地。下大力气盘活存量资产，统筹使用各类资产，充分发挥资产效益。<br>107. 加快推进“智慧财务”一体化建设，提升财务工作智能化水平。<br>108. 进一步规范政府采购管理，做好政府采购意向公开及采购结果公示，确保政府采购工作流程公开透明，采购工作及时高效。<br>109. 支持乡村振兴战略，加大扶贫农副产品采购力度。<br>110. 全面提升涉案财物管理水平，严格执行涉案财物移交、保管、处置的相关制度规定，着力防控管理和廉政风险，坚决落实涉案财物仓库安全防范措施，确保安全生产无事故。<br>111. 建立应急物资储备保障机制，规范应急物资保障管理。 |
| 23 | 全面推进法治海关建设 | 完善海关法律制度体系 | 112. 积极参与海关立法工作，为构建科学系统的海关法律体系提供基层经验。对接总署规章制修订和制度建设工作部署，常态化推进关区业务制度和工作规范“立改废”工作。<br>113. 健全完善由法规部门牵头指导、相关业务职能部门共同参与和分工负责的规范性文件合法性审查工作机制，进一步规范制度建设程序，加强制度建设法制审核，组织落实好规范性文件备案工作，持续提升制度供给质量，全面优化关区制度结构布局，建成合法规范、精准实用、运行有效的业务制度体系。 |
| 24 | | 严格规范公正文明执法 | 114. 坚持权责法定、依法行政，落实落细行政执法公示、执法全过程记录、重大执法决定法制审核三项制度，确保行政执法行为得到有效规范，行政执法能力和水平整体大幅提升，行政执法行为被纠错率明显下降。<br>115. 加强法制业务指导，推动建立健全执法疑难问题发现解决反馈机制，为严格规范公正文明执法提供法律保障。严格执行海关行政执法裁量基准制度，规范行政执法自由裁量权。<br>116. 加强复议监督，主动发现、纠正违法或不当执法行为，提高行政复议能力和行政诉讼应诉水平，认真落实重大行政诉讼案件挂牌督办制度。<br>117. 宣传和推广新时代“枫桥经验”，探索行政争议预防化解举措，力争将争议化解在初始阶段、化解在基层、化解在行政程序中。<br>118. 积极参与建设智慧海关法律服务数据库，加强行政执法典型案例编制与学习研究，以案为鉴、以案促改，推动培树法治思维、规范执法行为。 |
| 25 | | 强化法治保障作用 | 119. 主动研究国家重大发展战略、江西省重要规划方案，积极参与关区业务改革发展，强化关区重大业务改革制度法律论证和法制审核工作，推动以制度的形式优先固化需求迫切、经实践证明行之有效的改革成果，确保重大改革依法有据，顺利推进。<br>120. 加强海关涉外法律制度研究，着力在跨境贸易透明度和便利化方面提高执法水平。加强民事法律事务管理，强化合同法制审核，防范法律风险。 |

续表9

| 序号 | 类别 | 重点内容 | 落实措施、预期目标 |
| --- | --- | --- | --- |
| 26 | 全面推进法治海关建设 | 营造良好法治环境 | 121. 深入学习贯彻习近平法治思想，强化法治意识，弘扬法治精神。落实主要负责人履行推进法治建设第一责任人职责，落实党委理论学习中心组集体学法制度和领导干部任前考法制度，推动领导干部做尊法学法守法用法的模范。<br>122. 加强法治人才培养，推进法律专家制度，充分发挥公职律师在推进依法行政中的积极作用。进一步加强法律顾问工作，建立以内部法律顾问为主体、外聘法律顾问为补充的法律顾问队伍。<br>123. 全面落实“谁执法谁普法”普法责任制，大力实施“八五”普法规划，坚持法治宣传教育与法治实践相结合，不断创新和拓展普法方式手段，扩大海关法治文化的覆盖面和影响力，使法治信仰真正内化于心。 |
| 27 | 全面提升科技创新应用水平 | 强化国门安全科技保障 | 124. 面向国门生物安全、疫病疫情防控、现场监管等重点应用需求，深化与高水平科技研究机构的合作研发，重点开展关区一线口岸及关键领域的科研活动。<br>125. 围绕国门生物安全，加强新发和烈性传染病国境阻断技术研究与储备，完善早期预警、实时监测、远程鉴定、快速检测、应急处置技术研发与应用。<br>126. 全力做好疫情防控信息化保障工作，保障通关系统、疫情防控相关系统，以及移动应用、视频监控指挥、电视电话会议等重要系统稳定运行，确保疫情防控期间各项工作正常运转。<br>127. 针对输入或潜在重大动物疫病、植物疫情、外来入侵物种等，开展综合防控关键技术的研发与应用。探索应用智能识别技术开展实蝇监测，升级应用有害生物远程鉴定系统。<br>128. 开展进口食品安全风险因子关键性检测、预警和监控追踪技术研究。加强商品质量检验检测技术研究，优化现场快速检测技术手段。<br>129. 配合做好国门安全风险防控智能化平台建设，全面建成统一规范、全景可视、安全共享的海关风险作业、查验管理、属地查检、卫生检疫、动植物检疫、进出口食品监管、商品质量检验等智慧监管系统，深入推进“智慧缉私”建设，充分发挥与公安信息网络资源互联互通的优势，进一步夯实海关缉私业务应用数据资源基础。<br>130. 加大监管设施设备配备，推进大型监管查验设备联网及全生命周期管理。升级完善单兵查验系统和设备，实现海关监管更加智能、精准、高效。 |
| 28 |  | 增强海关信息化支撑能力 | 131. 赋能江西开放型经济发展，全力做好口岸和特殊监管区域海关信息化应用推广工作。<br>132. 配合做好国门安全跨领域数字化融合平台建设，积极推动实验室检验检测技术的信息化融合，加快口岸监管设备的联网集成，持续优化机检设备智能审图，扩大可识别商品种类，提升识别准确性。<br>133. 按照总署统一部署，积极引入5G等新技术，建立高带宽、低时延和智能化的新一代信息化基础网络，持续提升关区业务网络承载能力。<br>134. 在进一步巩固与信息中心广东分中心基础设施云托管应用的基础上，结合关区实际，进一步推进云计算、虚拟化、大数据在业务场景的应用，不断优化海关信息化基础环境。<br>135. 建立健全网络安全体系架构，强化信息系统准入准出，全面提升海关网络安全感知、监测、防护、响应和恢复能力，持续做好网络安全等级保护，保障海关业务运行安全。2025年测评通过率100%。<br>136. 以自主知识产权技术全面应用为契机，加快国产软硬件推广，加大应用系统适配改造，构建国产应用支撑生态，实现2025年核心设备国产率100%。<br>137. 加强各类系统的运行维护，2025年核心系统可用率≥99.9%。<br>138. 加大信息系统整合优化升级力度，全力保障署级信息系统部署，争取更多署级科技项目试点应用工作，积极做好关级信息化系统研发，配合做好政务办公、党建队伍、财务管理、廉政监督等信息化应用的升级工作，全面提升关区政务和业务信息化水平。 |

续表10

| 序号 | 类别 | 重点内容 | 落实措施、预期目标 |
| --- | --- | --- | --- |
| 29 | 全面提升科技创新应用水平 | 深化海关大数据应用 | 139. 夯实大数据应用基础。围绕全面建设社会主义现代化海关的总目标，以智慧海关建设为愿景，以一智脑、一孪生、一引擎、一朵云、一个湖、一张网、一甲锁“七个一”为支柱，积极参与建设大数据支撑国门安全风险防控。收集汇总全关大数据应用需求，及时向总署提出完善大数据基础设施建设的建议。按照总署统一部署，配合开展大数据运用推广，做好关级信息系统在海关大数据云平台上线运行的对接工作。<br>140. 加强大数据授权和应用管理。制定应用授权管理规范，按照最小授权原则进行授权，实施应用授权动态管理。<br>141. 加强对大数据使用情况的监控。遵循“统筹管理、按需使用、分类分级、保障安全”的原则，开展实时监控，确保数据使用安全。 |
| 30 | | 加强海关实验室整体规划和协同建设 | 142. 加强实验室规划建设。继续开展实验室的分级建设与管理工作，按照不同级别实验室的职责定位，突出特色，补齐短板，做专做精。理顺技术中心、卫生保健中心实验室的管理关系，整合优化实验室布局。加强动植物检疫、外来入侵物种鉴定、物种资源保护等专业领域实验室建设。<br>143. 加强实验室安全管理。强化实验室安全管理制度和责任的落实，严格执行实验室技术规范和操作规程，持续排查、整改消除安全风险隐患。<br>144. 加强实验室动态管理。结合监管业务、地方产业的变化要求，对已有的常规实验室实行动态调整与管理，有序推进实验室“有进有出”。<br>145. 探索“检学研企”协同创新，在开展疫情预警、陶瓷产品鉴定等方面实现技术创新。 |
| 31 | | 强化口岸监管装备研发与应用 | 146. 做好监管科技装备的配备、运用和联网集成等工作，做好署级口岸监管装备平台推广应用的技术保障。<br>147. 按照总署统一部署，做好基于辐射成像、能谱探测、物质特征识别等融合技术应用，做好现场快速查验设备推广应用的技术保障。<br>148. 持续加强口岸监管装备的联网集成等综合应用，持续优化机检设备智能审图。<br>149. 积极向总署反映口岸监管科技装备的需求，配合总署做好相关设备的研发及试点。 |

续表11

| 序号 | 类别 | 重点内容 | 落实措施、预期目标 |
| --- | --- | --- | --- |
| 32 | 构建海关大外事工作格局 | 推进“智慧海关、智能边境、智享联通”合作 | 150. 落实共建“一带一路”倡议，促进政策、规则、标准联通，提升沿线贸易安全与便利化水平。<br>151. 推进基础设施智能化。加强监管作业场所信息化建设，实现智能化运营管理。推动辐射探测设备以及CT机、X光机和H986等非侵入式查验设备与海关管理平台联网，实现查验、处置全程可追溯。<br>152. 推进海关管理智能化。为一线关员配齐配全音视频执法记录、移动查验单兵等设备，严格规范设备应用，实现与关区执法记录管理系统的联网。通过海关UC系统应用，加强对现场查验的远程监督指导，实现查验视频“实时上传”、查验作业“实时监控”。<br>153. 推进海关监管智能化。积极参与HGIS“三维建模”试点工作，实现监管现场在线展示，提升实时监控和督查水平。完善海关物流信息平台建设，提升物流监控智能化管理水平。推动优化寄递物品分拣线体设置和智能监管设备配备，实现智能识别、自动分拣、有效拦截。<br>154. 完善国际贸易“单一窗口”功能，优化口岸营商环境，持续深化“通关与沿海同样效率”专项行动，积极参与推进信息互通共享、风险联防联控的“智能边境”建设。<br>155. 积极参与中国—中东欧国家海关信息中心建设，加强对中东欧国家贸易监测预警，密切关注江西对中东欧国家贸易企业和商品异动情况，适时开展专题分析。<br>156. 积极参与全球公共卫生治理，加强境外疫情监测，探索建立国际旅行卫生安全保障。<br>157. 配合做好与“一带一路”沿线国家（地区）签署海关检验检疫合作协议，积极参与卫生和植物卫生工作组机制，在协议框架下积极开展技术交流、信息通报、联合演练、病媒生物联合监测等工作，强化输华产品的风险评估，优化农食产品输华流程。<br>158. 大力支持中欧商贸物流合作园区与中国（赣州）跨境电子商务综合试验区“双区联动”合作项目落地运行。推出个性化海关监管方案，不断丰富业务类型。加强与深圳等沿海口岸海关协作，支持赣州区域国际物流枢纽建设。 |
| 33 |  | 深化对外合作伙伴关系 | 159. 发挥江西毗邻粤港澳大湾区的地理优势，加强与港澳相关政府部门合作，推进通关制度合作，创新对接大湾区口岸监管模式，深度融入口岸集群一体化发展，加强执法合作，促进人员、货物等要素高效便捷流动。加强与深圳等沿海口岸海关协作，创新“赣深组合港”模式，完善跨直属关区协同监管，共享港口航线资源和人力场地资源，优化物流调配方式，实现全方位互联互通，有效保障“深赣欧”等中欧班列常态运行。<br>160. 加大“经认证的经营者”（AEO）企业培育力度，以国家和地方重点扶持企业、国家文化出口重点企业、与“一带一路”沿线国家（地区）有贸易往来的企业等为重点，加大AEO培育和认证工作，持续支持企业发展。 |
| 34 |  | 积极参与国际贸易规则制定 | 161. 加强对世界贸易组织（WTO）及自由贸易协定等多双边框架下技术性贸易措施规则的研究应用，积极向国际司提出特别贸易关注和通报评议意见。每年向总署提出特别贸易关注1个以上，积极推荐关区专家参加总署通报评议相关工作。 |
| 35 |  | 推动自由贸易协定谈判和落地见效 | 162. 落实优惠贸易安排。按照总署统一部署，做好《区域全面经济伙伴关系协定》（RCEP）、《亚洲及太平洋跨境无纸贸易便利化框架协定》等自贸协定的实施生效有关工作，提高江西自由贸易协定利用率。 |

续表12

| 序号 | 类别 | 重点内容 | 落实措施、预期目标 |
| --- | --- | --- | --- |
| 36 | 构建海关大外事工作格局 | 深化与港澳台地区海关检验检疫交流合作 | 163. 积极参与开展内地与港澳地区海关检验检疫合作，推进卫生检疫、动植物检疫、食品安全、商品检验、经贸协定、知识产权保护、口岸通关、打击走私等领域规则衔接、制度对接和数据共享互通。<br>164. 按照总署统一部署做好对台工作，稳步推进海峡两岸海关在通关模式、“经认证的经营者”（AEO）互认、知识产权保护、打击走私及落实《海峡两岸经济合作框架协议》（ECFA）等方面交流合作，推动两岸食品、农产品、消费品监管合作，支持两岸贸易发展。 |
| 37 | 持续推进准军事化海关纪律部队建设 | 加强党的建设 | 165. 深入学习贯彻习近平新时代中国特色社会主义思想，切实在学懂弄通做实上下功夫，坚持“每日必学、每周研讨”学习机制，坚持两个“第一议题”制度，确保习近平总书记重要指示批示精神和党中央重大决策部署落实到位。<br>166. 坚持和完善“六位一体”述职评议考核方法，健全三级党委体制下更高要求的党建工作机制。抓好党委书记、党支部书记抓党建工作述职评议考核。用好党建述职评议考核结果，与年度考核和评优评先挂钩。落实党委委员基层支部联系点制度，党委委员结合开展“三必一听”调研，加强对基层党支部建设的督促指导，抓典型带一般，抓两头带中间，以点带面，推动基层支部全面进步、全面过硬。落实党委委员支部联席会制度，定期听取工作汇报、定期研究党建工作，压实党委委员抓分管领域党建责任，形成一级抓一级、层层抓落实、上下贯通、执行有力的组织体系。<br>167. 推进党建工作高质量发展，巩固拓展“强基提质工程”成果，“创‘四强’党支部、创模范机关、创第一等工作”。突出机关带系统，深化“四强”党支部建设，继续开展“四强”党支部创评。挖掘基层热源，打造示范样板，进一步提炼党建工作法，做实做亮党建品牌，推动基层党组织全面进步、全面过硬。<br>168. 发挥江西红色资源优势开展党史学习教育。深入挖掘和传承红色基因，充分运用党的宝贵经验指导党的建设，切实加强党对海关工作的全面领导，破解党建业务“两张皮”等问题，教育广大党员干部坚定理想信念，做对党绝对忠诚的国门卫士。<br>169. 开展庆祝中国共产党成立100周年系列活动，发挥工会和群团组织作用，用好红色资源开展机关文化建设，充分发挥机关文体协会作用，丰富干部职工文化生活，落实关党委“三关心”政策措施。 |
| 38 | | 加强领导班子建设 | 170. 突出政治标准，将政治标准、政治把关贯穿分析研判和动议、民主推荐、考察、讨论决定等选拔任用工作全过程，加强和改进领导班子和领导干部政治素质考察，探索建立《南昌海关领导干部政治素质考察办法》，深入口岸疫情防控、维护国门安全、促外贸稳增长、乡村振兴、防汛抗洪等工作一线全方位、多角度、立体式考察干部政治素质，建立干部政治素质档案，将政治素质考察结果作为干部选拔任用、评优评先、年度考核等次评定的首要依据。<br>171. 选优配强各级领导班子，进一步优化年龄结构、改善专业结构，加强执法一线科长队伍建设，不断提振干事创业精气神。<br>172. 坚持“好干部”标准，深化干部工作“五大体系”建设，健全选育管用环环相扣又统筹推进的全链条机制。 |

续表13

| 序号 | 类别 | 重点内容 | 落实措施、预期目标 |
|---|---|---|---|
| 39 | 持续推进准军事化海关纪律部队建设 | 加强人才队伍建设 | 173. 把人才工作列入重要日程，坚持“一把手”抓“第一资源”，班子成员分工负责，建立完善由人才工作部门牵头、各部门分工合作、全员充分参与的工作格局。<br>174. 以落实海关专家制度作为人才素质提升的基础工程，按规定建立分级分类专家库，培养造就高层次专业人才。<br>175. 着眼海关事业和人才队伍长远发展，大力培养选拔优秀年轻干部，建设专业技术青年骨干队伍。<br>176. 按照总署部署要求，做好关区事业单位人员职称评审推荐工作。 |
| 40 | | 加强干部教育培训 | 177. 将学习贯彻习近平新时代中国特色社会主义思想作为教育培训首要任务，开展好党史学习教育等专题培训工作。<br>178. 完善分类分级培训，突出分类分级管理，按照总署部署任务制订关区干部培训工作实施方案及培训计划，严格按要求组织各部门开展培训工作。<br>179. 继续推进“领导干部上讲台”，开展“百名关员讲专业”活动，进一步提升关区干部政治能力、业务能力、执法能力和制度执行能力。 |
| 41 | | 加强海关文化建设 | 180. 大力加强海关职业道德教育，落实重大节日升国旗、宪法宣誓、授予关衔、新关员入关宣誓等制度，定期开展准军事化集训，增强海关干部职工自豪感、荣誉感、使命感。<br>181. 大力培育和践行社会主义核心价值观，积极开展具有海关行业特色、职业特点、工作特性的文明单位创建工作，打造具有关区特色的品牌项目。<br>182. 充分发挥工会、共青团、文体协会作用，丰富群众性文化体育活动。<br>183. 严格落实意识形态工作责任制，筑牢守稳意识形态阵地，大力唱响时代主旋律，坚定关区党员干部听党话、跟党走的信心决心。<br>184. 用好江西红色资源，深入学习党史、新中国史、改革开放史、社会主义发展史，传承红色基因，弘扬跨越时空的井冈山精神、苏区精神、长征精神。<br>185. 发掘整理苏区税关历史，加强苏区关税处旧址保护，宣传苏区关税员英勇无畏、艰苦奋斗、一心为民的英雄事迹，积淀红色海关文化。<br>186. 落实总署媒体融合发展工程，积极构建网上网下一体、内宣外宣联动、全员参与的海关新闻舆论工作大格局，探索建立“新闻+政务服务”的运营模式，提升海关新闻舆论工作的传播力、引导力、影响力、公信力。做好重大活动、重大事件和重大项目的专项档案工作。 |

续表14

| 序号 | 类别 | 重点内容 | 落实措施、预期目标 |
|---|---|---|---|
| 42 | 持续推进准军事化海关纪律部队建设 | 加强党风廉政建设 | 187. 始终坚持严的主基调，抓实全面从严治党主体责任、监督责任的落实，健全完善与主体责任清单配套的检查考核机制，突出政治监督、做深日常监督，充分发挥全面从严治党引领保障作用。<br>188. 不断深化落实中央八项规定及其实施细则精神，深入纠治“四风”，建立完善“四风”问题常态化收集核查机制，持续纠治形式主义、官僚主义，不断健全基层减负常态化机制。<br>189. 强化“制度+科技”成果运用，推进廉政风险源头防控，扎实开展“现场监管与外勤执法权力寻租”等专项整治，严厉查处“效率寻租”、吃拿卡要等侵害群众利益问题。<br>190. 贯彻落实中央巡视巡察最新精神，坚持“当下改”与“长久立”相结合，持续抓好总署巡视反馈意见的整改工作；严格落实总署巡察工作要求，创新巡察工作方式方法，健全完善巡察制度建设，完善巡视巡察上下联动工作机制，实现巡察工作全覆盖。<br>191. 坚持无禁区、全覆盖、零容忍，坚持重遏制、强高压、长震慑，推动巡察监督与纪律监督、派驻监督统筹衔接，一体推进不敢腐、不能腐、不想腐。<br>192. 严格落实领导干部配偶、子女及其配偶从业行为要求，从严规范，按要求开展抽核比对。<br>193. 对关区典型案例及时通报曝光，深化以案促改，加强廉政警示教育和廉政文化创建，深入推进清廉海关建设。<br>194. 聚焦资金使用和权力运行的重点领域和关键环节，持续推进“全覆盖、全过程”审计监督。<br>195. 加大审计问题整改力度，落实审计整改台账管理、跟踪督导、绩效考核、“回头看”等工作机制。<br>196. 强化督察项目清单管理，加强“制度+科技+人工”成果运用，推动各项政策措施落实见效。<br>197. 深化内控机制建设，推动内控节点岗位清单制管理，抓好内控前置审核、内控节点、内控评价工作，进一步提升 HLS2017 系统监控应用水平，切实筑牢“三道防线”。 |

## 二、关于《“十四五”海关发展规划》主要工程的落实措施（共77个方面164项措施）

| 序号 | 主要工程 | 具体任务 | 落实措施、预期目标 |
|---|---|---|---|
| 1 | 税收风险防控能力提升工程 | 完善税收风险协同防控体系 | 1. 落实税管局风险排查处置指令，加强关区风险研判，对敏感、特殊商品和单票金额较大的货物重点审核。<br>2. 定期开展邮快件、和旅客行李物品等非贸税收征管风险分析。以集中工作方式或实地检查等方式，对可能存在的监管漏洞进行摸排，及时开展整改，化解潜在风险。<br>3. 改进和完善涉税稽查指令和线索移交缉私协同机制，重点加强指令、线索排查效能的评估和反馈，打击偷逃税违法行为，筑牢税收安全防线。 |
| 2 | | 深化属地纳税人管理 | 4. 对重点纳税企业“风险画像”动态更新，推进企业申报规范化、标准化。推动构建新型关企征纳关系，通过实施差别化的税收征管措施管理好重点税源企业，为税管局的风险防控提供有力支持。<br>5. 统筹运用自报自缴正向激励与申报纠错逆向管控手段，充分运用验估和稽核查补税等成果，归因分析企业自报自缴差错，引导企业合规申报，源头防控税收风险。 |
| 3 | | 发挥科技引领支撑作用 | 6. 灵活运用 HZ2011、HLS2017 等各类海关业务监控分析系统，提升关区税收风险智能化防控水平。 |

续表1

| 序号 | 主要工程 | 具体任务 | 落实措施、预期目标 |
| --- | --- | --- | --- |
| 4 | 口岸公共卫生防控体系建设工程 | 全球传染病疫情监测系统建设 | 7. 组建关区传染病疫情监测工作小组，通过总署信息发布载体、地方合作机制、互联网等渠道，定期收集梳理关区口岸通航国家/地区的疫情信息，适时开展疫情风险评估。<br>8. 配合有关部门加强卫生检疫专业人才培养，争取关区人员被选入总署境外传染病疫情监测队伍。 |
| 5 | | 口岸检疫查验和应急处置能力建设 | 9. 完善口岸公共卫生应急处置机制。根据总署统一部署，健全关区口岸突发公共卫生事件应急处置预案，与地方建立公共卫生应急联动机制。<br>10. 根据总署统一部署，持续夯实地方对涉外疫情实行信息报告、隔离管控、检测检疫、转运转送和医疗救治的“五个闭环”管理，固化新冠肺炎疫情长效防控机制。<br>11. 配合有关部门实施关区口岸改扩建工程，提升口岸检疫查验设施设备的信息化、智能化和自动化水平，推动实现口岸公共卫生风险动态实时监测，根据总署统一部署推动建设现代化口岸突发公共卫生事件监控指挥系统。<br>12. 加强口岸公共卫生应急处置支撑。组建口岸突发公共卫生事件应急处置专业队伍和专家组，配合加强应急处置队伍能力建设及口岸应急物资储备。 |
| 6 | | 强化国境病媒生物监测 | 13. 积极参与长江中上游口岸病媒生物监测，规范口岸区域病媒生物监测工作，完善输入性病媒生物监测激励机制，强化口岸病媒生物截获能力。<br>14. 积极推广远程鉴定技术和高效检测鉴定技术应用，建立完善关区病媒生物标本库和病媒生物及其携带的病原体生物信息库，进一步提升关区病媒生物监测、鉴定、预警和响应能力。 |
| 7 | | 建立特殊物品国家准入评估制度 | 15. 完善特殊物品风险分级分类管理制度和生物安全评定机制，联合地方卫生、科技等部门组建高风险特殊物品风险评估专家队伍，建立跨部门出入境特殊物品风险联合研判机制。<br>16. 根据总署统一部署开展特殊物品监管改革，探索实施低风险特殊物品智能化审批，高风险特殊物品全程监管。 |
| 8 | | 口岸公共卫生核心能力建设 | 17. 督促地方政府和口岸运营方按照口岸公共卫生核心能力建设标准加强口岸公共卫生检疫设施建设，确保口岸公共卫生核心能力持续达标，对标对表持续改进，不断提升口岸公共卫生监管水平。<br>18. 加强保健中心业务管理，强化关区国际旅行医学人才队伍，根据总署统一部署积极推动“国际旅行健康服务网”建设。 |

续表2

| 序号 | 主要工程 | 具体任务 | 落实措施、预期目标 |
|---|---|---|---|
| 9 | 动植物检疫和外来入侵物种口岸防控能力提升工程 | 动植物疫情和外来入侵物种监测与预警能力建设 | 19. 建立动植物疫情和外来入侵物种信息收集和分析工作组，负责收集和分析境内外动植物疫情和法律法规信息。<br>20. 完善动植物疫情和外来入侵物种监控制度，提升监测点数量，建立监测数据库，科学开展监控工作。<br>21. 完善动植物疫情和外来物种预警机制，构建动植物疫情和外来入侵物种风险级别判定指标体系及风险预警智能化判定模型，提高对重大动植物疫情的风险研判和处置能力。 |
| 10 | 动植物检疫和外来入侵物种口岸防控能力提升工程 | 动植物检疫监管能力建设 | 22. 构建外来物种信息和口岸截获数据库，加强对外来物种信息和口岸截获数据分析，根据分析结果通过二级风险布控对口岸查验比例和项目实施动态调整。<br>23. 强化对进境高风险动植物产品的检疫监管，根据总署统一部署，对进境活动物、粮食、种苗等实施全程系统化监管。<br>24. 实现口岸初筛鉴定能力全覆盖，有动植物及其产品进境海关指定监管场地的口岸应100%具备初筛检查鉴定能力。<br>25. 加强旅客携带物、寄递物等非贸渠道的检疫查验，实现100%过机查验，防止外来物种传入。 |
| 11 | 动植物检疫和外来入侵物种口岸防控能力提升工程 | 支持优势农产品扩大出口 | 26. 指导出口水果种植和加工企业完善有害生物防控和安全管理，大力推荐符合条件的企业对外注册，促进南丰蜜橘等水果出口。<br>27. 帮助生猪养殖企业提升生物安全防控水平，防止非洲猪瘟等重大动物疫病传入，保障供港澳生猪安全稳定，促进生猪养殖产业发展。<br>28. 支持家具等竹木生产企业扩大出口，夯实产业链基础，推动构建国内国际双循环发展格局，促进江西家具产业高质量发展。 |
| 12 | 动植物检疫和外来入侵物种口岸防控能力提升工程 | 跨境动植物疫情疫病防控全球共治 | 29. 积极派员参加总署动植司组织的对外政策研究、交流、培训等工作，每年至少2人次。<br>30. 积极参与执行进出境动植物境外检疫和考核等任务，每年至少1人次。 |

续表3

| 序号 | 主要工程 | 具体任务 | 落实措施、预期目标 |
| --- | --- | --- | --- |
| 13 | 进出口食品安全监管能力提升工程 | 健全进出口食品安全制度规范 | 31. 依据总署进出口食品安全监管改革措施，结合《进出口食品安全管理办法》《进口食品境外生产企业注册管理规定》《出口食品生产企业申请境外注册管理办法》要求，对现有工作规程进行“立改废”，不断规范完善进出口食品安全监管制度，形成覆盖进出口食品安全监管执法各环节的作业规范。 |
| 14 | | 优化进出口食品安全监管机制 | 32. 全面落实输华食品国家食品安全监管体系评估和产品准入管理制度、进口食品境外生产企业注册制度。配合做好境外输华食品准入评估工作及境外食品生产企业现场检查工作。<br>33. 完善出口食品境外通报问题处置协调机制，建立关区出口食品境外通报处置工作程序，明确各方责任，落实核查内容及后续处置措施。压紧压实食品安全主体责任。 |
| 15 | | 加强进出口食品安全风险监测与预警 | 34. 严格落实进出口食品安全监督抽检和风险监测计划，严控流程时限，严格工作程序，确保监督抽检工作符合要求。<br>35. 以风险监控清单为指引，以系统应用为抓手，深化监控机制落实。落实分级监控，研判风险等级，区分监控方式，做到有的放矢。定期评估通报，开展业务形势分析。 |
| 16 | | 构建进出口食品安全国际共治格局 | 36. 积极开展重点国家（地区）、重点产品相关法律法规、技术规范的专项研究。融入国家经济发展大局，服务“双循环”新发展格局，深入推进“放管服”改革，督促企业落实主体责任，努力做大做强出口。<br>37. 持续推进对大洋洲各国家（地区）法律法规收集、研究和整理，加强对新技术性贸易措施的跟踪研究，提出应对方案，为进出口企业提供服务。 |

续表4

| 序号 | 主要工程 | 具体任务 | 落实措施、预期目标 |
| --- | --- | --- | --- |
| 17 | 进出口商品质量安全检验监管能力提升工程 | 完善进出口商品质量安全风险预警和快速反应监管体系 | 38. 推进风险预警和快速反应监管体系建设，建立健全进出口商品质量安全风险监测、评估、预警、处置体系，加强口岸查验、属地检验、风险研判、后续稽核查以及企业信用管理等多领域合作。<br>39. 加强风险信息分析与挖掘，强化风险协同研判，提升精准布控水平。健全完善进出口商品风险信息清单，明确风险防控重点。 |
| 18 | | 优化进口商品检验监管模式 | 40. 按照“管得住、放得开、效率高、成本低”的要求，聚焦“安全卫生健康环保”，积极落实总署“先放后检”“依企业申请”、分类管理、法检目录调整等改革举措。<br>41. 充分发挥基层首创作用，坚持问题导向、效能导向，加强风险监测和风险评估，向总署提出改革检验模式、调整法检目录、完善检验制度、优化检验项目等建议报告，助力检验模式优化。 |
| 19 | | 提升进出口商品检验监管基础能力 | 42. 健全完善危险化学品、烟花爆竹等重点敏感商品的业务制度，全面落实总署进出口商品质量安全监管要求。建设重点敏感业务专业技术工作组，建立相应的工作机制，发挥专业技术辅助管理决策的重要作用。加强与应急管理等监管部门的监管协作和信息通报，推动监管链条前伸后移。<br>43. 持续开展危险化学品、烟花爆竹等重点业务资质培训，突出实操考核及应急处置培训，提升岗位人员实际监管技能，保障监管作业安全。 |
| 20 | 风险管控能力提升工程 | 强化一体化风险防控 | 44. 落实“两轮驱动”改革中的事前、事中、事后风险防控联动机制工作要求，推进检验检疫领域风险防控深度融合，实现海关各业务领域风险防控一体化。<br>45. 统筹贸易渠道和非贸渠道的风险整体防控，推进关区邮递、旅检、跨境电商及特殊监管区域风险防控取得实质性突破。<br>46. 更深层次延伸风险防控链条，开展出口前监管等通关作业事前风险可控性评估，推进以国别、企业为单元的安全准入风险防控向境外拓展。 |
| 21 | | 开展以供应链为单元的风险防控 | 47. 聚焦保障全球产业链供应链安全，拓展风险防控视野，紧扣国家发展战略，围绕稀土、有色金属、烟花爆竹等省内重点产业、优势产业，加强产业链供应链风险整体评估、研判与处置，鼓励生产、运输、报关、港口等供应链环节企业与海关合作共同保证供应链安全，规范促进产业链供应链健康发展。积极参与国际间海关开展供应链互联互通合作，持续深化中欧陆海快线、国际陆海贸易新通道沿线以及中欧班列沿线海关合作，积极推进“经认证的经营者”（AEO）、“安智贸”、海关信息交换平台、“关铁通”、风险管理等合作项目。落实《关于印发健全我国应急物流体系实施方案的通知》，完善突发事件情况下优先保障应急物资和邮件快件通关等具体举措。发挥中欧班列战略通道作用，提高通关效率，提升通道能力。<br>48. 拓展风险防控视野，关注“双循环”新发展格局下市场产业替代变化，重点对景德镇国家陶瓷文化传承创新试验区、吉安电子信息产业集群、赣江新区绿色金融改革创新试验区等产业，实施针对性风险防控策略，支持重点产业可持续发展。<br>49. 强化对跨境电商、外贸综合服务、市场采购等新业态的风险监测预警评估，创新风险防控策略，加快扶持战略新兴产业发展，厚植发展优势。 |

续表5

| 序号 | 主要工程 | 具体任务 | 落实措施、预期目标 |
|---|---|---|---|
| 22 | 风险管控能力提升工程 | 推进风险防控区域协作 | 50. 紧扣落实《中共中央 国务院关于新时代推动中部地区高质量发展的意见》及国家区域发展战略，积极向总署争取建立中部地区风险防控区域协作机制。<br>51. 落实长江经济带发展、中欧班列等区域一体化风险防控机制工作要求。 |
| 23 | | 建立风险信息网 | 52. 加强全球公开信息系统性收集应用，大力开展市场调查和贸易调查，用好用足开源信息公共服务机构资源，加大定向购买信息力度，积极争取重点企业和重点行业“风险联络员”制度试点工作，逐步建立可靠、高效、稳定的风险信息收集渠道和网络，不断丰富风险信息来源。<br>53. 结合关区业务特点，探索开展稀土、有色金属、烟花爆竹等全国行业代表性商品的专项信息收集工作。<br>54. 做好信息的加工、保护、传递、使用、存储、保管等工作，提高高质量信息产品产出率，加大信息产品转化应用力度，实现信息在各作业环节的多维应用，提高人工分析精准度。<br>55. 落实风险信息执行反馈要求，开展信息应用效果跟踪评估。 |
| 24 | | 强化系统集成保障 | 56. 发挥派员深度参与总署风险司、科技司联合开展的大数据百日攻关模型迭代项目的优势，在“云擎”平台人员授权方面协调更多支持。<br>57. 强化大数据应用人员队伍梯队建设，配合关区大数据应用实际需求，在计算资源、硬件设备方面协商科技部门给予倾斜。 |
| 25 | 缉私专业能力建设工程 | 推进“智慧缉私”建设 | 58. 加强缉私科技建设，重点使用好信息、指挥、办案、案管四个中心系统，实现四中心功能有机衔接和全面推广应用。<br>59. 推进缉私分局缉私指挥中心建设，逐步建成一体化缉私指挥体系。<br>60. 推进公安网络基础建设，力争缉私部门公安网及设备配备符合要求。 |
| 26 | | 加强刑事技术、水上缉私、缉私犬业务建设等工作 | 61. 推进电子司法鉴定中心实验室建设及运营，并取得司法部、公安部出具的电子司法鉴定中心实验室的检验检测机构资质认定（CMN）证书。 |
| 27 | | 完善警务保障机制 | 62. 加强经费保障，力争建成适应缉私实战需求的警务装备保障体系。保障缉私警察公务用车需要，依法依规做好公务用枪、公安被装等保障。<br>63. 推进缉私业务技术用房等基础设施建设，实现海关缉私部门业务技术用房总体保障率达到95%以上。继续推进办案场所（中心）规范化建设。 |

续表6

| 序号 | 主要工程 | 具体任务 | 落实措施、预期目标 |
| --- | --- | --- | --- |
| 28 | 知识产权海关保护能力提升工程 | 开展知识产权海关保护专项行动 | 64. 落实总署专项行动要求，在本关区举办各类知识产权海关保护业务培训，参加培训总人数年增长不低于10%。打击进出口环节侵权违法行为，查扣侵权批次、数量逐年增长。<br>65. 开展跨部门、跨区域执法协作，构建知识产权全链条保护。<br>66. 开展出口知识产权优势企业培塑，引导自主知识产权企业主动寻求知识产权海关保护。<br>67. 加大新闻宣传力度，营造知识产权保护氛围，被署级载体或地市级以上知识产权部门主管载体采用篇数逐年上升。 |
| 29 | | 加强知识产权海关保护信息化、智能化建设 | 68. 增强知识产权海关保护备案和执法子系统的应用。<br>69. 加强与风险布控部门的协作，运用大数据、云计算等新技术，开展风险联合研判，进一步提升对侵权线索的收集、分析、预警、处置能力。 |
| 30 | | 推动构建大保护工作格局 | 70. 积极开展与各地方知识产权主管机关的合作，加强与其他直属海关的执法协作，对关区自主知识产权企业实施重点服务。<br>71. 开展海外知识产权纠纷应对指导，提供维权援助，培塑企业的维权意识和维权能力。加大对进出口商标专利侵权、网络侵权盗版、地理标志保护等侵权行为的行政处罚力度。 |
| 31 | | 知识产权海关保护国际合作机制建设 | 72. 积极参与知识产权海关保护国际合作机制建设，扎实推进多双边国际协议落实。<br>73. 加强对重点行业、产业、企业分析研究，总结分享知识产权典型案例和经验做法。 |
| 32 | 技术性贸易措施研究与服务能力提升工程 | 技术性贸易措施规则研究与应用 | 74. 加大对技术性贸易措施传统领域研究力度，持续关注烟花爆竹、茶叶、水产品等特色出口产品，加强技术性贸易措施影响评估、趋势预判、监测预警、通报评议、交涉应对等相关基础支撑技术研究。<br>75. 积极探索运用技术性贸易措施维护国家安全和发展利益方面的研究，进一步提高技术性贸易措施的针对性和实用性。 |
| 33 | | 技术性贸易措施服务平台建设 | 76. 加强宜春烟花爆竹技术性贸易措施研究评议基地建设，强化资料信息收集整理，搭建技术性贸易措施数据库和公共信息平台。 |
| 34 | | 技术性贸易措施精准服务能力建设 | 77. 加大技术性贸易措施影响情况调查力度，重点跟踪分析企业为应对国外技贸措施增加的成本情况，实施精准帮扶。<br>78. 加强技贸措施解读和宣传力度，提高社会对技贸工作关注度。 |

续表7

| 序号 | 主要工程 | 具体任务 | 落实措施、预期目标 |
|---|---|---|---|
| 35 | 深化国际贸易“单一窗口”建设工程 | 深化“单一窗口”政务服务功能 | 79. 加大“单一窗口”应用监测，配合地方主管部门做好问题收集和上报，积极配合“单一窗口”新功能的上线推广工作，加大信息推送、培训和宣传力度，及时总结经验做法和应用成效。 |
| 36 | 深化国际贸易“单一窗口”建设工程 | 拓展“单一窗口”覆盖面 | 80. 配合地方主管部门做好中国（江西）国际贸易“单一窗口”建设，引导企业通过“单一窗口”办理各项业务，实现主要业务功能应用覆盖率达到国家考核目标。<br>81. 配合地方主管部门做好有关经验做法和应用成效的总结和宣传，扩大“单一窗口”的社会影响力，让更多企业及时享受到“单一窗口”带来的红利。 |
| 37 | 深化国际贸易“单一窗口”建设工程 | 推进“单一窗口”国际联通 | 82. 积极配合国口办推进与“一带一路”沿线国家（地区）及其他贸易伙伴“单一窗口”互联互通。 |
| 38 | 深化国际贸易“单一窗口”建设工程 | 夯实“单一窗口”信息化基础 | 83. 进一步做好信息化建设和中国电子口岸专线运维保障。<br>84. 积极推动南昌、九江、赣州等地加快实现口岸“通关+物流”无纸化和信息化。 |
| 39 | 海关稽查核查能力提升工程 | 创新稽核查工作模式 | 85. 落实总署完善的特许权使用费稽查常态管理机制、转移定价稽查操作规范、主动披露等方面的制度措施。根据总署常规稽查双随机选取参数优化情况，开展涉检企业常规稽查随机选取。<br>86. 大力实施“互联网+稽核查”工作模式，争取关区ERP（WMS）企业与总署统一版“互联网+稽核查”系统联网应用。结合实际积极开展网上稽核查、网上电子审核。 |
| 40 | 海关稽查核查能力提升工程 | 深入开展专项稽查行动 | 87. 坚决贯彻落实习近平总书记关于打击“洋垃圾”走私重要指示批示精神，根据总署工作要求持之以恒开展好固废专项稽查行动。<br>88. 强化对特许权使用费、转移定价等涉税领域专项稽查力度，做好稽查追补税工作。<br>89. 拓展对检验检疫、跨境电商等新领域违法违规问题的贸易调查和风险研判，组织开展专项稽查行动。<br>90. 在检验检疫领域探索开展引入中介协助海关稽查工作。 |
| 41 | 海关稽查核查能力提升工程 | 建立健全海关核查工作体系 | 91. 落实选查处分离制度要求，健全联系配合机制，构建权责明晰、统一规范、协同高效的核查工作体系。<br>92. 严格落实核查业务分类管理，适当减少定期管理类核查指令数量并一次性下达全年指令任务，加大风险处置类核查工作力度。<br>93. 持续落实核查领域“双随机”工作要求，按规定要求积极开展联合抽查。<br>94. 完善第三方协助核查工作机制，建立第三方结果采信制度、守法优质企业自查结果认可制度。 |
| 42 | 海关稽查核查能力提升工程 | 推行主动披露制度 | 95. 继续落实总署优惠措施，开展主动披露政策宣传，扎实做好涉税企业主动披露工作。<br>96. 扩大主动披露受众面，积极引导综合保税区“四自一简”企业开展主动披露，根据总署统一部署，将主动披露适用范围扩大至涉检业务领域。 |

续表8

| 序号 | 主要工程 | 具体任务 | 落实措施、预期目标 |
|---|---|---|---|
| 43 | 推动自由贸易试验区和海关特殊监管区域发展工程 | 充分发挥自由贸易试验区改革创新“试验田”作用 | 97. 强化对复制自贸区改革试点工作的政策宣讲，帮助企业及时了解相关政策、共享改革“红利”。<br>98. 结合江西省内产业特色，支持复制推广“飞机行业内加工贸易保税货物便捷调拨监管模式”，允许企业对未经加工的保税料件以“余料结转”的方式在集团内不同企业、不同加工贸易账册内自行调拨。 |
| 44 | | 推动综合保税区高水平开放高质量发展 | 99. 落实《综合保税区发展绩效评估办法》要求，配合地方政府做好评估准备工作。<br>100. 指导地方政府认真学好用好《综合保税区适合入区项目指引》，积极推动国务院促进综保区发展的“21条措施”在综保区落地，结合各地产业特色，实施“一区一策”，推动综合保税区高质量发展。<br>101. 积极建言献策，督促地方政府及相关部门落实主体责任。 |
| 45 | | 推动海关特殊监管区域与自由贸易试验区统筹发展 | 102. 结合工作实际制订细化推进方案，明确任务书、时间表、责任人，加速推进海关特殊监管区域和复制自贸区改革试点工作融合发展。<br>103. 推进“一区一策”工作，对接各地具体产业需求，引导综保区用好功能、提高绩效。 |
| 46 | 海关特色高端智库建设工程 | 统筹推进智库建设 | 104. 积极根据总署智库建设布局，积极培养和推荐优秀人才入库。<br>105. 加强分析研究“一关一品”工程建设，不断扩大品牌影响力，提升品牌价值，争取入选全国海关分析研究品牌。 |
| 47 | | 优化智库运行机制 | 106. 对标总署智库建设要求，优化关区课题研究、专题研究机制，强化成果评价和应用转化。<br>107. 建立与地方智库的交流合作机制。 |
| 48 | | 提升智库研究力量 | 108. 统筹关区研究力量和资源，建立跨部门、跨领域、多层级、成梯队的研究人才库。<br>109. 通过开展联合调研、专题研讨、决策咨询、横向课题研究，调动有关政府部门、协会商会、科研机构、高等院校、知名企业研究团队等多方力量，探索建立具有关区特色的智库联盟。<br>110. 按照总署要求加大智库建设的经费保障和投入，建立优秀研究人才的成长激励机制。 |

续表9

| 序号 | 主要工程 | 具体任务 | 落实措施、预期目标 |
|---|---|---|---|
| 49 | 单兵查验优化升级工程 | 更新换代单兵查验设备 | 111. 积极寻求总署支持，不断更新口岸监管一线人员单兵查验设备，做好单兵技术保障工作。<br>112. 了解和掌握一线人员对单兵查验设备应用的需求，不断拓展单兵查验设备应用领域，为现场查验关员减负。 |
| 50 | | 研发应用新型单兵查验设备 | 113. 按照总署工作部署，积极申请应用AR智能眼镜等装备使用试点，推进非接触式查验开展。<br>114. 丰富设备功能，加快实现专家远程指导，不断提高查验效能。 |
| 51 | | 优化移动查验作业应用 | 115. 按照总署工作部署，将重点检疫人员信息、有害生物和外来入侵物种图谱等实时植入单兵作业应用，实现移动查验作业系统对检验检疫业务现场查验的全覆盖。<br>116. 加强5G、物联网等新技术应用，探索新智能化手段在监管点的应用。<br>117. 深化“互联网+单兵作业”在查验流程中的应用，服务现场查验去繁就简。探索完善既符合法律法规又与移动查验作业实际相适应的新型查验制度机制。 |
| 52 | 大数据海关应用提升工程 | 完善大数据基础设施 | 118. 夯实大数据应用基础，及时向总署提出完善大数据基础设施建设的建议。 |
| 53 | | 加强海关大数据管理 | 119. 配合做好海关大数据管理工作，对南昌海关内外部数据进行建档入册。 |
| 54 | | 完善海关大数据应用 | 120. 按照总署统一部署，配合开展大数据运用推广，做好关级信息系统在海关大数据云平台上线运行的对接工作。 |
| 55 | | 建设大数据安全体系 | 121. 加强大数据授权和应用管理。制定应用授权管理规范，按照最小授权原则进行授权，实施应用授权动态管理。<br>122. 严格落实大数据安全保护工作，按要求实施相应安全保护策略。<br>123. 加强对大数据使用情况的监控，遵循“统筹管理、按需使用、分类分级、保障安全”的原则，开展实时监控，确保数据使用安全。 |

续表10

| 序号 | 主要工程 | 具体任务 | 落实措施、预期目标 |
|---|---|---|---|
| 56 | 海关实验室技术支撑工程 | 加强国门生物安全实验室建设 | 124. 聚焦国门生物安全执法把关技术保障需要，以技术中心、保健中心为基础，深化生物安全实验室建设，形成覆盖全省的检测资源布局。<br>125. 加强传染病防控、动植物检疫、外来入侵物种鉴定、物种资源保护、食品安全等专业领域实验室建设，进一步建设和完善实验室环境设施，加强仪器设备和专业人员配置，提高实验室技术保障能力。 |
| 57 | | 完善实验室规划布局 | 126. 按照“区域集中、就高整合、突出特色，补齐短板”的原则，进一步优化关区实验室布局。<br>127. 构建以南昌为中心，九江、赣州为补充的出入境传染病检测实验室布局，承担关区出入境传染病和病媒生物检测工作。<br>128. 构建以南昌为中心的动植物检测实验室布局，承担关区动植物疫病检测和外来有害生物鉴定工作。<br>129. 构建以南昌和赣州为中心，南北形成200千米覆盖圈辐射全省的食品检测实验室布局，承担关区食品检测工作。<br>130. 构建以南昌、景德镇、宜春分工协作的工业品、危化品检测实验室布局，承担关区工业品检测以及归类、鉴定工作。<br>131. 按照实验室等级实施分类管理。重点实验室承担研发本类产品或项目全国海关执法检测技术，解决关键或重大技术难题。区域实验室负责指定区域内本类产品或专业领域项目的技术执法检测任务，同时负责指导和解决区域内相关领域技术疑难问题。常规实验室承担所属隶属海关范围常规检测工作，并紧紧围绕本辖区主要业务需求、支柱产业需要，做专、做强。 |
| 58 | | 加强实验室管理制度体系建设 | 132. 强化海关实验室分级管理要求，促进实验室技术能力提高。<br>133. 落实《海关实验室管理办法》及绩效考核规定，规范实验室管理。<br>134. 加强质量控制，积极参加实验室能力验证，开展检测人员技术培训，提高实验室检测质量。<br>135. 建立安全生产责任制和实验室安全管理机制。严格执行实验室技术规范和操作规程，认真落实相关安全防护要求，持续排查、及早发现问题短板和薄弱环节，及时整改消除安全风险隐患，确保实验室高效平稳运行。<br>136. 落实《生物安全法》等国家法律法规关于实验室建设有关要求，加强实验室生物安全管理。 |

续表11

| 序号 | 主要工程 | 具体任务 | 落实措施、预期目标 |
|---|---|---|---|
| 59 | | 推广人工智能（AI）等信息技术应用 | 137. 应用大数据、人工智能技术，实现对重要网络位置的全面监控，对日志、流量等数据的综合分析。<br>138. 按照总署统一部署，加强口岸智能监测系统建设。 |
| 60 | | 加大5G等网络技术应用 | 139. 积极引入5G等技术，配合做好新一代信息化基础网络建设。<br>140. 探索智能IT服务管理理念，加强运维大数据分析应用，提升运维自动化、智能化水平。<br>141. 运用5G及区块链技术，探索现场监管的新方式。 |
| 61 | 强化前沿技术和关键核心技术研发应用工程 | 扩大射频识别技术（RFID）等感知技术使用 | 142. 按照总署工作部署，整合影像识别、辐射检测、智能感知、智慧视频等技术应用，推进监管前置管理。<br>143. 争取为口岸监管一线配备无人机、机器人等新型查验设备，积极探索将无人机等技术装备或新技术手段应用于进出口监管查验、打击走私等工作，积极探索运用机器人对核物资、危化品、放射性超标等有害物品开展监管查验，努力建立覆盖口岸的智能监测系统。 |
| 62 | | 加强生物识别技术研究应用 | 144. 按照总署工作计划，推进生物识别技术创新应用，提高旅客出入境信息匹配的准确性。<br>145. 积极争取为昌北机场海关旅检现场配备人脸识别系统，扩大生物识别技术应用范围，全面提升对出入境人员的识别能力。 |
| 63 | | 突破关键核心技术 | 146. 强化人工智能（AI）、5G、物联网等新技术在智慧海关建设中的应用，加强海关监管智能化技术研发。<br>147. 构建国门生物安全技术体系，推进口岸传染病防控技术、食品安全关键技术、口岸动植物检疫技术研发应用，开展国际贸易保障技术研究。 |

续表12

| 序号 | 主要工程 | 具体任务 | 落实措施、预期目标 |
| --- | --- | --- | --- |
| 64 | 全面推进“三智”建设和合作工程 | 加强“三智”理念的深入研究 | 148. 深刻理解习近平总书记提出的“三智”及“海关贸易安全”理念丰富内涵，坚决贯彻习近平总书记重要指示精神，深化海关贸易安全和通关便利化合作，根据总署部署安排，结合“双区联动”项目，积极探索与中东欧国家海关开展“三智”合作。 |
| 65 | | 加强“智慧海关”建设 | 149. 加强H986、CT机等设备应用，全面应用智能审图系统，关区查验集装箱机检比例达到50%以上。<br>150. 积极推进关区口岸监管一线配备人脸识别、无人机、机器人等新型监管查验设备。 |
| 66 | | 加强“智能边境”建设 | 151. 以匈牙利中欧商贸物流合作园区与中国（赣州）跨境电子商务综合试验区“双区联动”为契机，推动“双区”之间智能边境建设，包括口岸设施建设，深化国际贸易“单一窗口”等应用，推进相关各方的信息共享、流程优化，开展跨境合作等。 |
| 67 | | 加强“智享联通”建设 | 152. 按照总署统一部署安排，积极探索科技创新应用，强化海关智能化管理。<br>153. 持续拓展技术运用领域。强化云计算、大数据、人工智能、5G通信等应用技术在口岸疫情防控等方面的应用。<br>154. 结合江西VR产业优势，适时开展VR技术在加强“智享联通”建设方面的运用，不断丰富海关监管手段，促进海关监管服务和风险处置效能提升。 |
| 68 | | 推动“三智”上升为国际海关最佳实践 | 155. 按照总署统一安排部署，加强关区“双区联动”等“三智”重点项目宣传推进。积极向总署推介项目成果及推进经验，力争成为“三智”典型案例。 |
| 69 | 海关人才发展工程 | 着力培养引进高层次人才 | 156. 深入分析调研关区人才队伍结构，通过公务员招录、事业单位人员公开招聘、军转干部接收安置等方式，补充急需紧缺人才。 |
| 70 | | 大力开发急需紧缺人才 | 157. 积极组织推荐关区人员参加各类外事合作，结合关区需求，对拥有卫生检疫、动植物检疫、食品检疫等各类专业背景、专业技能人员协助开展针对性、务实性理论和实操培训。 |
| 71 | | 统筹培养重点领域人才 | 158. 鼓励关区人员通过深造、脱产学习提高自身素质，积极提供更多的机会外出学习、培训，以及参与国家人才支持保障工程，援藏援疆工程等。 |

续表13

| 序号 | 主要工程 | 具体任务 | 落实措施、预期目标 |
|---|---|---|---|
| 72 | 教育培训体系建设工程 | 全面深入开展习近平新时代中国特色社会主义思想教育培训 | 159. 将学习贯彻习近平新时代中国特色社会主义思想作为教育培训首要任务，深入开展党史学习教育，持续加强党的理论和路线方针政策、党中央重大决策部署和理想信念教育，开展党组织书记和党务干部培训班，强化基层党建工作能力。 |
| 73 | | 完善全面系统的培训内容体系 | 160. 围绕学懂弄通做实党的创新理论，加强党史学习教育，突出实际实用实效，加强执法一线科长培训，围绕统筹推进新冠肺炎疫情防控和促进外贸稳增长等中心工作加强形势任务教育，根据岗位职责和工作要求有针对性开展法律法规知识培训和执法技能实训。 |
| 74 | | 建立分级分类的培训对象体系 | 161. 分类分级开展党的理论教育、专业能力培训，每年按照总署要求针对各级领导干部、新考录公务员、晋升关衔人员、专业技术岗位人员等组织开展专题培训。 |
| 75 | | 构建务实高效的培训方式方法体系 | 162. 坚持集中培训与经常性教育相结合，坚持理论学习与实际锻炼相结合，综合运用集中调训、“海关 e 课堂”和“洪关 e 课堂”、网上培训班、实操培训等多种方式方法，用好党性教育基地和党性课堂，创新方法手段，增强培训效果。 |
| 76 | | 健全科学规范的培训制度体系 | 163. 结合关区实际制订年度培训方案，完善培训需求调研、培训管理、结果评估等。 |
| 77 | | 建设坚强有力的培训保障体系 | 164. 加强兼职教师队伍建设，继续推动组织相关业务条线处科级领导、业务骨干、执法一线科长等上台讲学，就相关重点难点热点业务开展授课。加强师资教学内容审核把关和质量管控，开展教学设计和质量评估，用评估结果指导改进教学。 |

# 第二篇

# 专记

# 南昌海关开展党史学习教育

2021年，南昌海关坚持把党史学习教育作为重大政治任务，结合庆祝中国共产党成立100周年，深入学习贯彻习近平总书记关于党史学习教育重要讲话和重要指示批示精神，认真落实党中央重大决策部署，坚决扛起主体责任、切实加强组织领导，按照学史明理、学史增信、学史崇德、学史力行的要求，高标准高质量抓好任务落实，有力推进学党史、悟思想、办实事、开新局。习近平总书记第一次对南昌海关参与撰写的外贸进出口分析报告作出重要批示。党史学习教育经验做法在相关刊物上刊登，有关工作成效在《新闻联播》《焦点访谈》等中央媒体宣传报道。

## 一、推进党史学习教育走深走实

### （一）认真学习贯彻习近平总书记关于党史学习教育重要讲话精神。

南昌海关将深入学习贯彻习近平总书记重要讲话和重要指示批示精神作为党史学习教育的核心内容和“两个维护”的具体行动。坚持“第一议题”制度，带头深入学习习近平总书记在党史学习教育动员大会、庆祝中国共产党成立100周年大会、党的十九届六中全会上的重要讲话精神，跟进学习习近平总书记参观“‘不忘初心、牢记使命’中国共产党历史展览”、北大红楼，在广西、福建、西藏、陕西等地考察期间重要讲话和重要指示精神，党委委员轮流作重点发言，结合工作实际畅谈学习体会，通过党委会、理论学习中心组、专题读书班等学习习近平总书记重要讲话精神49次192篇次。组织推动全关认真开展学习研讨，党员干部准确把握党史学习教育根本遵循，深刻感悟习近平新时代中国特色社会主义思想的真理力量和实践伟力，切实提高政治判断力、政治领悟力、政治执行力。

### （二）营造党史学习教育浓厚氛围。

以深入学习领会习近平总书记在党史学习教育动员大会上的重要讲话和习近平总书记“七一”重要讲话为重点，突出抓好4本规定书籍和4本重要参考材料学习。建立隶属海关党委理论学习中心组学习备案机制、列席旁听机制、抽查检查机制。班子成员联系分管工作提出贯彻落实意见

96条，先后两轮讲“七一”专题党课39人次。组建“党史学习教育宣讲团”，精编“弘扬井冈山精神　争创一等工作”“学习方志敏精神　汲取奋进力量”等微党课25个，党员干部撰写研讨文章和心得体会257篇。

开展“学史·铸魂”海关红色讲坛活动，用好“知行讲习坛”“我是党员我来讲”等宣讲载体，开展百名党员讲党史、百首红歌大家唱、百幅作品颂党恩等“八个百”活动1,046余次，通过情景再现、红色体验、主题展示，打造党史学习教育“红色矩阵”。打造“学史·铸魂”海关红色讲坛，开展“我是党员我来讲”，学习交流536次。举办庆祝中国共产党成立100周年主题文艺汇演活动。开展“唱支山歌给党听”歌咏活动，活动视频在海关发布、《金钥匙》、“中国海关”强国号、“学习强国”等多个署省级载体上发布，在省直机关庆祝中国共产党成立100周年群众歌咏活动中荣获一等奖。承办“学史·铸魂，永远跟党走”海关文化建设工作协作区华中片区庆祝中国共产党成立100周年主题宣讲活动。

以江西2,900多处革命遗址旧址为课堂，开展重温一次入党誓词、组织一次清明祭英烈等“八个一”活动690余次。举办“回顾百年芳华，共赞可爱中国”青年节主题演讲比赛、“党在我心中”党史知识竞赛，在以赛促学、以赛验学的热烈氛围中厚植爱党、爱国、爱社会主义情感。各级党组织精选南昌八一起义纪念馆、于都“红军长征第一渡”等革命遗址旧址，开展“三会一课”、主题党日活动293次，增强红色文化感染力。相关做法在总署相关刊物刊载。

（三）深入开展“我为群众办实事”实践活动。

深入贯彻落实党中央关于“五个着力”的要求，主动走进地方政府、走进服务对象、走进基层一线，各级开展调查研究698次。承接总署党委“我为群众办实事”重点民生项目，组织实施“三大工程”65项具体措施。建立“我为群众办实事”工作台账，采取“挂图作战”方式逐项对账销号，实现日清、周办、月结，确保件件有反馈、事事有着落。完成重点项目179个，共计解决企业问题873个、干部困难183个。开展关区“我为群众办实事”十佳项目和优秀案例评选，打造为民服务“金招牌”。

“跨境电商+赣欧班列”促“双区联动”构建中欧内陆商贸物流“南线”新通道、运用减免税政策服务集成电路产业“卡脖子”项目顺利投产、紧盯企业“急难愁盼”助力赣南苏区特色农产品漂洋过海3个项目入选全国海关“百佳项目”。

**1.“赣欧班列+跨境电商”促“双区联动”项目。**

南昌海关结合党史学习教育，牢记初心使命，发挥职能作用，通过“赣欧班列+跨境电商”推动项目顺利运行，开辟老区对外开放新通道，在打造新时代革命老区高质量发展示范区上作示范、勇争先。

围绕支持江西内陆开放型经济试验区建设，出台支持赣欧班列及跨境电商高质量发展措施，搭平台、打通道、强监管、优服务，赣州跨境电商综试区与匈牙利中欧商贸物流园区“双区联动”项目列入中国—中东欧国家领导人峰会成果清单。

创新监管服务方式，疫情期间采取“不见面”审批、“不到场”查验等超常规服务措施，促成首列“双区联动”跨境电商班列开行，首票货值2.2亿元的新冠病毒抗原检测试剂盒通过“抵场直装”方式出口匈牙利。

结合“我为群众办实事”，实施“通关与沿海同样效率”专项行动和“十百千万”服务计划，设立党员先锋服务窗口，7×24小时“一网受理、一网通办”，指导开展“提前申报”“两步申报”，持续优化口岸营商环境，保障赣欧班列常态双向运行。

发挥新业态新模式潜力优势，指导赣州在全国第四批跨境电商综试区中率先开办1210保税进口业务，支持9610跨境电商监管场所建设，7月1日，在全国推广B2B出口监管试点首日开通9710、9810业务，实现了跨境电商全业务覆盖、全模式运行、全链条打通，助力老区特色产品打开中东欧市场，帮助老区人民不出家门“买卖全球”。

**2. 助力赣南苏区特色农产品出口项目。**

南昌海关立足赣南苏区特色农产品资源丰富但出口渠道不畅的实际，深入推进“我为群众办实事”实践活动，发挥海关职能优势，紧盯企业“急难愁盼”，建立“问题清零”机制，切实助力赣南苏区米粉、脐橙等特色农产品顺利出口。

产业把脉问诊。江西米粉因其水源好、种植环境佳，品质享誉海内外，但受国外市场对食品安全准入标准严苛影响，经常遇到退货索赔问题。南昌海关针对上述问题，积极支持地方政府建立出口米粉大米原料种植共享基地，让更多产业规模化、环境生态化和管理规范化的大米种植场取得海关备案资质，构建从种植基地到产品的全过程质量安全保障体系，对标海外市场准入条件加强源头管控，有效助力江西米粉开拓更多国际市场。助力江西米粉出口1.7万吨，货值1.2亿元，出口量占全国三成以上，出口量值均居全国第二。

企业精准服务。赣南脐橙是江西省数十年培育形成的产值达680亿富有地方特色的农产品品牌，多年来以内销为主。为扩大赣南脐橙出口，南昌海关为企业“一对一”选派联络员，指导符合条件的果园和包装加工厂到海关办理登记注册，帮助企业健全从种植、加工、包装到销售完整产业链，不断完善管理，做大做强。实时跟踪了解水果果园和包装厂的质量安全体系和防疫体系运行情况，指导企业在种植加工过程中严格按照要求使用农用化学品和进行有效的有害生物监测与防治。目前该关注册的出境水果果园、包装厂 20 余家，为赣南脐橙出口打下坚实基础。

问题协调解决。对赣南苏区企业开展实地调研、摸底排查，研发上线“关企互动复工复产专版”平台，及时了解企业面临困难，对企业提出的各类问题逐一对账销号，确保问题“零滞留”。受新冠肺炎疫情影响，2020 年赣南苏区脐橙出口出现萎缩，针对脐橙出口旺季，南昌海关实时收集并解决企业在通关提速、减税降费等方面问题 35 个，对果蔬出口原产地证书申报等业务开辟绿色通道，缩短企业通关时间。自 2021 年脐橙采摘季以来，赣南脐橙出口增长 38%。众多特色农产品的顺利出口让革命老区更多农民从中得到实惠。

**3. 用好减免税政策服务锂电产业“卡脖子”项目顺利投产。**

南昌海关用好减免税政策服务宜春辖区企业锂电池隔膜、聚酰亚胺薄膜、优钛覆铜板等“卡脖子”项目顺利投产，并已办理设备减免税款 2,400 余万元，有力地支持我国企业技术创新和经济发展，并将打破国外对我国电子级 PI 膜市场的长期垄断。

派员开展实地调研，面对面收集企业诉求与意见；全面掌握企业生产情况及扩建计划，详细了解减免税设备使用情况，解答企业政策疑问；对企业项目适用产业条目情况进行充分沟通，组织关税专家和企业技术人员进行联合研判，助力项目审核确认；为设备减免税审核提供“一站式”服务，压缩关键设备减免税审核时长。

推动通瑞锂电池隔膜、巨先聚酰亚胺薄膜、优钛覆铜板等项目获得项目审核确认，项目投资总额分别达 17.5 亿元、12 亿元、10 亿元，用汇额度分别达 1.5 亿美元、1.4 亿美元、0.8 亿美元，并已办理设备减免税款 2,400 余万元。聚酰亚胺膜被国家列为“卡脖子”关键材料之一。该项目建设完成后，将成为国内第一条拥有自主知识产权的电子级 PI 膜生产线，其产品的性能指标与技术标准达到国际先进水平，年产规模达 1,200 吨，能够有效打破日韩企业对我国电子级 PI 膜市场领域的长期垄断。

### （四）保障党史学习教育高质高效。

研究制订关区党史学习教育工作方案，成立党史学习教育领导小组及工作机构，明确 36 项具体任务，制定推进表并在每月工作例会上进行调度。通过支部联席会、基层联系点等方式，加强实地调研和具体指导。建立 4 个巡回指导组，通过“线上+线下”“指定+随机”等方式，从严从实开展巡回指导 96 次。高质量开好专题组织生活会，认真准备专题民主生活会，深刻检视存在的问题，扎实推动整改落实。加强典型经验做法宣传推广，编发党史学习教育简报30期，4篇被总署相关刊物刊用，2个微党课入选全国海关优秀微党课展播，38篇宣传稿被总署《金钥匙》、“中国海关”强国号等采用。

## 二、推进党史学习教育取得扎实成效

关区各级党员干部在党史学习教育中，深刻学习铭记党百年奋斗的光辉历程，深刻学习认识党始终不渝为人民的初心宗旨，深刻学习领会马克思主义中国化形成的重大理论成果，深刻学习传承党在长期奋斗中铸就的伟大精神，经受了全面深刻的政治教育、思想淬炼、精神洗礼，历史自信、理论自觉、政治意识、性质宗旨、革命精神和时代责任进一步增强，达到了“学党史、悟思想、办实事、开新局”的目标。

### （一）捍卫“两个确立”、践行“两个维护”。

坚持并完善“第一议题”制度，学习贯彻落实好习近平总书记重要指示批示精神。推动中欧商贸物流合作园区与赣州跨境电商综试区“双区联动”项目列入“中国—中东欧国家领导人峰会”成果清单。把疫情防控作为头等大事抓紧抓实，口岸检疫“规定动作”100%落实到位，完成四国外长包机入境重大卫生检疫任务。侦办“洋垃圾”、野生动植物及其制品和“水客”等走私案件29起。严密危化品等重点敏感商品监管，检出烟花爆竹不合格130批次。开展“国门绿盾”专项行动，截获有害生物144种类、1,514种次。有效防控非洲猪瘟疫情，保障活猪供港澳8.7万头，数量居全国第三。落实国家粮食储备战略，保障68.2万吨进境储备粮顺利入库。南昌海关和驻村工作队均被评为最高等次“好”，驻村第一书记获评江西省脱贫攻坚先进个人。

### （二）胸怀“两个大局”、牢记“国之大者”。

强化监管优化服务，深入贯彻落实总体国家安全观，更好履行海关职能职责。深化稽查改革，在全国稽查改革会议上交流发言。税收入库建关以来首次破百亿、增长12.3%。“龙腾行动2021”查扣侵权货物件数增长9.2倍，寄递渠道查获侵权案例入选中国海关知识产权海关保护典型案例。开展“国门利剑”“蓝天”等专项行动，侦办案件数量再创新高，查获大麻、咖啡因等9.56千克，查获非法出版物38万余册，查获枪支及配件24支、铅弹135发。“301”走私雪茄网络系列案被国家烟草专卖局、海关总署缉私局联合挂牌督办。

### （三）全心全意为人民服务。

聚焦“作示范、勇争先”要求，深入推进“十百千万”服务计划，“赣深组合港”通关新模式作为全国海关党史学习教育“为民办实事”典型成果被央视《新闻联播》报道。连续3年实施“通关与沿海同样效率”专项行动，2021 年 12 月进出口整体通关时间创历史最佳成绩，通关效率保持全国前列，其中南昌航空口岸出口整体通关时间 0.2 小时、全国第二。“两步申报”改革应用率全国第一，2021 年江西进出口总值预计增长 24%。支持江西建设内陆开放型经济试验区，推动口岸引领开放、综保区优化升级、功能平台拓展完善、跨境电商等新业态加速发展。赣州综保区调整至赣州国际陆港获批，4 个综保区进出口增长 1.7 倍，南昌综保区绩效排名上升 30 位。2021 年南昌空港货邮吞吐量达 11.2 万吨、增长 46%。跨境电商全业务覆盖、全模式运行、全链条打通，运行第二年进出口规模居全国第五。助力江西形成了纵贯南北、覆盖全省、陆海空网全畅通的开放新格局。

（四）深化准军事化海关纪律部队建设。

发扬准军事化纪律部队优良作风，强化垂直管理意识，党员干部在战疫情、保安全、稳外贸中主动当先锋、站前排，党旗高高飘扬在国门守护一线、急难险重一线、为民服务一线。关区干部队伍在大战大考中得到历练。2021 年，南昌海关在江西省委省政府绩效考核中连续 3 年获评优秀，并成为 4 个记集体三等功的单位之一。获评江西省全面深化改革工作先进单位。1 个集体、3 名个人获省部级以上表彰，2 个集体获评“全国青年文明号”，1 个集体获评“全国巾帼文明岗”、10 个单位获评全国文明单位，占比达到 67%。1 个项目入选全国海关“书记项目”试点，全国海关党建示范品牌增至 3 个，1 名同志获评江西省优秀党务工作者。关区表彰先进基层党组织 17 个、优秀共产党员 87 名、优秀党务工作者 40 名。

# 南昌海关支持企业应对新冠肺炎疫情促进江西外贸稳定增长“十百千万”计划纪略

2021年，南昌海关紧密结合江西开放实际，推动《海关总署 江西省人民政府合作备忘录》落实，聚焦新冠肺炎疫情对江西外贸和进出口企业的影响，坚持问题导向、目标导向和结果导向，依托制度创新、机制创新和方法创新，充分发挥新海关职能优势，不断优化口岸营商环境，集中组织对江西十大重点产业发展进行重点支持，对江西百强外贸注册企业开展全覆盖政策帮扶（以下简称“十百千万”计划），为支持企业应对新冠肺炎疫情、促进江西外贸稳定增长、推进江西高水平开放高质量发展贡献海关力量。

## 一、“十百千万”计划主要做法

### （一）对江西十大重点产业开展研究分析。

根据江西省产业发展布局，结合《江西省“2+6+N”产业高质量跨越式发展行动计划（2019—2023年左右）》，从外贸角度考虑其发展现状和未来前景，对2019年进出口占比近七成的电子信息、有色金属、新能源材料、钢铁、汽车、纺织服装、食品农产品、家具、陶瓷、医药十大产业，进行重点分析研究，为打造江西省特色优势产业、推进贸易高质量发展提供决策参考。

### （二）对江西百强外贸企业开展精准服务。

选定江西省2020年进出口值、出口值分列省内前100名的企业，百名企业协调员对其开展“点对点”精准服务、“一对一”协调解决进出口业务发展难题，“一企一策”台账化管理，通过抓龙头企业扩大出口、加快发展带动全省外贸出口由负转正、进出口恢复增长。

### （三）对江西千家中小型企业开展调研指导。

通过对全省中小型实体企业开展实地调研、摸底排查，了解企业现实需要和困难诉求，同时用好“关企互动平台复工复产专版”平台，建立问题清零机制，形成问题反馈解答台账，通过专人确保企业应填尽填、隶属海关针对问题一一答复，帮扶中小型企业做大做强，厚植江西省外贸企业主体，增强江西省外贸发展后劲。

（四）对在册的万家企业开展全覆盖政策帮扶。

通过政策宣讲、在线服务、政务公开等多种渠道，对已注册的17,000多家企业开展分专题分类型的政策宣讲和法规解读，及时提供政策服务，帮助企业学习掌握政策、依法依规经营、用足用好政策，让国家优惠政策措施和海关改革红利惠及广大进出口企业。

## 二、“十百千万”计划取得成效

（一）突出十大重点产业提供政策服务。

开展重点产业分析。对十大重点产业开展专题研究，立足海关职能实际，分析发展现状，提出对策建议。支持食品产业出口。将出口食品生产企业备案核准由行政许可调整为行政确认事项，并与出口食品种养殖基地备案一同下放至隶属海关受理与审核。取消出口食品生产企业备案有效期，改为长期有效。全面推行网上办理出口备案，真正实现“一次都不跑”。积极改革优化食品出口前申报监管，探索推行海关视频监管，鼓励企业自检自控，积极探索出口食品检测“第三方”结果采信。助力陶瓷产业发展。研究指导在景德镇设立保税展示交易平台的操作规范及联系配合办法，支持景德镇陶瓷文化传承创新试验区开展保税展示交易业务。便利汽车进出口贸易。对符合免予办理强制性产品认证的进口汽车零部件实施“先声明后验证”便利化措施，收货人凭“免予办理强制性产品认证自我声明”按要求办理申报手续后，即可将货物提离口岸，企业获得证明后再行补录；对涉及强制性产品认证的部分进口汽车零部件采信认可的认证机构出具的认证证书，原则上不再实施抽样送检。优化有色金属、钢铁、纺织服装等产业监管。针对有色金属产业、钢铁产业进口大宗商品的实际情况，优化现有进口大宗商品重量鉴定监管方式，将现行的进口大宗商品逐批实施重量鉴定监管方式调整为依企业申请实施。对成人服装、纺织机械、冷轧钢板等进口商品不再实施法定检验。

（二）优化口岸营商环境惠及全省企业。

简化注册登记。取消报关企业注册登记行政许可，实施备案管理。将报关企业纳入“多证合一”管理。简化出口动植物产品生产企业注册登记或备案手续，对企业名称或法人信息发生变更的，只需要通过网上提交变更申请，实行即报即审。提升通关便利。开展“两步申报”“两段准入”等改革，“一对一”引导重点企业凭提单概要申报提货。坚持预约通关机制，实现全天候通关服务。提高税收征管效能。加强属地纳税人管理，进一步推广关税保证保险、汇总征税、企业自报自缴等便利措施。开展高级认证企业减免担保制度改革试点，对“两步申报”模式下高级认证企业中的纳税义务人，可向海关申请免除税款担保。优化原产地管理。推进原产地签证一体化改革和原产地证书自助打印，一地备案，多地签证、领证，实现“属地备案，全国通签”。支持跨境电商企业发展。实行 7×24 小时预约通关制度，单证快速审结，商品零延时通关；对“双十一”、节假日等电商节日高峰购货时段，及时了解企业备货、发货情况，加快出区包裹验放速度；建立预审核机制，预判商品是否归类正确、是否列入正面清单、是否涉及濒危物种许可等。加快案件办理。对“两简案件”、一般行政违规案件，贯彻落实宽严相济要求，快速办理，提高效率。

**（三）帮助百强千家企业纾困解难做大做强。**

设置企业联络员。对百家企业实行“点对点、一对一”专人服务，通过上门、微信、电话、邮箱等多渠道开展摸底调研，掌握第一手资料，收集、解答企业问题。形成企业问题清零机制。对调研收集的企业问题进行挂号管理，企业联络员对海关工作事项主动协调解决，非海关工作事项涉及地市有关部门的由隶属海关反映，涉及省有关部门的交由企业管理和稽查处协调反映。企业联络员每月填报“南昌海关外贸百强企业‘一对一’服务台账”，实行企业问题清零管理，做到企业需求件件有回应。支持用好开放平台。加快推进昌北机场进境水果、冰鲜水产品、食用水生动物指定监管场地通过验收，赣州进境粮食、九江水果指定监管场地获得总署批复建设。加快推进九江、吉安、赣州跨境电商零售进口业务试点。加强知识产权海关保护。开展知识产权海关保护政策宣讲，对有需求的企业开展知识产权海关保护优势企业培塑，培育江西省出口企业知识产权品牌，“一企一策”制订知识产权保护服务方案，引导企业提升知识产权保护主动性，助力企业通过知识产权战略打开国际市场。做好技贸工作。密切关注和跟踪国外最新的技术法规、标准和产品准入条件变化，做好技术性贸易措施应对和预警工作，有针对性服务关区重点企业、重点产品。助力企业 AEO 认证。隶属海关专人对拟申请海关高级认证的企业实行“体检式”辅导，对企业不符合标准的指标进行台账化管理，每月跟踪企业改进情况，做到达标一家、通过一家。减少下厂稽核查次数。对具备条件的企业，探索“网上稽查”“网上核查”等方式开展作业，采用“远程面洽”“网上看货”和“无纸化传输”等科技手段，在核查领域开展企业自查结果认可作业模式试点，减少下厂次数。简化加贸手续。取消备案资料库、商品归并关系、外发加工收发货记录、深加工结转事前申请和收发货记录等海关手续，实现手（账）册设立（变更）、外发加工、深加工结转、余料结转、内销征税等业务的一次申报。

（四）面向万家在册企业开展政策宣讲。

通过关企微信群、电话等线上渠道及时宣传海关政策。各隶属海关及时通过微信群等各类新媒体宣传海关政策，扩大企业知晓面，通过线上模式第一时间为企业答疑解惑。用好传统媒体增加社会曝光度。在报纸、电台、电视台、“12360”微信公众号等媒体宣传海关新政策、好做法。开展政策宣讲。疫情结束后，视情通过面对面形式开展企业专题培训、政策巡回宣讲。视情挑选企业结合下厂调研，送政策上门，进行“面对面、一对一”宣讲。组织开展危化品、跨境电商、加工贸易、农产品食品等专题宣讲。

2021 年，通过建立江西重点外贸企业常态化监测预警机制、直通重点外贸企业调查机制和外贸企业调研库，助力产业链供应链稳定，促进有色金属等江西十大产业拉动全省外贸增长 11.92 个百分点，新增海关高级认证企业 10 家；江西外贸百强企业进出口增长 15.30%；推进千家中小型企业“问题清零”，累计解决问题 1,056 个，在总署综合司专题推进会上作交流发言；并对 1.91 万家企业开展政策宣讲，江西有进出口实绩的企业数量同比增长 15.90%，服务案例被各类新闻媒体刊载 195 次。

# 南昌海关定点帮扶遂川县泉江镇大屋村2021年帮扶工作纪略

2021年，南昌海关坚决贯彻落实习近平总书记关于乡村振兴工作的重要讲话和重要指示批示精神，按照海关总署、江西省委省政府的工作部署，协同地方党委政府和各级帮扶部门，以愚公移山精神，立足大屋村实际，聚焦突出问题和薄弱环节，充分发挥海关职能作用，积极落实帮扶措施，精准施策，精准发力，继续巩固拓展脱贫攻坚成果，全面推进乡村振兴。

## 一、推进组织振兴，凝心聚力“强筋骨”

深入学习习近平总书记关于乡村振兴工作的重要指示批示精神。召开党委会专题学习习近平总书记关于乡村振兴工作的重要指示批示精神，进一步提高政治站位，支持地方党委政府实施乡村建设行动。党委会专题研究乡村振兴工作，选派新一轮乡村振兴驻村工作队队员，研究制订《南昌海关关于遂川县泉江镇大屋村三年定点帮扶工作计划（2021—2023）》。

党委书记、关长张格萍，党委委员、政治部主任张潮多次到大屋村开展调研，专题听取驻村工作队关于定点帮扶工作情况的汇报，明确要求提高政治站位，强化党建引领，做好巩固拓展脱贫攻坚成果同乡村振兴有效衔接。

组织大屋村党支部党员大会和村小组长会议，集体学习习近平总书记“七一”重要讲话精神，学习党的十九届六中全会和省第十五次党代会精神。坚持在微信群中为党员推送党史学习相关材料，引导党员党史学习天天读。组织村两委干部到遂川县新江乡横石村、青原区东固革命根据地和渼陂古村开展红色村庄建设调研，开展主题党日活动。

## 二、推进旅游振兴，特色打造“焕新颜”

全力推进“正人故里”打造。与县、镇两级领导对大屋红色名村提升工程开展调研，提出相关意见建议。联系江西财经大学专家对大屋红色名村规则设计方案进行完善。多次协调解决陈正人旧居改造中涉及的搬迁和补偿问题，完成旧居的征地工作，使工程于2021年9月24日顺利开工，计划年底前完工；组织施工队扩建大屋红色名村村口停车场。

充分挖掘红色资源。积极联系井冈山有关研学机构，引进类似机构开展中小学生的红色研学。12月22日井冈山市某公司组织井冈山经济技术开发区同心中学八年级278名学生到大屋村开展红色研学，开启红色研学新篇章。村里负责环境卫生整洁，协调做好保障，按每人5元作为村集体收入，将红色资源优势转化为经济发展优势。

打造乡村环境新面貌。以建设生态宜居美丽乡村示范村为抓手，组织300余人次，深入开展农村人居环境整治工作，推进农村生活污水治理，优化提升美丽乡村建设，突出做好细节打造，让美丽乡村耐看、更精致、更上档次，全面提高村庄人居环境质量。

### 三、推进基础振兴，关注需求“保民生”

认真做好脱贫户返贫动态监测工作。开展百日攻坚活动，做好脱贫户的资料完善，走遍所有脱贫户并与其熟悉，开展巩固脱贫和乡村振兴政策宣传，参加脱贫攻坚成果交叉核查；组织巩固脱贫攻坚和乡村振兴有效衔接的迎检，连续两天，省检第三方评估组抽查本村25户样本户未发现问题，成效考核组对大屋村的检查总体效果较好。

积极开展基础设施完善。组织协调供电、电信、移动、广电等部门进行线路改造；组织开展中心村裸房粉刷1.22万平方米，入房路527米，坪场硬化2,500平方米，三园围栏500米，排污沟150米；维修水陂水圳180米；争取到坛前小水村小组4.82千米的通组路扩建项目列入计划；利用新农村建设点资金为各村小组安装路灯135盏；为光伏电站扩容进行选址。

积极解决“急难愁盼”问题。协调解决村中机米厂粉尘、养猪场气味，以及收割机撞倒电杆修复等群众关心反映的问题。结合明坑村和大屋村中老年人较多的共同点，开展前期调研、资金筹集，积极推进大屋村“党建+互助养老”之家建设，努力打造组织得民心、老人得开心、子女得安心的“三心”工程。

### 四、推进产业振兴，助力增收“上台阶”

开展村情调研。驻村工作队坚持吃住在村，与群众打成一片，与村两委工作融洽。结合县、镇重点工作和发挥主观能动性，认真组织做好新冠疫苗接种攻坚战、脱贫户动态监测、县镇人大代表选举、公众安全感和对政法部门满意度“双提升”宣传、乡村人居环境整治、农户厕改信息采集、走访慰问、养老互助、低保评选、油茶采摘、“三全排查”等重点工作。

推进有机茶基地建设。复制明坑村的

成功经验，联系有意愿在大屋村建立出口欧盟认证高端有机茶基地的福建客商达成初步投资意向，陪同其到各村小组的山地进行考察选址，并联系林业部门咨询山林流转相关政策。同步推进配套毛竹产业的可行性研究。

开展消费帮扶。联系南昌海关后勤服务中心在扶贫电商平台采购遂川的消费扶贫产品 0.52 万元。

## 五、推进文化振兴，绘就繁荣“新画卷”

丰富文化生活。9 月 28 日与县老年大学共同组织文艺队在村中为群众演出，并以此契机，倡议在村中成立歌唱队、舞蹈队、演奏队，引导村民开展健康向上的文体活动，丰富群众精神生活，并取得成效。

开展助学扶助。通过中华慈善总会牵线河北企业家月资助 800 元，让脱贫不稳定户 2021 年考取的复旦学子圆梦。开展“春蕾计划”资助 10 名困难家庭女学生，本年资助款 1 万元已发放到位，并在“遂川之声”网络媒体进行了宣传。

加大宣传力度。发掘帮扶过程中涌现出的闪光点和泪点，把在大屋村的实践工作事迹总结好，并将有关稿子向媒体推荐，争取如明坑村事迹一样获得央视宣传报道，扩大知名度，形成经济发展与名气扩大的良好正向循环。

# 2021年南昌海关政务公开工作

## 一、聚焦重点领域，深入推进政务公开

### （一）扎实推进财政信息公开。

1. 稳步扩大预决算公开范围，推进南昌海关预算、决算及相关报表依法依规向社会公开。

2. 2021年年内推动隶属海关对外公开2021年预算和2020年决算信息。

3. 持续提高政府采购透明度，全面落实海关政府采购意向公开。

### （二）扎实推进常态化疫情防控信息公开。

4. 在属地联防联控机制统一领导下，坚持做好新冠肺炎疫情防控常态化下海关疫情防控信息发布工作。围绕口岸卫生检疫、进口冷链食品安全等方面发布权威信息，依法做到及时、准确、公开、透明。

5. 开展口岸疫情防控科普宣传。通过在新闻媒体宣传、“南昌海关12360”等自媒体开展口岸疫情防控科普宣传，形成关区科普矩阵。

### （三）扎实推进市场规则和营商环境信息公开。

6. 立足实际，按照总署部署，及时调整更新政务服务事项清单、涉企保证金目录等信息。

7. 紧扣公众知悉了解政务信息的关切点，以社会需求为导向做好本领域、本条线监管政策文件、规则标准信息的梳理、汇总和及时更新，立足“清晰读懂一件事”“高效办成一件事”，全面展示有关内容，提升政务服务透明度。

8. 加强办事指南优化调整。因法律法规修订、职能转移调整、流程优化等原因导致内容变化的，在5个工作日内更新办事指南，进一步提升办事便利度。

### （四）扎实推进行政执法信息公开。

9. 全面推进和不断优化行政执法统计年报公开工作，确保内容和数据全面、客观、准确。

10. 立足工作实际，推进行政许可和行政处罚信息公开内容、格式的标准化。

11. 持续加强行政处罚、行政强制事项梳理和事前公开工作。

12. 统筹推进行政执法检查事项“双随机、一公开”监管工作。

## 二、聚焦政策落地见效，加强海关政策解读宣贯

### （一）强化政策解读工作质效。

13. 在重大、重要政策出台前，文件起草部门要提前准备解读材料，通过南昌海关门户网站、“南昌海关 12360”等渠道发布权威信息，有效引导政策预期；对政策实施过程中的新情况、新问题，要开展二次解读、跟踪解读。加强对政策背景、出台目的、重要举措、主要影响等方面的实质性解读，避免形式主义，提升解读工作质量。

### （二）强化政策文件内部宣贯。

14. 加强对基层一线政策执行人员以及 12360 海关热线人员的政策辅导。制定政策文件时，除配套对外解读宣传文件外，同步加强内部宣贯培训辅导，通过“海关 e 课堂”、配发政策执行口径、更新 12360 海关热线知识库等方式，帮助一线人员提高政策理解能力，打通政策落实的“最后一公里”，确保海关政策措施在基层落实中不遗漏、不走样。

15. 除疫情疫病或其他重大紧急情事外，参照行政法规、部门规章等管理要求，海关规范性文件（公告）应当留有充分、合理的生效准备期，最大程度减少“自公布之日起实施”等特殊非正常情况；海关政策文件制发后，原则上对社会公开不得早于内部公开（至少 2 个工作日），为内部流转传达、宣贯培训、执行落实留有必要的施行准备期。

### （三）加强政策文件意见收集。

16. 在政策执行过程中，畅通门户网站交流互动渠道，收集掌握社会公众对海关政策制定和执行效果的反馈和评价；相关职能部门和隶属海关要主动收集、掌握社会公众对海关政策文件的意见问题，及时通过业务条线反馈，助力海关政策动态完善。

### （四）提升政策咨询服务能力。

17. 统筹协调线上线下海关政策咨询渠道，强化“南昌海关 12360”热线前台和业务后台协调机制，优化“南昌海关 12360 热线”与地方“12345”热线的联动服务机制，推动 12360 海关热线与门户网站业务咨询系统互联互通，推进线上线下信息同源，共同发挥作用，为企业和群众提供“一号答”“一站式”的政策咨询服务，精准传达政策意图，持续提升政务服务效能。

18. 提升线上政策咨询服务质量。加强 12360 热线政策知识库建设，提升业务咨询答复质量，推动热线从“接得通”“接得快”向“接得住”“答得好”转变。

19. 全面提升线下政策咨询服务能力。各业务现场是海关接触、服务企业群众的第一线，直接影响社会公众对海关的办事满意度。所有隶属海关均应对外公开本关业务联系电话，方便企业群众办事咨询。

鼓励有条件、有需求的隶属海关依托本关政务服务场所设立咨询综合服务窗口，提升对政策服务需求现场响应和处理能力。各隶属海关要加强对一线人员的业务培训，推行首问负责制，增强与企业群众面对面互动交流，凡是能在政务大厅、办事窗口、业务现场、本关业务电话等直接解答的一般咨询问题，原则上不允许再指引企业群众“舍近求远”拨打12360海关热线求助，提升企业群众的获得感。

（五）强化舆情管理回应社会关切。

20. 密切关注涉及疫情防控等方面舆情，及时作出回应，防范化解重大风险。加强海关舆情回应台账管理，认真核查本单位已作出的承诺落实及公开情况，切实维护政府公信力。紧紧围绕政务舆情背后的实际问题，以解决问题的具体举措实质性回应社会关切。

## 三、聚焦抓基层强基层，提升政务公开管理水平

（一）规范政务信息公开管理。

21. 对照司法部“中国政府法制信息网”“行政法规库”公布的行政法规国家正式版本，更新“海关法规”栏目中的文本。推进海关法规、规章、规范性文件公开，将本关现行有效的规范性文件在本关门户网站开设专栏集中统一公开。

（二）优化政务公开平台建设。

22. 狠抓门户网站规范化管理。推动公开、互动、服务融合发展，推动更多海关政务服务事项网上办、一次办，实现一网通查、一网通答、一网通办、一网通管。

23. 加强政务新媒体规范管理，对重复建设、“娱乐化”及“空壳”等问题开展清理整合。对门户网站健全专栏日常检查、维护和更新工作机制，杜绝错链、断链和内容混杂。

24. 2021年底前，门户网站全部支持互联网协议第6版。

（三）推动政务公开标准化规范化。

25. 按照总署部署要求，积极参与《海关领域基层政务公开标准指引》及标准目录编制。

26. 在充分调研掌握隶属海关政务公开工作现状的基础上，以基层企业群众需求为导向，制订提升措施和提升方案，着手开展隶属海关政务公开能力提升专项行动，为后续全系统落实统一的政务公开标准指引和标准目录扫清障碍、奠定基础。

## 四、聚焦政府信息公开条例实施，提升政务公开质量

（一）严格落实海关法定主动公开职责。

27. 严格依照《政府信息公开条例》，认真落实总署有关政府信息公开要求，持续拓展、细化主动公开的具体内容。对涉及相对人利益调整、需要社会公众广泛知晓的海关信息，一律主动公开。严格落实

信息公开审查。建立健全政务公开管理机构和业务部门的协调联动机制，将各项公开要求融入各部门日常工作。

28. 积极推进门户网站“政府信息公开目录”升级上线，便利公众获取海关信息，实现主动公开的海关公文“一站通查”。

（二）提高海关依申请公开工作质量。

29. 坚持以人民为中心，把依申请公开工作作为海关服务人民群众生产生活、支持市场主体创业创新的重要方式，从严把握不予公开范围，更好满足申请人对政府信息的个性化合理需求。严格落实海关政府信息公开工作规程，加强对隶属海关的业务培训和案例指导，提升答复文书和办理过程规范化水平。

30. 认真落实海关信息处理费收缴实施细则。在门户网站载明收费要求和标准，正确适用《政府信息公开信息处理费管理办法》，严格依照规定的标准、程序、方式计收信息处理费。

31. 充分发挥行政复议制度优势，加大监督力度，强化责任追究，更好保障人民群众合法权益。

（三）提高政府信息公开工作年度报告编写质量。

32. 不断调整完善政府信息公开工作年度报告编制要求，着力规范和提升报告质量，向社会公开更多有价值的海关基础性数据。

## 五、聚焦责任落实，形成政务公开工作合力

（一）强化工作责任。

33. 强化政务公开工作责任落实，严格落实政务公开要求，认真梳理应公开的事项，健全政务公开机制，规范政务公开内容，提升政务公开工作质量。

（二）强化业务指导。

34. 认真落实总署政务公开工作评估机制要求。加强对隶属海关政务公开工作的业务指导，通过业务培训、实务交流、跟班学习等形式，提升政务公开队伍能力素质，进一步充实工作力量，全面依法履职。

（三）强化工作作风。

35. 正确看待各类政务公开第三方评估结果，将其视作持续改进海关工作的有效借鉴，但不追逐、不迷信。不以本机关名义领取民间奖励，不选择性参加评估结果对本机关有利的发布会、论坛等相关活动。

（四）强化工作落实。

36. 对总署上一年度工作要点和考核发现问题进行落实整改。对关区政务公开事项进行梳理，形成任务台账，加强督办落实，对未完成的认真督促整改。

37. 本要点在正式印发后，于 2021 年 5 月 31 日前在南昌海关门户网站对外公开；全年落实情况要纳入 2021 年政府信息公开工作年度报告，接受社会监督。

# 第三篇

# 党的建设

# 党建工作

【概况】2021 年，南昌海关按照“一个中心、两手发力、‘三创’并进”党建工作思路，紧扣党史学习教育这个贯穿全年的工作中心，深入抓好全面从严治党和基层党建两项重点任务，统筹推进创“四强”（政治功能强、支部班子强、党员队伍强、作用发挥强）党支部、创模范机关、创“第一等工作”。连续 6 年获评江西省直机关党建考评特优单位，连续 3 年位列中央驻赣单位第 1 名，在 2021 年度全国海关政治部主任会上作党建经验交流发言。

【党史学习教育】2021 年，南昌海关通过学党史、悟思想、办实事、开新局，聚焦“我为群众办实事”实践活动，推动党史学习教育不断深入。组织学习习近平《论中国共产党历史》等 8 本书，党员干部坚持“每日必学、每周研讨”，撰写研讨文章和心得体会 423 篇。组建“党史学习教育宣讲团”宣讲 28 次，开展重温一次入党誓词、组织一次清明祭英烈等“八个一”活动 690 余次，开展百名关员谈体会、百名党员进企业、百名志愿者献爱心、百首红歌大家唱、百封家书大家读、百部红影大家看、百幅作品颂党恩等“8 个百”活动 1,046 次。完成编纂江西省海关志、检验检疫志。《沿着苏区税关足迹　追寻红色海关精神》入选总署《追寻红色记忆　传承红色基因——海关档案故事》。苏区红色海关史研究，拍摄《红色税关——�门岭》专题片，获江西省“职工网民讲党史”第 1 名。《唱支山歌给党听》在省直机关庆祝中国共产党成立 100 周年群众歌咏活动中荣获一等奖。承办“学史·铸魂　永远跟党走”海关文化建设工作协作区华中片区庆祝中国共产党成立 100 周年主题宣讲活动。全年“学习强国”刊用南昌海关相关宣传稿件 6 篇，《中国国门时报》刊登 4 篇，总署政工网刊用 123 篇，总署《金钥匙》刊用 32 篇，《赣鄱关情》刊发 208 篇。3 月 31 日，中央电视台《焦点访谈》报道了南昌海关党史学习教育开展情况。

【“我为群众办实事”实践活动】2021 年，南昌海关坚持把察民情、访民意、听民声、守民心作为“我为群众办实事”实践活动贯穿始终的要求，组织党员干部走进地方政府、走进服务对象、走进基层一线，切实增强群众幸福感、获得感、安全感。全面承接总署党委“我为群众办实事”重点民生项目，结合实际制定关区项目清单，细化18个重点项目68项具体措施，推动各隶属海关党委建立重点项目138个。在“我为群众办实事”实践活动过程中，组建“助企服务团”，推动上门求策与送策入企并行，实施“十百千万”服务工程，解决企业群众“急难愁盼”问题1,056个，入选总署“百佳项目”民生实事3件，

【宣传思想文化】2021年，南昌海关坚持“每日必学、每周研讨”机制，通过党委会、党委理论学习中心组学习、“三会一课”等形式以上率下开展党的十九届六中全会精神集中学习。将学习全会精神作为领导干部教育培训的必修课，对处级以上领导干部全员轮训，对党员干部分期分批系统培训。逐字逐句研读《中国共产党第十九届中央委员会第六次全体会议公报》《中共中央关于党的百年奋斗重大成就和历史经验的决议》、习近平总书记就《中共中央关于党的百年奋斗重大成就和历史经验的决议（讨论稿）》所作的说明和习近平总书记所作的工作报告，用好《习近平谈治国理政》、习近平《论中国共产党历史》等重要著作，用好《〈中共中央关于党的百年奋斗重大成就和历史经验的决议〉辅导读本》《党的十九届六中全会〈决议〉学习辅导百问》等辅导材料，做到学思践悟、融会贯通。各基层党组织充分利用江西丰富的红色资源，结合实际开展主题突出、特色鲜明的学习活动。抓实抓好青年干部学习，把学习贯彻全会精神作为推进青年理论提升工程的重要任务。发挥工会、妇联等群团组织自身优势，在各自联系的群众中开展学习教育活动。开展六中全会精神专题学习研讨4次，关党委委员带头谈学习心得体会，并邀请江西省直机关工委现场指导。党委理论学习中心组成员通过参加支部联席会议和深入基层支部联系点等方式，到基层一线开展宣讲11次。各单位依托“学史·铸魂”讲坛等开展宣讲活动96次，教育培训2,130余人次。

【基层党组织建设】2021年，南昌海关深入推进“强基提质工程”，开展“创‘四强’党支部、创模范机关、创第一等工作”活动，建立党委委员支部联席会议机制，每季度调度分管部门和联系单位支部党建工作情况，现场交流经验、指出问题、督促整改。分类细化党建标准化、规范化、信息化建设50项具体指标，可量化标准85%以上，随机抽取被检查单位、随机抽取检查人员的“双随机”全覆盖检查39次，年内评选出“四强”党支部14个。并结合江西省丰富红色资源，先后创立“井冈红”“苏区红关”等特色党建品牌106个，开展“机关+基层”“内勤+执法”“海关+企业”等多类型支部共建48对，

获评全国海关党建示范品牌3个、培育品牌1个，入选全国海关“书记项目”试点党支部1个，获评“全国青年文明号”集体2个。在关级党建品牌申报复核现场交流会上，27个党组织交流党建品牌创建经验和成效。全国先进工作者张彦敏在全国海关支部书记示范班上直播授课。

【模范机关创建】2021年，南昌海关印发《创建“让党中央放心、让人民群众满意的模范机关”实施方案》，成立南昌海关创建模范机关先进单位和标兵单位评审工作委员会，明确参评范围、评选条件，按照“自评申报、推荐报送、分组互评、评审审定、复查认定”的程序进行，对获评先进单位和标兵单位实行动态管理，定期复查认定。关区各单位、各部门对标“讲政治、守纪律、负责任、有效率”要求，深入查找自身存在的不足和差距，制定改进措施、抓好整改落实。突出标准高、要求严、作风实、效果好，完善制度机制、创新方法载体，将模范机关创建融入党建工作和业务工作中。有效引导关区基层党组织将模范机关创建与培树党建品牌、建设“四强”党支部有机结合起来，及时总结推广创建模范机关的好经验好做法，激励引导党员干部争做先进、争当模范，使创建模范机关的过程成为提升党建质量、推动海关事业发展的过程，确保各项工作走在前、作表率。

【“六位一体”党建述职评议考核】2021年，南昌海关深入学习贯彻习近平总书记关于机关党建的重要论述，牢固树立“抓机关党建是本职、不抓机关党建是失职、抓不好机关党建是渎职”的理念，紧紧牵住责任制这个“牛鼻子”，通过线上考、随机抽、现场答、领导点、群众评、事后谈“六位一体”形式，完善考核评价机制，拧紧责任链条，减轻基层负担，创新开展隶属海关党委书记抓基层党建述职评议考核工作。各隶属海关党委书记对抓基层党建工作思想上更加重视、行动上更加坚决、落实上更加有力，进一步增强了“抓好党建就是最大政绩”的理念，形成了“书记抓、抓书记”、一级抓一级、层层抓落实的良好氛围，进一步解决了基层党建“下冷”问题。“六位一体”党建述职评议考核模式获江西省机关党建创新案例一等奖。

【党风廉政工作】2021年，南昌海关推动建立驻署纪检监察组、地方纪委监委、海关三方协同监督机制，与江西省纪委监委建立列席会议等5方面协作机制。制定深入治理违反中央八项规定精神突出问题措施58项；制定加强对“一把手”和领导班子监督具体措施21项；开展“现场监管与外勤执法权力寻租”专项整治，完善制度机制24项，制定防范措施423项，排查廉政风险87个。运用监督执纪“四种形态”谈话提醒97人，深化纪法教育与警示教育，开展政治谈话172人次，组织“基层书记组长谈责任”视频访谈23次。

**【群团工作】** 2021年，南昌海关举办“回顾百年芳华　共赞可爱中国”“五四”演讲比赛、“百名志愿者献爱心”、单身联谊会等系列群团活动，评选表彰“青年岗位能手”“优秀共青团员”。组织青年理论读书班，开展“青年大学习”130余场次。建立完善“三关心”机制，开展节日、生日、生病、困难职工等慰问活动，形成《2021—2022年机关工会服务职工“10件实事”清单》。发挥足球、登山、瑜伽、读书等文体协会作用，组织足球赛、健步走等活动，丰富干部职工业余生活。关区2个集体获评“2019—2020年度全国青年文明号”，7个集体获评“2019—2020年度江西省青年文明号”，1个集体、1名个人获评江西省巾帼建功标兵。

**【关心爱护新冠肺炎疫情防控一线人员】** 2021年，南昌海关坚持做好心理疏导和服务保障，有效解决新冠肺炎疫情防控一线人员后顾之忧。聘请专业团队向新冠肺炎疫情防控一线人员提供心理支持、心理疏导等服务，缓解负面情绪。为一线人员配发心理科普著作，发放《海关干部职工心理调适指导手册》，提供网络心理健康课程资源。组织开展心理健康线上讲座，帮助一线人员疏导心理压力，消除焦虑、恐慌心理。把关心关爱一线人员作为党史学习教育的重要内容，扎实开展办实事活动，发挥机关工会职能，为所属昌北机场海关集中封闭人员添置小型运动器材，保障身心健康。

**▲2021年6月28日，南昌海关举办庆祝中国共产党成立100周年文艺汇演**

（撰稿人：李　阳）

# 巡视整改与巡察

【概况】2021 年，南昌海关坚持以习近平新时代中国特色社会主义思想为指导，深化巡视整改与政治巡察工作，“利剑”作用不断彰显，为加强党的建设、推进全面从严治党、营造建设风清气正的政治生态提供了有力支撑；扎实做好巡视“后半篇文章”，针对总署党委巡视反馈指出问题制定的整改措施全部完成，整改完成率 100%。

【巡视整改工作】根据总署党委巡视工作统一部署，2021 年 4 月 12 日至 6 月 10 日，总署党委第六巡视组对南昌海关党委开展了常规巡视，并于 7 月 28 日向南昌海关党委反馈了巡视意见。南昌海关党委对照巡视反馈指出的问题，印发文件，制定 172 项整改措施，开展基层党建、精简文件等 6 个专项整治，开展提醒谈话、约谈 34 人次，建立健全 80 项制度机制，对所有问题完成对账销号。

【巡察工作】2021 年，南昌海关坚持把政治巡察作为履行全面从严治党主体责任的直接抓手，纳入重要工作议事日程、年度重点工作任务清单和绩效考核，建立党委委员联席会议制度，督促分管领域抓好整改落实。完善关区政治巡察“三个聚焦”监督重点细化清单。建立巡察整改落实效果评估机制，制定持续深入抓好巡视巡察整改常态长效机制 6 项措施，采取听取汇报、群众满意度测评、个别谈话、查看台账、实地核验等方式进行综合评估，通过“回头看”确保问题整改不反弹。建立“三必一听”工作机制，党委委员下基层调研必须深入了解重大决策部署落实情况、必须深入了解巡视巡察整改情况、必须深入群众谈心谈话、听取派驻纪检组组长意见建议，党委委员赴基层调研、督促巡察整改 96 人次。建立“一单一图一手册”，提高巡察的精准度和有效性。将历年政治巡察、督察审计、派驻监督发现的问题梳理形成清单，选准聚焦点和切入口。制定流程图，明确细化巡察各个环节规定动作工作步骤、工作标准和注意事项。细化监督重点，开出“体检”项目清单，方便巡察组“按图施工”。组织对 14 个所属单位（部门）开展政治巡察，开展巡视巡察整改满意度测评，满意率达 99.8%。

【巡察干部队伍建设】2021 年，南昌海关不断加强巡察队伍建设，把巡察岗位作为发现、培养、锻炼干部的重要平台。制定巡察工作规划，构建“一办三组”组织架构，从关区选拔各岗位优秀干部，特别是年轻干部参加巡察工作，组建 12 人的组长库和 112 人的巡察干部队伍库，制定配套制度 6 项，做到五年有规划、每年有计划，巡前有部署、巡中有调度、巡后有总结。将巡察干部培训纳入关区教育培训总体规划，联动开展全员培训，组织 58 名巡察干部参加总署巡视巡察干部专题网上培训，举办 3 期巡前培训班，通过“专家教”和“自己讲”“线上”与“线下”、集中辅导和分组研讨、组办联合学和组组交流学等形式，强化巡察个别谈话、制度底稿、撰写报告等基本功训练，实现巡察技能“大提升”。

**▲2021 年 8 月 30 日，南昌海关召开党委 2021 年第二轮巡察工作集中研讨及动员部署会**

（撰稿人：李　阳）

# 纪检监察

【概况】2021年，南昌海关坚决贯彻落实习近平总书记重要指示批示精神和党中央重大决策部署，切实履行全面从严治党政治责任，坚定不移正风肃纪反腐，加强领导、大力支持纪检组履行监督专责。党委纪检组坚持同题共答、同向发力，强化系统思维，聚焦精准监督，严肃执纪问责，充分发挥监督保障执行、促进完善发展作用，推动关区全面从严治党取得新成效。

【监督检查】2021年，南昌海关聚焦把握新发展阶段、贯彻新发展理念、构建新发展格局、推动高质量发展和保障“十四五”规划实施等，紧盯筑牢口岸检疫防线、优化口岸营商环境、促进外贸稳增长等与海关密切相关的职责任务，始终把新冠肺炎疫情防控监督作为重中之重，健全明察暗访、视频监督、实地检查常态化监督机制，确保政治监督落地见效。2021年，组织开展专项监督2次，报送周报15期，梳理并督促整改问题清单5份。抓实巡视整改监督，坚持带头改、督促提、实地查、回头看，推动172项整改举措全部整改完成。

突出“关键少数”，加强对“一把手”和领导班子监督。全年报送监督报告154份，监督两级党委“三重一大”事项决策891次。建立“抓在日常、严在经常、改在时常”机制，细化“清单式”监督重点130项，发现并动态“清零”各类问题148个。推进“组地关”（驻署纪检监察组、地方纪委监委、海关）协作配合机制落实，与地方纪委监委沟通工作47次。凝聚全面覆盖、常态长效监督合力，推动健全完善内部监督协同配合、信息共享、问题研判、线索移送机制。

【“现场监管与外勤执法权力寻租”专项整治】2021年，南昌海关在关区扎实开展“现场监管与外勤执法权力寻租”专项整治工作，第一时间印发《南昌海关关于开展“现场监管与外勤执法权力寻租”专项整治工作方案》，通过监管执法单位部门申报和组织人事部门复核，梳理确定“现场监管与外勤执法人员清单”497人，实现整治对象“全覆盖”；张贴信访举报公示49张、举报奖励海报49张，设立电子举报箱10个、专门举报箱38个，实现关区业务现场、办公场所“全覆盖”；坚持“开门整治”，综合运用关企座谈会、联络微信群等宣传渠道，向2,459家进出口企业进行宣传，实现有实际进出口监管业务的企业“全覆盖”。

通过领导干部带头谈、派驻监督逐一谈、巡回排查重点谈，开展谈心谈话525人次，问思想、问风险、问线索、问建议；建立数据分析周报机制，对18个相关业务领域数据开展分析；自主编制企业调查问卷，累计发放问卷2,170份并开展问卷分析；调阅领导干部配偶子女及其配偶从业登记情况111人次、调取2012年以来离职离岗人员信息30人，汇总分析研判违规事项个人申报497份；主动走访地方纪委监委，加强协调配合，征求意见建议。

采取逐件分析、逐案研判的方式，对2012年以来涉及现场监管与外勤执法领域的52件问题线索起底排查；对12360海关热线系统接收的信访举报情况进行全面梳理，排查文件221份；对2012年以来打私反腐“一案双查”询问笔录情况进行再起底再研判；对近三年办理“两简案件”的违法类型、具体违法行为标准和处罚幅度进行重点分析，对异常情况和风险进行全面摸排。

聚焦全面自查和实地检查发现的问题隐患，针对性研究制定整改措施，抓好当下改、限时改和长期改，形成“深挖病根发现问题、多维并进整改问题、建章立制根治问题”的工作闭环，实地检查反馈的问题、自查发现的问题、廉政风险清单均已整改完毕并长效推进。

**【执纪问责】**2021年，南昌海关坚持“三不”一体推进，实现查办案件、加强教育、完善制度、促进治理贯通融合。2021年，开展执纪回访3人次；推动健全完善制度机制24项；开展“现场监管与外勤执法权力寻租”专项整治，通过全范围发动、全领域排查、全方位起底、全链条整改，梳理人员清单497人，开展谈心谈话525人次，起底问题线索，排查廉政风险。

**【以案促改】**2021年，南昌海关依托心得体会“五查五审”（部门单位负责人全面审、派驻纪检组对标审、领导小组办公室集中审、分管关领导分头审、主要负责人重点审等“五审核”以及查看心得体会思想认识到不到位、联系实际到不到位、查找风险到不到位、原因剖析到不到位、整改措施到不到位等“五检查”）和警示教育“五学联动”（搭建警示教育专栏等载体“日常学”，编写口袋书“随身学”，典型案例以案为鉴“对照学，党委会、“三会一课”等广泛交流“研讨学”，开卷答题“测试学”），坚持学用相长，构建“学习、思考、输出”的良性循环，把纪法教育和警示教育贯穿监督执纪全过程，推动党员干部知敬畏、存戒惧、守底线。2021年，促进源头治理，推动各部门各单位健全工作制度和工作机制24项；关区纪检干部在《中国国门时报》等刊物发表理论文章 12 篇。

（撰稿人：贺勇刚）

**▲2021 年 3 月 10 日，南昌海关召开“现场监管与外勤执法权力寻租”专项整治动员部署会**

# 队伍管理

**【概况】** 2021 年，南昌海关坚持以习近平新时代中国特色社会主义思想为指导，全面践行新时代党的组织路线，坚持马上就办、真抓实干，锲而不舍、一以贯之，不断深化干部工作“五大体系”建设，努力推动干部人事工作高质量发展。2018 年 4 月机构改革以来，46 个集体、21 人次获省部级以上表彰，连续 3 年获评江西省年度省直机关绩效考核优秀单位，记集体三等功一次。

**【机构编制管理】** 2021 年，南昌海关整合优化 4 个隶属单位有关科室设置，推进职能精细化管理，人力资源配置更趋优化。为全力做好口岸常态化疫情防控工作，进一步加强口岸常态化疫情防控采样检测能力建设以及卫生检疫专业人才队伍建设，在江西国际旅行卫生保健中心（南昌海关口岸门诊部）增设卫生检疫实验室。

**【干部人事管理】** 2021 年，南昌海关印发“十四五”海关队伍建设“三个规划”任务分工方案，制定 14 个方面 158 项针对性具体措施。落实新冠肺炎疫情防控保障任务，印发南昌海关疫情常态化防控培训工作分工及落实方案，加强人性化管理和人文关怀，制订封闭期间一线人员突发紧急情况应急处置方案，建立一线人员及家庭成员信息台账，与医疗、后勤等有关部门形成联系机制，进一步做好封闭管理期间一线人员个人或家庭遇到紧急突发情况时的应急处置工作。优化人力资源保障预案，多渠道推荐选拔口岸疫情防控梯队人员，将梯队人选选拔范围从基层扩大到机关，新增推荐人选 50 人。累计抽调关员支援所属昌北机场海关口岸疫情防控 11 批次 19 人次，及时核发新冠肺炎疫情临时性工作补助，持续做好新冠肺炎疫情防控一线人员及时奖励工作，按照奖励有关规定对在新冠肺炎疫情防控一线表现突出的集体和个人给予嘉奖、记功奖励。稳妥推进职级序列规范津补贴测算发放，协助开展养老金补助经费测算补缴，对 16 个专项 265 人次给予集体嘉奖。

**【人才队伍建设】** 2021 年，南昌海关坚持树立“四重四用”（重忠诚、用理想信念坚定的干部，重实绩、用敢于担当作为的干部，重基层、用能力素质过硬的干部，重公认、用道德品行纯洁的干部）用人导向。全面落实总署党委关于进一步加强执法一线科长队伍建设的“22 项措施”，新提任的副处级干部、晋升的四级高级主办中，有执法一线科长任职经历的分别占 69%、94%，执法一线科长平均年龄下降 4.2 岁，35 岁左右的 26 名、占 36.13%，30 岁以下 1 名。加大年轻干部培养力度，注重在疫情防控一线考察识别干部，把培养选拔优秀年轻干部作为加强领导班子建设的基础性工程，处级领导干部平均年龄下降 5 岁，科级领导干部平均年龄下降 4.61 岁。

【教育培训】制订培训工作实施方案及培训计划，坚持分类分级、按需施教。2021 年，组织计划内培训班 16 期、“洪关 e 课堂”29 期以及其他各级各类培训 100 余期，参训 5,500 余人次。完成党的十九届五中全会精神暨党史学习教育专题培训班，应训人员参训率 100%。在海关系统党史学习教育系列“海关 e 课堂——传承红色基因，做忠诚国门卫士”中，进行直播授课。围绕病例发现、病例转运、信息通报、卫生处理和后续监管等新冠肺炎疫情防控环节，进一步强化抽样采样和预防性消毒监督、实验室检测等重点岗位人员实操培训和模拟演练，培训 82 班次 3,400 人次。开展“百名关员讲专业”特色活动，推动相关业务条线处科级领导走进讲堂，就重点难点热点业务开展授课，上讲台 300 余人次，学员 5,000 余人次。

【建立保护关心爱护新冠肺炎疫情防控一线人员长效机制】2021 年，南昌海关贯彻落实习近平总书记关于新冠肺炎疫情防控工作的重要讲话和重要指示批示精神，建立对新冠肺炎疫情防控一线人员保护关心爱护长效机制，对关区直接参与新冠肺炎疫情防控工作的一线工作人员，主要包括一线交通工具登临检疫工作人员、旅检现场可能接触出入境人员的工作人员、货物及寄递物品监管工作人员、消毒监督工作人员、采送样人员、常规新冠核酸检测实验室工作人员、防护监督员等，制定强化表彰奖励、注重识别干部、保障休假疗养、落实激励待遇等 33 条细化措施。

▲2021 年 10 月 8 日，南昌海关举行新提任领导干部宪法宣誓仪式

（撰稿人：高天放）

# 离退休干部管理

【概况】2021年，南昌海关以习近平新时代中国特色社会主义思想为指导，围绕中国共产党成立100周年抓好离退休干部党建工作，用心用情扎实做好离退休干部服务保障，离退休干部队伍思想稳定。离退休干部党建工作做法在海关系统内推广，离退休干部统计工作被江西省委老干部局评为“全优报表单位”，受到通报表彰。

【离退休干部党建工作】2021年，南昌海关组织离退休干部认真学习贯彻党的十九届六中全会精神，开展党史学习教育，通过“三会一课”，全年开展集中学习21次，3个支部60余名老干部党员参与学习讨论，10名退休老干部向离退办递交了书面学习体会。组织离退休干部收听收看“中组部党史学习教育专题辅导报告会”，离退休老同志撰写心得体会文章20余篇，海关总署、江西省委老干部局离退休干部等微信公众号刊载10余篇。落实总署离退局“智慧银海”系统上线运用推广工作，维护好江西省委老干局“银耀赣鄱”系统，及时录入离退休干部档案、党支部学习、慰问、走访和开展文体活动等信息。组织青年关员为离休干部邓晓同志过75年党龄政治生日，重温入党誓词，听老党员讲述革命历史，接受红色传统教育。组织全体离退休党员紧紧围绕中国共产党成立100周年所取得的成就，围绕海关事业发展，开展“畅谈建党百年新成就”座谈，60余名老同志作交流发言。6月28日，举办“光荣在党50年”纪念章颁发仪式暨关区“两优一先”表彰大会，向具有50周年党龄的老干部党员发放纪念章和慰问金，1名退休干部获评关区“优秀党务工作者”，3名退休干部获评关区“优秀党员”。

【老同志服务管理】2021年，南昌海关按期为160名离退休干部发放口罩、消毒湿巾、消毒凝胶等防疫物资。密切掌握老同志出行动态，及时通报有关确诊病例和密切接触者行动轨迹信息，一对一提醒老同志不要前往疫情中高风险地区，督促提醒出行依规进行核酸检测，做好个人防护。并加强和驻地社区联络，安排身体符合疫苗注射条件的老同志前往所在社区接种疫苗，做到应接尽接。

春节、端午、中秋、重阳等传统、重大节日，慰问离休、退休老干部；八一建军节慰问退役老干部；组织居住在南昌市区 160 名老干部到江西省人民医院或江西国际旅行卫生保健中心体检，及时发放体检报告。用好用足各项老干部政策，为老干部发放生日蛋糕、电影券和防疫物资，协助办理个人所得税申报工作；对高龄、空巢、失能老同志，将防疫物资、节日慰问品送上家门；协助 15 名老干部做好独生子女奖励申请事宜，帮助 83 名老干部办理移动和电信优惠套餐，让老干部享受实惠。

建立走访慰问常态机制，在重大节日为老同志发放慰问品，对生病住院、出现家庭变故的老同志及时开展慰问。建立生活困难离退休干部帮扶机制，及时了解摸排离退休干部生活状况，对生活困难的离退休干部及时发放困难补助。建立电话联系机制，平时经常与老干部打电话、聊家常，关心他们的身体状况，特别对重病、长期卧床、行走不便和需要帮助的老同志主动联系，确保畅通渠道，促进沟通联系。年内，走访慰问老干部 148 人次，探望患病、住院老同志 46 人次，慰问家庭出现变故 2 人次，为老干部报销医药费、办理医保 78 人次，解决老干部生活急需 86 人次，协助家属做好病故老同志善后事宜。

【老年文化教育】2021 年，南昌海关组织离退休老干部参观江西革命烈士纪念堂、井冈山革命博物馆，开展三八妇女节踏青、钓鱼和庆祝中国共产党成立 100 周年书画摄影作品征集等各类文化活动，不断丰富老干部文化生活。2021 年，组织参加江西省委“传承红色基因　弘扬方志敏精神”党史学习教育专题报告会，赴江西革命烈士纪念堂和井冈山革命博物馆开展“红色走读”活动。组织参与总署“翰墨光影颂百年——建党百年百幅书画摄影展”作品征集活动，收集书画、摄影作品 26 件。组织参与总署“学悟百年风雨史　颂赞海关新篇章”老干部访谈活动，畅谈苏区税关历史，讲好海关故事。组织参与总署“百年风华　同唱红歌”微视频拍摄活动，同唱红歌庆祝建党百年华诞。开展“学悟百年风雨史　颂赞海关新篇章”主题征文活动，向总署离退局报送优秀征文稿件 10 篇。

**▲2021 年 6 月 24 日，南昌海关组织走访慰问“光荣在党 50 年”离退休党员干部**

（撰稿人：张思静）

# 第四篇

# 业务建设

# 口岸开放与运行管理

【概况】2021年，南昌海关坚持以习近平新时代中国特色社会主义思想为指导，聚焦“作示范、勇争先”目标定位，统筹新冠肺炎疫情防控和促进外贸稳增长，深入贯彻《国务院关于新时代支持革命老区振兴发展的指导意见》，积极落实海关总署与江西省人民政府签署的《海关总署　江西省人民政府合作备忘录》，推动形成口岸高水平开放（南昌昌北机场航空口岸、九江水运口岸、赣州国际陆港）、综保区高质量发展（南昌、赣州、九江和井冈山综保区）、平台多功能运行（九江进境肉类、粮食指定监管场地，赣州进境肉类指定监管场地、汽车整车进口口岸）的内陆发展新格局。

【口岸开放与发展】2021年，南昌海关主动参与《江西省口岸发展“十四五”规划》编制，推动赣州黄金机场纳入全国口岸“十四五”规划；支持九江口岸扩大开放，指导彭泽港区和瑞昌港区海关监管场地规划建设。支持4大综保区健康发展、做大做强，赣州综保区调整至赣州国际陆港获批，井冈山综保区正式封关运作，综保区进出口457.7亿元、增长1.6倍，南昌综保区绩效排名从全国第70位跃居第40位。畅通国际航空物流通道，8月19日，新增“南昌—纽约”全货机航线顺利开航，全年南昌空港国际货邮吞吐量11.21万吨、增长46.2%。跨境电商全业务覆盖、全模式运行、全链条打通。

【优化口岸营商环境】2021年，南昌海关持续深入推进“放管服”改革，涉企事项“证照分离”14项改革全部落地。“双随机、一公开”监管不断深化。加强与口岸海关协作，在全国首创“跨省域、跨关区、跨陆海港”通关新模式，促进“老区+特区”共赢发展，4月9日，中央电视台综合频道《新闻联播》栏目予以报道。连续3年实施“通关与沿海同样效率”专项行动，进、出口整体通关时间分别为11.11小时（扣除国内运输段）、0.28小时，较2017年分别压缩72.73%、98.87%。企业信用管理、注销便利化等改革措施稳步推进。坚决落实国家减税降费政策，帮助企业享受税收优惠、减少资金占用43.21亿元。江西省参加营商环境评价的南昌、九江两市“跨境贸易”指标均被评为“优秀”。

【促进外贸保稳提质】2021年，江西省外贸进出口4,980.4亿元，同比（下同）增长23.7%。其中，出口3,671.8亿元，增长25.8%；进口1,308.6亿元，增长18.3%。进出口、出口增速分别高出同期全国平均水平2.3个和4.6个百分点。2021年，江西与全球224个国家及地区有贸易往来。东盟、美国、欧盟为前三大贸易伙伴，分别进出口797.3亿元、691.2亿元和521.8亿元，分别增长22.6%、36.4%和15.2%。同期，对“一带一路”沿线国家（地区）合计进出口1,424.3亿元，增长21.5%，占同期江西省进出口总值的28.6%。其中，出口1,244.6亿元，增长20.8%；进口179.7亿元，增长26.5%。国际物流通道作用明显，以“中欧班列”为主的铁路运输进出口值增长40.9%，昌北机场国际货运量增加44.9%。江西有进出口实绩的企业6,153家，增加767家。其中，民营企业5,496家，进出口3,638.3亿元，增长22.7%，占同期全省外贸总值的73.1%；外商投资企业、国有企业分别进出口1,139.7亿元、201.2亿元，分别增长25.9%、35.2%。江西外贸百强企业进出口2,282亿元，增长18.4%，占同期全省进出口总值的45.8%。江铜、华勤、前海国信、晶科、立讯等5家企业外贸规模超百亿，其中江铜、华勤、晶科进出口分别增长24.7%、110.7%和15.1%。同期，国家级专精特新“小巨人”企业进出口94.9亿元，增长59.2%。新能源、新材料等产业发展势头强劲，江西有色金属业进出口479.3亿元，增长61.1%；纺织服装鞋帽制造业进出口450.6亿元，增长35.7%；钢铁业进出口279亿元，增长64.3%。家具、建材、锂电、汽车、医药制造业及农食产品分别进出口160.8亿元、140.7亿元、111.2亿元、76亿元、75.5亿元和67.1亿元，分别增长25.5%、18.4%、35.1%、37.3%、15.2%和63.8%。同期，电子信息业进出口1,349.1亿元，降幅持续收窄至4.9%，自动数据处理设备及其零部件、太阳能电池、印刷电路等成为拉动电子信息业进出口止跌回升最活跃力量。上述十大产业进出口合计占同期江西省进出口总值的64%。

▲2021年4月2日，南昌海关保障首票铁路运输方式下的“抵场直装”货物出口

（撰稿人：陶　林）

# 法治建设

【概况】2021 年，南昌海关坚持以习近平新时代中国特色社会主义思想为指导，坚决贯彻落实习近平总书记重要指示批示精神，深入学习宣传贯彻习近平法治思想，强化法治监督，增强普法实效，不断推进法治建设工作高质量发展。1 人获评全国海关优秀公职律师，所属昌北机场海关获评 2016—2020 年江西省依法治理创建活动先进单位。

【法规管理】南昌海关组织参与《中华人民共和国海关法》（以下简称"《海关法》"）修订，组建《海关法》修订项下核查立法建议研究工作专班，参与《海关法》统计分析业务条线修订工作专班线上集中工作，立足海关新定位、新职能，形成研究成果和立法建议。对 10 部海关规章及地方性法规研提立法建议，参与 24 部规章及行政解释立法后评估，共提出意见建议 76 条，被采纳 11 条。研究制订《南昌海关贯彻落实"十四五"海关法治建设规划重要举措分工方案》《南昌海关关于做好第八个五年（2021—2025 年）时期法治宣传教育工作的通知》等关区法治建设的全局性、方向性文件。充分发挥职能作用，把好制度审核关口，常态化推进关区业务制度"立改废"59 项，提升关区业务制度供给质量，全面优化关区业务制度体系布局。

做好权责清单编制工作。明确权责清单编制工作步骤和要求，切实规范履职方式，把权力关进制度的笼子。系统梳理权责事项，提建议 4 条。

深入推进"放管服"改革。在全关区落实涉企事项"证照分离"改革 14 项新政，直接取消 1 项、审批改备案 2 项、告知承诺制 1 项、优化审批服务 10 项。全面推行"不见面"审批、"全程网办"，行政审批线上办理比例达到 100%。

落实行政执法"三项制度"。加强海关行政执法资格管理，全面清理、注销不符合岗位、资格等要求的行政执法证件。公示行政执法统计年报，将适用一般程序的处罚案件和稽查作业全部纳入重大执法决定法制审核，对隶属海关法制审核情况进行检查和指导。

【复议应诉】2021 年，南昌海关加强

海关行政执法资格管理，公示行政执法统计年报，全面清理、注销不符合岗位、资格等要求的行政执法证件，将适用一般程序的处罚案件和稽查作业全部纳入重大执法决定法制审核，推进落实行政执法公示、执法全过程记录、重大执法决定法制审核“三项制度”。加大培训力度，不断壮大关区公职律师队伍，发挥行政复议化解矛盾争议主渠道功能，提升行政执法能力和复议应诉水平，努力实现案件办理的政治效果、法律效果与社会效果有机统一。规范民事法律行为。开发使用关区合同审核系统，加强关区民事合同审核，聘请法律顾问律师审核重点合同80余份，防范关区民事法律风险。举办民事法律实务讲座，增强干部职工权益意识，指导帮助干部职工妥善处理民事法律纠纷。2021年，举办法制岗位人员网上培训班1期，参加行政复议应诉协作区线上联学2次，新增公职律师6人，公职律师人数达到11人，参加总署政法司公职律师“以干代训”1名。未发生行政诉讼案件，办理行政复议案件1起。

**【法制协调与法治宣传】**2021年，南昌海关针对海关监管政策，开展“践行习近平法治思想提升人民群众法治获得感满意度”主题实践，加强“以案释法”，发挥法制机构、公职律师、业务骨干作用。建立南昌海关执法典型案例库，成立关区各职能管理部门和隶属海关共37人组成的普法讲师团队伍，发挥法制机构、公职律师、业务骨干作用，通过“洪关e课堂”、“钉钉”平台进行《行政处罚法》《海关办理行政处罚案件程序规定》宣讲40余场次。加强“以案释法”，收集编撰发布关区执法典型案4个，充分发挥典型案例规范执法指导作用。运用“网微屏”等海关新媒体矩阵，通过南昌海关“12360”微信公众号发布普法宣传稿件30期。引导企业合规经营，把法制宣传嵌入执法全过程，将普法工作任务清单化、责任化、实效化。2021年，制定年度普法责任清单、细化任务20项，统筹推进公开公示、减证便民等6项重点任务，结合“我为群众办实事”实践活动，广泛开展法律服务，营造法治为民氛围，办理法治为民实事难事307件。开展“美好生活·民法典相伴”等专题普法活动221场次。

**【“8·8”海关法治宣传日】**2021年，南昌海关深入学习贯彻习近平法治思想和习近平总书记关于全面依法治国的重要论述，扎实开展“8·8”海关法治宣传日活动。邀请南昌大学法学院专家授课，引导关警员运用“学习强国”“钉钉”App强化个人自学，不断提升全员法治思维和能力。抓住领导干部这个“关键少数”，落实党委理论学习中心组学法制度，赣州、上饶等海关党委组织学习《中华人民共和国宪法》《海关法》《中国共产党组织工作条例》等重要法律和党内法规。开展“以案释法”，收集编撰建立关区执法典型案例库，充分发挥典型案例规范执法指导作用。强化隶属海关普法责任，推动实施“嵌入式”普法，把日常监管执法变成法治公开课，九江、抚州等海关坚持依法把关、当好普法服务员，为企业提供法律咨询、现场答疑服务150余次。

聚焦实际需求，以问题为导向，多举措推进普法工作。赣江新区、萍乡等海关举办普法活动21场次，覆盖企业148家，针对性宣讲海关监管法规政策，引导企业合规经营，让企业充分享受政策红利。打造窗口阵地，常态化向社会公众推送普法宣传内容，景德镇、龙南等海关通过办事大厅现场发放宣传折页、手册共计589份。融合新媒体普法形式，制作、播放普法微视频14部，鹰潭海关以“普法直播间”形式直播开讲，有效提高普法覆盖面，扩大宣传影响力。

**▲2021年5月27日，南昌海关开展“美好生活民法典相伴”主题宣讲**

（撰稿人：李　驰）

# 业务改革与发展

【概况】2021年，南昌海关持续推进《海关全面深化业务改革2020框架方案》落实，全面推广“五项创新”（两步申报、两轮驱动、两段准入、两类通关、两区优化），促进开展跨境贸易便利化专项行动，扩大“船边直提”“抵港直装”等试点范围，巩固压缩整体通关时间成效，稳步推进企业信用管理、注销便利化等改革。涉企事项“证照分离”14项改革全部落地，“两步申报”和进口“提前申报”比率均列全国第1。

【“双区联动”项目】2021年，南昌海关坚持推进“三智”（智慧海关、智能边境、智享联通）国际合作工作，促进中欧班列与跨境电商融合发展，支持中国（赣州）跨境电子商务综合试验区与匈牙利中欧商贸物流合作园区联动发展。通过开展专题调研，全面分析影响项目落地的有利条件及存在短板，指导赣州港做好基础设施、提升信息化水平等项目承接准备，支持中国（赣州）跨境电子商务综合试验区、赣州港运营方与“双区联动”项目承办方进行对接。向江西省委、省政府报送《关于深入融入“一带一路”支持“一线双区联动”建设的建议》，阐述项目意义，并提出将项目纳入推动赣州打造粤港澳大湾区桥头堡2021年工作要点、改造升级海关监管作业场所等建议。推行“送政策上门”活动，向“双区联动”项目承办方积极宣讲海关支持中欧班列发展的10条措施等政策，介绍当前江西跨境电商快速发展的良好态势和中国（赣州）跨境电子商务综合试验区的区位优势，坚持“化整为零”，属地海关一个支部对口一个县区商务局、一名党员联系一家重点企业，实时推进解决企业疑难问题，使得项目承办方对项目落地中国（赣州）跨境电子商务综合试验区产生极大兴趣。针对性拟定海关监管方案，科学调配监管资源，营造更加高效便捷的通关环境，有力地推动了项目承办方选择落户中国（赣州）跨境电子商务综合试验区。叠加“跨境电商+中欧班列”功能，创新实施赣欧班列出口“抵港直装”新模式，指导企业灵活运用“提前申报”“两步申报”等便利化措施，进一步畅通物流链。探索两类园区跨地域、跨平台资源整合、功能优势互补，推动中欧班列、海外仓功能拓展，实现跨境电商全业务覆盖、全模式运行、全链条打通，进一步延伸产业链、稳固供应链。1月26日，《匈牙利中欧商贸物流合作园区与中国（赣州）跨境电子商务综合试验区“双区联动”合作协议》在赣州正式签约，2月9日作为53项成果之一纳入中国—中东欧国家领导人峰会成果清单。全年累计开行“双区联动”班列31列、赣欧班列399列，助力江西打造中欧内陆“南线”物流新通道。

【业务改革协调】梳理“RCEP+减免税”等优惠政策，建立RCEP关税减让对比清单，支持江西企业更好地“走出去”。落实总署“问题清零”工作机制，聚焦“畅通关、疏堵点”，建立“一口汇总、分头处理、一口反馈”闭环工作模式，结合“十百千万”服务计划，确保问题高效办理。2021年，解决企业各类问题816个，相关工作列入关区“我为群众办实事”重点项目，得到总署综合司认可肯定。

【促进跨境贸易便利化】2021年，南昌海关严格落实海关总署2021年促进跨境贸易便利化专项行动部署会精神，一以贯之优化口岸营商环境。成立南昌海关促进跨境贸易便利化工作领导小组，印发《南昌海关关于做好促进跨境贸易便利化工作的通知》。推动进出口环节涉及的监管证件通过国际贸易“单一窗口”一口受理和自主打印。推广原产地证书智能审核和自助打印，引导企业应用国际贸易“单一窗口”开展申报业务。持续推进“入境货物检验检疫证明”电子化工作，提升电子版“入境货物检验检疫证明”申领比例。积极落实对由相关国家和经济体官方机构出具的重点商品检验检疫证书的联网核查试点工作。实施单证审核前置，对空运物流供应链企业采取“一企一策”，对资信良好、管理规范的企业提供个性化指导、报关资料前置预审核等服务，满足货机快速通关要求。引导企业在进口申报环节免予提交合同、装箱单，出口申报环节免予提交合同等商业单证。推广进境动植物检疫审批（食品）“即到即办”。下放进境动植物检疫审批（食品）受理权限，优化办理流程，优先办理进口肉类检疫审批。协调推动保险公司放开“要素担保”保单跨地域使用的限制。持续推进免予办理强制性产品认证的进口汽车零部件实施“先声明后验证”便利化措施。对输入国家或地区无注册登记要求的出境饲料及饲料添加剂生产企业免于向海关注册登记，积极落实低风险进境动植物产品取消检疫审批措施。优化海关查验作业模式，提高非侵入式检查比例，扩大“智能审图”等覆盖范围。优化转关作业，实现海关转关作业“自动审核、自动放行、自动核销”。推动江西省主要口岸的集装箱设备交接单、装箱单、提货单等单证电子化，支持船公司推进提单电子化，全面提升物流作业无纸化水平。深化“船边直提、抵港直装”模式。支持九江、南昌等水运港口推广进口货物“船边直提”和出口货物“抵港直装”试点；探索在空港、陆港开展进口“车（机）边直提”和出口“抵港直装”模式，为企业提供更多可选择的通关模式等24条举措，不断提升跨境贸易便利化水平，努力提高进出口企业和人民群众的获得感、满意度。

【通关运行管理】2021年，南昌海关建立“监控+专项检查”工作机制，落实“双随机、一公开”制度。综合运用报关单运行监控、HLS2017以及“云擎”等系统开展日常监控，制定下发报关单修撤作业规范，对发现的业务差错督促立查立改。实施“双随机、一公开”监管全覆盖、常态化规范流程管理24项，实地对13个通关业务现场的检验检疫证单、报关单证审校等业务开展专项检查。

制定海关业务条线新冠肺炎疫情防控应急预案，确保现场业务保持平稳运行。常态化开设防疫物资专用窗口，落实减少随附单证和证明、口岸快速提离等超常规措施，确保进出口货物通关顺畅。紧盯进口冷链货物和非冷链高风险集装箱货物的通关时长，逐票跟踪，及时疏通堵点，保障疫情期间通关顺畅。

【贸易管制与技术规范】2021年，南昌海关密切关注和跟踪国外最新技术法规、标准和产品准入条件变化。组织编写国外相关技术性贸易措施研究报告3篇，发布措施解读1篇；向总署报送涉及烟花、柑橘等特色出口产品特别贸易关注3个。在技术性贸易措施网刊登技贸帮扶案例1篇，在海关“12360”微信公众号发布技术性贸易措施研究1篇。对148家企业开展国外技贸措施对企业出口影响的调查，建立问题清单，“一企一策”制定帮扶措施，克服疫情影响，采用“线上+线下”方式培训企业400余家次，为企业合理应对国外技贸措施提供及时信息参考，指导企业有效应对，帮扶特色农产品突破国外技术壁垒，关区烤鳗、茶叶出口同比增长28.9%和29.8%，江西实现新喀里多尼亚、密克罗尼西亚食品出口贸易“零突破”，并助推江西鲟鱼首次走出国门。发挥宜春烟花评议基地作用，收集整理国外技贸措施信息20余条，为200余家出口烟花爆竹企业提供技术标准咨询预警。11月，参与总署通关系统参数库集中维护，完成核对自动进口许可证、民用爆炸品物品等海关编码监管条件601个。

【知识产权海关保护】2021年，南昌海关严格落实全国海关知识产权保护行动“龙腾行动2021”、寄递渠道知识产权保护“蓝网行动2021”、出口转运货物知识产权保护“净网行动2021”行动要求。印发《贯彻落实2021年全国海关知识产权保护专项行动方案》，建立“口岸+内陆”协查机制，密切关际合作，达到全链条打击良好效果。先后与南京、郑州等海关互通查获侵权邮包寄件人信息，有效防范侵权货物口岸漂移，筑牢知识产权海关保护立体防线。完善“海关+地方”配合机制，深化与相关部门联系配合，所属九江、抚州、赣江新区等多个隶属海关分别与所在地市场监管、公安等部门签订合作协议，深入推进海关知识产权行政执法与公安机关刑事执法有效衔接，汇聚知识产权高效协同保护的强大合力，为知识产权强省建设提供有力保障。注重品牌培育，开展知识产权政策宣讲41次，为江西省500余家自主知识产权企业提供政策咨询、风险预警，激发企业创新活力，提升企业创新维权能力。聚焦江西特色产业，开展企业知识产权状况调研，指派专人主动跟踪有知识产权保护需求和困难的企业，实施重点帮扶。根据国有企业、民营企业和中小微企业等不同类型企业的不同特点，实施针对性指导和服务，“一企一策”制定服务措施。加强风险研判，针对不同渠道、不同贸易形态侵权特点，重点监控食品、服装、鞋帽、箱包等侵权高风险商品，精准施策、精确发力，下达侵权风险查验指令40余条，打击进出口环节侵权违法行为。2021年，关区货运、寄递渠道查扣批次、数量均大幅增长，集中销毁查获的侵权货物2.75万件，有效保护20多家知识产权权利人合法权益，切实维护了外商投资企业合法权益，让江西省消费者“买得放心、吃得安心”。查扣侵权货物1,629批、25,277件，同比增长2.65倍、9.71倍。4月26日，寄递渠道查获侵权货物案入选“2020年中国海关知识产权保护典型案例”。关区权利人企业有效备案15家，同比增长30.8%。

**▲2021年4月21日，南昌海关联合江西省直部门开展“江西2021知识产权宣传周活动”**

（撰稿人：陶林）

# 开放平台建设与新业态发展

【概况】2021 年，在总署的大力支持下，南昌海关认真落实《海关总署 江西省人民政府合作备忘录》，进一步推动口岸扩大开放，助力综保区优化升级，拓展开放平台功能，促进新业态加速发展，全力支持江西高水平开放高质量发展。

【开放平台建设情况】2021 年，南昌海关严格落实国家促进综保区高质量发展“21 条措施”，实施“一区一策”，江西省四大综保区进出口 457.7 亿元、增长 1.6 倍，占同期江西省外贸总值的 9.2%，比重提升 4.8 个百分点，拉动江西省外贸增长 6.9 个百分点，赣州综保区调整至赣州国际陆港获批，井冈山综保区封关运作，支持上饶申报建设综保区，南昌综保区绩效排名从全国第 70 位升至第 40 位。推动赣州黄金机场纳入全国口岸“十四五”规划。畅通国际航空物流通道，全年南昌空港国际货邮吞吐量 11.2 万吨、增长 46.2%。9 月 3 日，赣州国际陆港跨境电商监管作业场所完成验收注册。11 月 29 日，九江红光码头水运监管作业场所完成验收注册。

【新业态发展情况】2021 年，南昌海关服务“丝路电商”向内陆延伸，引导传统产业与电商平台深度融合，支持跨境电商业务开通，促进新兴贸易业态发展，实现跨境电商全业务覆盖、全模式运行、全链条打通。9610、9710、9810 和 1210 业务相继开通，江西跨境电商发展迈入零售与批量“并举”、寄递与货运“并进”的新时代。2021 年，江西省跨境电商进出口规模居全国第五。

▲2021 年 10 月 20 日，南昌海关关员在跨境电商企业进行监管

（撰稿人：张　璐）

# 风险管理

**【概况】** 2021 年，南昌海关以推进风险防控精准化、一体化、智能化为目标，统筹加强全国海关业务风险管理，持续提升风险防控整体效能，协调处置重大业务风险和安全风险，优化风险防控运作机制，构建各部门单位优势互补的风险防控体系，不断凝聚风险防控合力，持续推进全领域、全渠道、全链条一体化风险防控，加强风险整体管控。进一步拓展大数据应用场景，深化大数据应用，优化提升智能化风险防控水平，充分发挥风险管理在保障国门安全、服务国家和区域战略、提高监管整体效能、提高通关效率、降低企业守法成本等方面作用，为服务高水平对外开放和新发展格局贡献力量。

**【风险防控机制】** 2021 年，南昌海关遵循“安全为本、守法便利、整体管控、创新驱动、协同治理”基本原则，制订《南昌海关推进风险管理高质量发展实施方案》，构建现代化风险管理体系，服务高水平对外开放和新发展格局。

聚焦保障全球产业链供应链安全，拓展风险防控视野，紧扣国家发展战略，围绕稀土、有色金属、烟花爆竹等省内重点产业、优势产业，加强产业链供应链风险整体评估、研判与处置，鼓励生产、运输、报关、港口等供应链环节企业与海关合作共同保证供应链安全，规范促进产业链供应链健康发展。将风险防控视野拓展到境外，关注“双循环”经济格局下市场产业替代变化，重点对景德镇国家陶瓷文化传承创新试验区、吉安电子信息产业集群、赣江新区绿色金融改革创新试验区等产业，实施针对性风险防控策略，支持重点产业可持续发展。针对跨境电商、外贸综合服务、市场采购等新业态，开展风险监测预警评估，创新风险防控策略，加快扶持战略新兴产业发展，厚植发展优势。

适应国家更高水平开放，紧跟国家重大政策变化，研究预判内外贸、投融资、财政税务、出入境等国家政策变化可能引发的风险；监测分析省内重点产品进出口贸易、产业发展、产业政策、外交外贸政策等信息，强化综合风险评估，开展贸易管控研究。落实贸易管制要求，加强对暂停进（出）口、通关锁定、验核随附证明材料、发布预警通告、通报有关部门等各类技术性管控手段的统筹运用和储备，对于管控目标予以快速响应、灵活制动和精准打击。

围绕优化营商环境、服务开放型经济发展，综合考虑供应链安全、企业信用、出口规模、监管结果等因素优化调整，进一步降低守法守信企业检查率，有效压缩守法守信企业合规成本。

【风险预警】2021 年，南昌海关加强全球公开信息系统性收集应用，大力开展市场调查和贸易调查，用好用足开源信息公共服务机构资源，加大定向购买信息力度，积极争取重点企业和重点行业“风险联络员”制度试点工作，逐步建立可靠、高效、稳定的风险信息收集渠道和网络，不断丰富风险信息来源。做好信息的加工、保护、传递、使用、存储、保管等工作，提高高质量信息产品产出率，加大信息产品转化应用力度，实现信息在各作业环节的多维应用，提高人工分析精准度。落实风险信息执行反馈要求，开展信息应用效果跟踪评估。

【风险分析】2021 年，南昌海关发挥风险、企管、稽核、加贸集成化管理优势，开展全员风险分析工作。建立关区风险管理委员会，充分发挥委员会决策作用，加强关区重大政策、重要改革措施出台前风险评估，科学论证决策风险，并及时开展事中风险评估，优化调整改革措施。建立多方参与的关区风险防控专家委员会，统筹整合关区各领域检查要求，联合处置关区重大风险。加强与各业务部门的统筹协作和业务衔接，充分发挥职能部门在各自领域风险防控的职能优势和主体作用，强化风险防控整体合力。健全指令执行反馈机制，开展指令执行情况督导检查，促进指令规范刚性执行。以项目负责制为抓手，组建“洋垃圾”、濒危物种及其制品、“水客”走私等项目小组开展风险分析、集中研判和实地验证，实现重点领域全覆盖。以缉私部门各类专项打私行动作为合作切入点，依托“云擎”平台构建分析模型，建立“联合经营、联合研判、联合处置”联动合作模式，全链条协同配合，及时排查印证风险疑点，完善布控拦截指令，突出风险情事的快速响应，深化关区风险信息一体化运作，进一步提升分析的靶向精准性。

【风险处置】2021 年，南昌海关全面贯彻落实习近平总书记对打击“洋垃圾”走私、濒危物种及其制品走私、防疫物资和新冠疫苗非法出境、“水客”走私等重要指示批示精神，提升风险管控能力，切实维护国门安全，重点领域均有查发。

【业务风险统筹管理】2021 年，南昌海关坚持全球视野，将海关的数据链条向境外延伸、向境内拓展，结合境内外相关部门、行业、互联网等数据，明确海关监管风险的全球分布、风险流动路线，建立红黄蓝三级预警，及时发现关区存在苗头性、倾向性和区域性的风险隐患。运用海关智能贸易风险监测网络，重点监测江西省进出口贸易发展、贸易转移和异动贸易情况等，为领导决策提供科学高效的智能化服务。落实“两轮驱动”改革中的事前、事中、事后风险防控联动机制工作要求，推进检验检疫领域风险防控深度融合，实现海关各业务领域风险防控一体化。统筹贸易渠道和非贸渠道的风险整体防控，推进关区邮递、旅检、跨境电商及特殊监管区域风险防控取得实质性突破。更深层次延伸风险防控链条，开展出口前监管等通关作业事前风险可控性评估，推进以国别、企业为单元的安全准入风险防控向境外拓展。

【大数据应用】2021年，南昌海关依托总署海关数据湖、海关风险管理知识引擎、大数据支撑平台等资源，对进出境企业、人员进行分级分类管理，按照较小颗粒度建立占大多数的守法企业、人员进出境正面清单，缩小可能存在伪瞒报、夹藏等欺诈海关行为的企业、人员研判范围，针对人员、企业异常行为开展精准布控，提高伪瞒报、逃检、夹藏等违法行为的查获率，同时强化以人员、企业、行业为单元专项后续风险分析的数据支撑。通过“云擎”平台建立大数据应用模型176个、平台级模型3个，应用“云擎”分析下达专项稽查指令查发39起，移交缉私刑事立案18起；缉私局自建模型3个，应用于侦办走私雪茄系列刑案共9起，基于“云擎”系统填补了获取邮递渠道业务数据手段的空白，实现利用邮递基础数据扩展成案“零的突破”。其中，南昌海关自建烟花爆竹属地查检执法评估模型、稀土出口情况多维分析模型、再生铜原料监管分析模型、跨境电商保税网购税收差错分析模型等重点模型纳入总署“云擎”应用平台。

（撰稿人：涂　径）

# 税收征管

【概况】2021年，南昌海关立足新发展阶段，贯彻新发展理念，构建新发展格局，结合关区实际，推动关税各项工作高质量发展。全年税收入库首次超百亿元，汇总征税率居全国第三，新一代电子支付比率居全国第七，行邮物品征税率居全国第八，单项商品归类补税创历史新高，破解功能膜材料“卡脖子”项目获评总署“我为群众办实事”百佳项目，税政调研工作受到总署关税司表扬。

【税则税政】2021年，南昌海关根据《“十四五”海关发展规划》，研究制定关区关税条线落实举措11项、预期目标11项；落实国家减税降费政策，减征进出口环节增值税22.6亿元，降税幅度达18.8%；审核“征免税证明”206份，审核减免税货值1.9亿美元，同比下降15.9%，减免税款1亿元，同比下降43.4%；开展税政调研，共收集调整进口暂定税率、提高出口退税率等税政建议22条，上报19条，总署税收征管局（上海）初审通过常规税政建议4条，相关工作获总署关税司表扬。

【估价管理】2021年，南昌海关坚持强化属地纳税人管理，针对关区29家重点属地纳税企业，建立纳税企业底账和“双特”价格台账，开展纳税遵从度评估、提供差别化合规管理服务，属地纳税人管理框架基本建成，覆盖关区96%以上税源。

【税收征管】2021年，南昌海关深化综合治税，开展税收摸底调研，预测税收走势，做好税收测算和进度监控，积极稳税源、拓税源，完成税收入库102.1亿元，增长12.3%，首次突破百亿元大关。扩大关税保证保险应用范围，为55家企业办理关税保证保险业务，涉及担保金额16.15亿元；汇总征税及新一代电子支付比率稳步上升，2021年南昌海关汇总征税率为54.2%；新一代电子支付比率按金额统计占比97.5%，按票数占比98.9%；制订南昌海关落实方案，构建关区统一规范、协同有序的非贸税收征管体系；上线“行邮税征管应用”，对接“财关库银横向联网系统”，实现行邮税电子支付实时入库，有效提升纳税便捷性和税款入库效率。2021年，关区行邮物品征税708万元，征税率为41.9%，跨境电商征税4,800万元，同比增长406.1%。

【税收风险防控】2021年，南昌海关完善风险防控制度，年内制定关税相关制度1项、修订2项、废止2项。制定并动态更新关税条线风险防控清单，梳理风险点5个，制定应对措施29条；加强风险研判，向总署税收征管局报送税收风险参数建议84条，向总署关税司报送验估季报3篇。定期开展非贸渠道涉税风险分析，提交涉税风险布控指令10条；执行总署税收征管局参数指令和放行后验估指令676条，涉及938票报关单；常态化开展业务监控，下发核查、处置单57份，发现问题23个。开展抽样检查，梳理出2017年以来关区税收征管业务18个方面49个业务风险点。

【原产地管理】2021年，南昌海关参与总署“揭榜挂帅”项目，推进业务科技一体化建设，主持申报“原产地单证智能识别技术研究与示范应用”项目，推广原产地证书智能审核和自助打印，优化原产地签证作业模式。2021年，签发各类原产地证4.8万份，签证金额36.9亿美元，同比分别增长9.1%、13.4%，累计帮助江西省企业享受国外关税减让18.9亿元；签发自助打印原产地证2.6万份，签证金额21.2亿美元，覆盖原产地证书20种。

【推进RCEP实施】2021年，南昌海关开展“RCEP实施对江西外贸的机遇挑战及应对”关级课题研究，建立汽车整车及零部件、纺织品、农产品等江西优势产业RCEP关税减让对比清单，积极引导企业合理运用自贸协定规则，提出产业链供应链优化升级10余项建议。通过开展“一对一”精准培育，助力江西10余家企业通过高级认证，及时享受“AEO+RCEP”的叠加政策红利。落实RCEP精简单证、高效放行要求，持续深化“放管服”改革，推动精简进出口环节监管证件政策落地落实。进出口环节需要核验的监管证件精简至41种，减少52.3%，具备联网条件的38种监管证件已全部实现网上申请、网上办理，通关物流环节单证无纸化、电子化和监管智能化、规范化水平大幅提升。落实RCEP简化海关程序要求，常态化提供“不见面审批”等无感通关服务，推行“提前申报”“两步申报”，优化原产地签证流程，推广“数据共享+智能审核+自助打印+快递送达”智慧审签模式，持续提高海关作业效率。强化政策宣介，2021年，对外开展RCEP政策宣讲32场、4,000余人，对内组织培训9场、200

▲2021年4月6日，南昌海关人员赴辖区企业开展税政调研

多人。在署级媒体发布宣传稿件12篇，在地方媒体发布宣传稿件57篇。为出口至RCEP成员货物签发自贸协定原产地证书2.3万份，涉及货值129亿元，分别同比增长12.9%、9.7%，累计帮助企业享受RCEP成员关税减让10亿元。

（撰稿人：卢　泉）

# 卫生检疫

【概况】2021年，南昌海关坚决贯彻落实习近平总书记关于新冠肺炎疫情防控的重要讲话和重要指示批示精神，始终坚持将抓好新冠肺炎疫情防控工作作为头等大事、重中之重，坚持“外防输入、内防反弹”总策略，严格执行总署口岸疫情防控各项要求。拟订出入境卫生检疫监管工作制度和工作计划，加强口岸突发公共卫生事件处置指导、监管，加强出入境人员、交通工具、运输工具、货物、行李、邮包快件、尸体骸骨卫生检疫的监督管理，加强出入境人员传染病监测、健康体检、预防接种、国际旅行健康指导的监督管理，加强口岸卫生许可及卫生监督的监督管理。南昌海关登临检疫作业短片被选为总署货机检疫示范片。

【新冠肺炎疫情防控】2021年，南昌海关持续强化口岸新冠肺炎疫情防控，坚持“人、物”同防，动态梳理年内各级疫情相关文件，根据国务院联防联控机制，落实总署文件精神及要求，跟进制发新冠肺炎疫情防控相关文件，及时完善更新新冠肺炎疫情防控、突发公共卫生事件方案、预案，明确责任分工，突出重点环节，防范化解风险，抓实抓细新冠肺炎疫情防控各项工作。加强埃博拉、拉沙热、鼠疫、中东呼吸综合征等重大烈性传染病疫情监测和分析研判，严防疫情传入造成疫情叠加。派员参与总署新冠肺炎疫情防控口岸卫生检疫操作指南编制专项工作，3人被纳入总署口岸新冠肺炎疫情防控安全防护专家组。年内，推动国家发改委“口岸应对重大疫情卫生2021年检疫基础设施”项目2021年度资金落实，完成对昌北机场旅检通道和保健中心实验室的负压改造，进一步升级口岸安全防护设施。加强对安全防护监督落实情况的监督指导，成立“挑毛病”专家组，对口岸疫情防控现场作业开展“无感视频检查”，及时发现并妥善处置口岸现场在人员防护、作业规范性及污染控制等方面存在的问题。落实“海关总署、南昌海关、隶属海关”三级培训体系，坚持“每周一训”，组织各项培训76次，覆盖14个隶属海关及职能部门2,800余人次，个人防护考核通过176人次；组织开展新冠肺炎疫情防控、安全防护、职业暴露、预防接种应急演练15次，参演参练260余人次，全面提升应急处突能力。建立“南昌海关、隶属海关、作业班组”三级监督员队伍，坚持“每日视频检查、每月各关自查、每季专项督查”三级监督检查体系，细化排查清单。

【重要节点卫生检疫保障】2021年，南昌海关坚决做好“两节”“两会”“五一”“七一”“十一”等重要节点的卫生检疫保障工作，根据总署全面加强新冠肺炎疫情防控工作的通知要求，从深刻认识做好新冠肺炎疫情防控工作的重要意义、持续加强疫情监测和研判预警、大力强化口岸检疫监管、严格做好进口冷链食品和高风险非冷链集装箱货物监管、建立健全应急处置机制、加快提升实验室技术支撑能力等方面从严从紧从细做好重要节点新冠肺炎疫情防控工作，并以“四不两直”（不发通知、不打招呼、不听汇报、不用陪同接待、直奔基层、直插现场）形式落实常态化监督检查，2021年开展现场联合督查12次，组织专项排查4次，赴现场指导新冠肺炎疫情防控12次，压实相关单位主体责任，问题立行立改、全面清零，确保规定动作执行到位。

【疾病监测】在新冠肺炎疫情防控中，严格落实健康申明卡核验、体温监测、采样检测、移交转运、信息通报等各项卫生检疫工作，强化与地方相关部门的联防联控，切实做到无缝衔接、闭环管理。年内，共检疫监管出入境航空器1,353架次；入出境人员7,607人次。出入境人员体检同比上升28.8%；预防接种业务同比上升10.9%。

【生物安全】严格做好特殊物品出入境卫生检疫审批和通关验放，严防特殊物品非法出入境，强化新冠疫苗出境监管，严防未经审批的新冠疫苗通过藏匿、夹带等方式非法出境。口岸截获未经审批的特殊物品11批次。“口岸输入性病媒生物图谱及数据库研究”获总署“揭榜挂帅”科研项目批准立项。

【卫生监督】在口岸范围内推广实施“告知承诺制”审批管理改革，指导企业通过告知承诺方式办理卫生许可审批。依规为南昌昌北机场口岸食品生产经营单位、饮用水供应单位和公共场所经营单位办理口岸卫生许可，规范开展餐饮服务、食品销售、航空配餐、饮用水供应、公共场所、卫生处理、航空器废弃物日常卫生监督，强化食品安全监督抽检、食品原料

**▲2021年6月23日，南昌海关关员对入境人员开展红外体温监测工作**

快速检测、公共场所公共器具抽检、空气质量与微小气候监测以及出厂水、末梢水、航空器供水、直饮水等抽样检测，实施口岸区域鼠、蚊、蜚蠊监测工作，对发现的不合格情况责令企业整改到位。

（撰稿人：董旖婧）

# 动植物检疫

【概况】2021 年，南昌海关不断强化进出境口岸重大动植物疫情防控，持续推动农产品进出口贸易加快发展，稳步推进动植检各项工作。2021 年，共检疫查验进出境动植物及其产品 32,583 批、货值 9.1 亿美元，同比增长 24.9%、22.2%。其中，出境动物及其产品 1,112 批、4,714.3 万美元，进境动物及其产品 3,960 批、7,059.3 万美元；出境植物及其产品 22,000 批、7.8 亿美元，进境植物及其产品 5,511 批、11,185.9 万美元。1 名同志获江西省非洲猪瘟防控先进工作者。

【供港澳生猪监管】2021 年，南昌海关强化供港澳生猪监管，保障供港澳生猪安全优质、稳定顺畅供应，守护港澳市民"菜篮子"。坚持逐批现场临床检疫监管模式，对供港澳生猪健康逐头把关，加强运输途中管理，提前制定详细运输路线和途中应急预案，确保生猪安全优质。加强与香港食物环境卫生署（以下简称香港食环署）沟通交流，配合探访 2 家注册猪场工作，提交相关探访资料，香港食环署对探访结果表示满意，认可南昌海关监管养殖场的质量管理。新增供港澳生猪企业 1 家，江西生猪供香港 8.7 万头、同比增长 14.3%，供澳门 594 头，供港澳总量列全国第三。

【疾病监测】2021 年，南昌海关开展进出境动物及其产品疫病监测 2,925 次，检出二类动物疫病阳性 20 例，均落实后续处置，并及时处理阳性生猪。严格开展进出境农产品安全风险监控，完成样品 414 个，获得监测结果 2,152 项次，检出药物残留不合格 1 次，第一时间做好追溯，确保农产品质量安全。在非贸渠道动物及其产品检疫查验方面，对疫区旅客携带、邮寄物实施 100%查验，共截获肉制品 89 批次，检出非洲猪瘟核酸阳性 1 批次。选派业务骨干 1 名参与输华种质资源检疫准入工作，共预检种牛 5 批次、33,600 头。支持江西企业引进优良种质资源，制订详细隔离检疫方案，实施全程押运等，完成 2 批次 4.6 万羽种鸡隔离检疫，保障优质种质资源进口。

【"国门绿盾 2021"专项行动】2021 年，南昌海关扎实开展"国门绿盾 2021"

专项行动，打击非法引进外来物种和种子苗木，严防外来物种入侵和动植物疫情通过寄递、旅客携带、跨境电商直购等非贸渠道传入。在进境植物及其产品中截获有害生物493批次、3,577种次，其中检疫性有害生物225批次、335种次，均按要求实施检疫除害处理。重点关注进境邮快件外来物种防控工作，加大对进境邮快件现场调研力度，指定专人运用业务系统加强监督，截获外来入侵物种及种子种苗共132批次，严格落实后续处置要求，防止动植物疫情传播入境。

【进境粮食监管】2021年，南昌海关强化进境粮食监管，对接国家粮食储备战略，成立进境粮食工作专班，加大对九江进口粮食指定监管场地、车辆运输沿线、加工厂等重点区域的生物监测力度，严防外来有害生物定殖扩散风险。督促76家进口粮食加工企业建立健全安全风险、疫情防控和溯源制度，现场培训和指导企业人员48人次，完成进境储备粮食资质备案69家，监管进境储备粮入库68.2万吨；检疫监管进口粮食110万吨，同比增长40%。

【检疫处理监督管理】2021年，南昌海关严格检疫处理单位准入门槛，压实企业质量安全主体责任，制定南昌海关进出境动植物检疫处理工作指引，收集、印发检疫除害相关法律法规、技术规范等资料100余份，为监管一线配置溴甲烷检测仪等设备，组织“检疫处理单位核准与监管”等培训4次、200余人次，核定新增检疫处理单位3家。

▲2021年4月14日，南昌海关开展“国门生物安全”宣传活动

（撰稿人：王 琦）

# 食品安全监管

【概况】2021年，南昌海关坚决落实习近平总书记关于食品安全“四个最严”重要要求，按照海关总署进出口食品安全局年度工作部署，按照2021年南昌海关工作要求，着力提升进出口食品安全水平。全年检验监管进出口食品化妆品1.05万批、44.5亿元，同比分别增长16.8%、23.5%；完成进出口食品化妆品监督抽检183个2,386项次、风险监测126个5,780项次，进出口食品化妆品质量安全总体情况良好，未发生系统性、区域性进出口食品安全事件。

关区现有备案出口食品生产企业286家，原料种植养殖基地120家，食品进口商164家。组织开展出口食品生产企业、进口商及原料种植养殖基地核查216家（个），注销、依法撤销不符合备案要求的出口食品生产企业17家、进口商12家、原料种植养殖基地17个。向总署食品局报送国内外进出口食品安全风险信息561条，被采纳52条，编制南昌海关进出口食品安全信息交流月刊8期，发布进出口食品安全风险案例7起，提出风险提示建议20条。1名同志获“全国食品安全先进个人”荣誉称号，1名同志获海关系统先进工作者表彰，4名同志获总署食品局专项工作通报表扬。

【进口冷链食品监管】 2021年，南昌海关坚持“外防输入、内防反弹”总策略，严格按照总署规定做好进口冷链食品和进口高风险非冷链集装箱货物新冠肺炎疫情监测工作，监督落实口岸环节进口冷链食品和进口高风险非冷链集装箱货物预防性消毒工作，切实落实新冠肺炎疫情防控要求，严防新冠肺炎疫情通过进口冷链食品输入的风险，全年无冷链食品进口。进一步规范现场采样操作，制修订采样作业、个人防护及职业暴露应急处置3个作业指引，组织专题培训2次。建立个人防护常态化培训考核机制，开展培训考核13次，218人次通过考核；开展采样实操培训3次，135人次参加培训。细化新冠肺炎疫情防控督查重点15项，开展远程视频监督及现场督查52人次。首次以专家组身份参与总署进口食品境外生产企业注册视频检查工作，共派出7人次参与3个国家、

5家水产品企业检查工作，敦促境外输华食品生产企业落实新冠肺炎疫情防控责任。派员参加总署进口冷链食品监管集中工作，提升队伍素养与能力。编制应急处置演练脚本，开展关区桌面推演、演练15次，持续提升应急处置能力。

【进口食品“国门守护”行动】2021年，南昌海关继续开展进口食品“国门守护”行动，加强进口食品检验监管，对进口食品检验监管开展日常监控，全面排查非准入食品逃漏检风险，加强审单和验核工作，规范优化作业流程，开展联合研判，加强风险布控，严防走私夹藏行为。对跨境电商零售进口商品实施质量安全风险监测，确保监管责任落实到位。加强对进口动物源性食品和进口植物源性食品的检疫，严防动植物疫情传入，切实维护国门安全。对检出检疫性有害生物，无有效检疫处埋方法的，一律作退回或销毁处理。切实落实进口商进口食品安全和诚信经营的主体责任，督促食品进口商对境外出口商、境外生产企业开展审核，海关依法对食品进口商实施审核活动的情况进行监督检查。对进口不合格食品的进口商开展约谈。2021年，检验监管进口食品化妆品478批，货值4.4亿元，同比分别增长164.1%、238.9%。对1批检出细菌性疫病的进口豌豆实施检疫无害化处理。继续强化非贸渠道进口食品监控，截获快邮件渠道禁止进境食品81票。

【进口大米质量安全提升专项行动】2021年，南昌海关扎实开展进口大米质量安全提升专项行动。进一步加强进口大米质量安全监管，加大对进口大米报关单审核，特别是随附证书的审核，根据检验检疫准入协定书入境前进行熏蒸处理的，应随附熏蒸证明文件，对进口大米实施质量安全风险监测，掌握关区进口大米质量安全状况。对10家大米进口商开展专项核查，实施风险监测抽样22个。建立风险防控清单，确定4个重点内控节点，运用HLS2017等信息化系统开展日常监控。

【进口肉类检验监管】2021年，南昌海关加强对一般贸易和邮快件、旅客携带等非一般贸易的进口肉类的检验监管和后续处置。做好“关口前移”，督促进口商开展进口国及生产企业新冠肺炎疫情防控调查评估，掌握进口国疫情状况，督促生产企业做好新冠肺炎疫情防控措施。切实加强对进口肉类检疫审批，要求企业在贸易合同签订前取得进境动植物检疫许可证。加大进口肉类随附证书的审核，重点核对证书的真伪、证书内容与货物信息相符情况及证书、签字官员笔迹和官方印章的使用是否符合要求，逐批核销进口肉类产品卫生证书电子信息。严厉打击肉类食品走私行为，严防非洲猪瘟疫情传入，全面落实走私冻品统一交由当地政府归口处置政策。开展技术贸易措施研究，为优质食品农产品进口提供政策参考。参与海关总署大洋洲国家（地区）食品安全管理体系及法律法规标准研究工作，形成研究报告2个、季报3期。落实总署要求，对巴布亚新几内亚、萨摩亚输华野生海捕水产品议定书内容进行修订更新，对基里巴斯、所罗门群岛输华水产品开展准入前评估。

【食品安全宣传周活动】2021年6月15日至7月15日，南昌海关围绕“尚俭崇信　守护阳光下的盘中餐”主题，宣传进口食品安全和食品安全监管制度，普及进口食品安全和食品安全知识，引导消费者发扬勤俭节约的传统美德，树立科学消费理念，关注进口食品安全。深入学习宣传贯彻新版《进出口食品安全管理办法》《进口食品境外生产企业注册管理规定》，把握监管关键点，扩大宣传覆盖面，摸底历史数据库，释疑企业困惑处，确保进出口食品安全监管人员、相关政府部门和进出口食品安全监管相对人学好两部规章必修课，为规章顺利实施打好基础。通过宣贯，引导食品行业市场主体严格自律，树立风险防控意识，提升管理水平，对从业人员广泛开展诚信守法教育，营造尚德守法的市场环境，促进企业诚信守法经营。统一印制发放宣传册1,000本、海报500张、两部规章及释义汇编500册，发放给食品进出口企业及相关政府部门，进一步明晰新的监管要求，压实企业主体责任。向关区进出口食品生产经营者发送电子调查问卷，收到问卷回复310余份，对企业反映的问题及时回应解答。调查上报2017年1月1日至今已有输华贸易进口食品境外生产企业49家、产品23种。

【出口食品检验检疫】强化出口食品安全监管。全年检验监管出口食品化妆品10,022批，货值40.1亿元，同比分别增长13.7%、15.5%。对1批原料来源不明的出口干制香菇采取禁止出口措施。开展出口食品境外通报核查3家次，督促企业在原料管理、过程监管、自检自控等方面整改规范，压实企业主体责任。

助力江西特色农产品出口。帮助企业解决在备案、出口通关等方面的困难，指导茶叶基地建立健全管理制度、实施自检自控计划，加强对茶叶、基地种植土壤等安全风险评估，全年共监管出口茶叶7.8亿元，同比增长33.3%。对出口鳗鱼养殖、生产提供全流程政策辅导，开展对外推荐注册评审，指导出口企业强化原料源头管理，完善质量安全生产体系，全年共监管出口鳗鱼制品5.8亿元，同比增长27.1%。制订出口米粉专项扶持计划，培育五丰、麻姑、春丝等江西知名米粉品牌，

▲2021年3月30日，南昌海关关员在备案出口茶叶基地检查指导

指导相关企业建立自有原料基地4,000亩，全年共监管出口米粉1.2亿元，同比增长5.8%。

优化监管模式。常态化推进监管制度“立改废”，全面梳理现行11个工作规程，修订工作规程2个，废止不适用工作规程2个，规范工作程序，统一执法尺度。构建“日常监管+常规核查+风险核查”的全覆盖、分层次事后监管体系，建立“每日监控+定期通报”机制，定期通报业务风险隐患、督促整改。结合“我为群众办实事”实践活动，开展实地调研9次，收集意见建议30余条，解决实际困难31个。

（撰稿人：刘　娜）

# 商品检验

【概况】2021年，南昌海关认真落实总体国家安全观，聚焦“安全、卫生、健康、环保”，强化监管优化服务，全面加强自身建设，161人通过总署危险化学品监管等上岗资质考核，通过率82.1%；组织关区23个单位（部门）共288人参加总署危险品岗位练兵和技能比武，获评优秀组织奖。成立危险品专业技术工作组，建立常态化职能监控机制，发布政策法规、技术标准、典型案例等资料150余份，持续从作业制度、作业方式、作业内容、作业安全防护等方面排查潜在工作隐患。开展出口稀土检验监管业务研究，为总署提高出口稀土海关监管精准有效性、优化检查资源配置提供技术支撑，并结合关区业务特点，参与总署烟花爆竹检验监管体系研究，提出《出口烟花爆竹检验管理办法》的修订建议。

【进口商品检验】2021年，南昌海关严把进口商品检验关，共完成进口商品检验1,447批，检出各类不合格31批，查获进出口“涉危不报”案件3起（分别为染发剂、涂料、发热剂），查获固体废物3批、157.6吨（申报再生铝合金原料）。加强质量安全风险监测和一线的技术指导，持续做好高风险非冷链集装箱货物口岸环节新冠病毒检测和预防性消毒有关工作，充分运用现场监督、远程视讯连线等多种方式做好进口放行后新冠肺炎疫情防控监督。

【出口商品检验】2021年，南昌海关共完成出口商品和出口危险货物包装检验45,646批，检出各类不合格631批，查发出口超安全生产许可范围等案件10起，向总署报送典型案例并被采纳3起。聚焦关区出口烟花爆竹监管特点，深入剖析业务风险特征，向总署呈报综合信息2篇。优化烟花爆竹企业代码登记，下放初审受理，全年完成43家企业考核工作，全面实现登记时间“零延迟”。探索组建烟花爆竹检验监管专班，统一调配关区烟花爆竹岗位资质人员，协调应对烟花爆竹旺季出口的检验、装箱监督人力资源困难，解决企业诉求。

【检验监管模式改革】2021年，南昌海关严格落实商品检验制度改革措施，从

6月10日起，对进口机电产品、金属材料、化工品、仿真饰品等234个10位海关商品编号的商品不再实施进口商品检验，对涉及进口再生铜原料等8个10位海关商品编号的商品实施进口商品检验，对涉及出口钢坯、生铁的24个10位海关商品编号的商品实施出口商品检验。10月，对涉及化肥的29个10位海关商品编号的商品实施出口商品检验。进一步压缩调整后相关的进口工业设备、金属材料、仿真饰品等非法检商品的通关时长，有效降低企业运营成本。

**【法定检验商品以外进出口商品抽查检验及质量安全风险监测】**2021年，南昌海关组织关区隶属海关开展法定检验商品以外进出口商品抽查检验（Ⅰ类抽查）及质量安全风险监测（Ⅱ类抽查）工作。Ⅰ类抽查是指对法定检验商品以外的进出口商品，按照《进出口商品抽查检验管理办法》要求进行抽查检验，并依法实施后续处置。本次抽查检验商品包括进口洗碗机、空气净化器、电子坐便器、食物垃圾处理器、电磁炉、打印机、文具、仿真饰品、汽车内饰件、头盔、儿童服装、儿童安全座椅，纸或纸板制的盘、碟、盆、杯及类似品等；出口LED照明光源、玩具、塑料食品接触产品，检出不合格2批次。Ⅱ类抽查是指按照《国务院关于完善进出口商品质量安全风险预警和快速反应监管体系切实保护消费者权益的意见》要求，对抽查商品进行检测以获取进出口商品质量安全风险信息。结合南昌关区进出口商品特点，确定抽查的商品种类为烟花爆竹，监测项目主要包括产品及烟火药剂的安全性能、运输危险性定级等。充分发挥进出口烟花爆竹一级质量安全风险监测点作用，共对72家出口烟花爆竹企业实施抽样检测353批次，检出各类不合格56批次，为采取风险预警和快速反应措施提供有力技术支撑。所有抽查检验不合格商品均已督促企业采取退运、销毁、技术整改等措施消除风险。

**【危险货物及危险化学品检验监管典型案例】**2021年1月12日，南昌海关隶属上饶海关对江西某有限公司申请出口的一批偶氮二甲酰胺实施危险货物包装使用鉴定时，发现该货物使用了纸塑复合袋包装，根据《国际海运危险货物规则》规定，该货物允许使用的包装仅有纤维质桶和纤维板箱，不包括纸塑复合袋。上饶海关判定该批货物包装不合格，出具“出境货物不合格通知单”，不准出口。

2021年6月，江西省某企业向南昌海关隶属吉安海关申报一票出口危险货物包装使用鉴定，申报货物品名为移动电源，9类危险货物，须使用Ⅱ类危险货物包装。吉安海关现场查验时发现，该批货物为锂离子电池芯，根据《空运危险货物安全运输技术规则》规定，该批货物仅限于货机运输。经现场核实该货物荷电状态，显示荷电状态大于50%，不符合《空运危险货物安全运输技术规则》规定产品交付运输时荷电状态不超过额定容量30%的要求，吉安海关依据上述规定判定该批货物包装使用鉴定不合格。

2021年5月13日，南昌海关隶属萍乡海关在对某企业申报出口的一批烟花爆竹实施现场检验时，发现货物存在异常，经抽样送检，检测报告显示该批烟花爆竹的爆炸药存在吸湿性超标、水分超标等不合格。根据GB 10631—2013《烟花爆竹安全与质量》中安全性能检测的相关规定，萍乡海关判定该批货物不合格，出具"出境货物不合格通知单"，不准出口。

▲2021年9月10日，南昌海关关员强化出口液体危化品监管

（撰稿人：傅　成）

# 口岸监管

【概况】2021 年，南昌海关坚定不移加强政治建设，落实总体国家安全观，统筹发展与安全，强监管、优服务、夯基础、守底线。强化口岸正面监管，开展打击跨境电商进口走私“断链刨根”专项整治行动，持续加强对进境矿产品、再生原料、冻品、农产品等重点商品的口岸监管，监管效能进一步增强。健全完善智能审图应用工作机制，监管智能化水平进一步提高。服务经济社会发展大局，深入贯彻“六稳”“六保”部署，持续优化完善口岸监管模式，强化跨境电商等新业态监管，落实安全生产监管责任，扎实提升口岸监管治理能力建设水平。

【安全生产】深入贯彻落实习近平总书记关于安全生产的重要论述，深入开展安全生产专项整治三年行动集中攻坚，动态调整“两个清单”，扎实做好安全生产各项工作，全年未发生重大事故。关区 1 人获评全省安全生产先进个人。

开展“安全生产月”活动。制定下发《南昌海关关于开展 2021 年“安全生产月”活动的通知》，专题组织学习《生命重于泰山——学习习近平总书记关于安全生产重要论述》电视专题片 20 场，学习 711 人次，举办“安全生产主题党日”“安全大讲堂”“安全大家谈”等活动 50 余场，实现全员参与，全员受教育。通过微信、公众号等方式推送警示教育片 11 部。开展安全生产“五进”活动 16 场，在办公区域及作业场所张贴安全生产宣传海报、播放警示片，散发安全宣传产品 800 余册；开展“6·16”安全宣传咨询日活动 17 场，参与人员 2,000 余人次；向监管作业场所（场地）经营人和安全监管、交通运输及相关部门通报提醒 11 次，开展警示教育 12 场，参与人数 345 人次；参加“井冈山”安全论坛，报送安全生产论文 9 篇；关区 536 人注册参加全国安全知识网络竞赛。通过各类媒体报道 20 余篇。

【运输工具监管】加强进出境运输工具监管，按照风险布控指令对高风险国家（地区）的进出境运输工具实施指定地点登临检疫，实施入境客运航空器终末消毒监督。2021 年，监管进出境航空器 1,353 架次，其中进境 657 架次、出境 696 架次。

**【货物监管】** 严禁“洋垃圾”进境，严厉打击象牙等濒危野生动植物及其制品走私。规范货物查验，科学开展复查复验，强化科长对现场的实货复核。

**【快件邮件监管】** 2021年，强化邮递物品监管，共监管进出境邮件166.5万件。支持开通南昌至郑州出境邮路，成立工作专班，积极与郑州海关协调新增南昌至郑州国际邮路事宜，全力开辟出口转关新邮路，保障江西省空中“邮路”畅通。7月6日，南昌—郑州—法兰克福国际航空专线成功开通，首批出境转运邮件总计158包2,324件从南昌转至郑州机场出境，实现江西与国外城市的邮路直飞，大大缩短江西国际邮件出口运输时限，为稳定江西国际产业链和供应链发挥积极稳定作用。

**【旅客行李物品监管】** 2021年，共监管出入境人员7,607人次，其中入境3,723人次、出境3,884人次。严格开展健康申明卡验核和两道体温监测，入境人员健康申报电子化率100%。强化“水客”走私打击治理。做好免税商店、免税品和公自用物品的监管工作。

**【跨境电商监管】** 推动“南昌海关跨境电商管理系统快件及跨境电商辅助监管扩展模块”上线，优化跨境电商“总单布控”查验模式。南昌海关所属昌北机场海关、赣江新区海关、九江海关、赣州海关新开通9710、9810业务，所属龙南海关新开通9610业务。2021年关区跨境电商进口442.4万票、出口301.5万票，分别增长10.6倍和2.3倍。

**【跨境电商进口走私“断链刨根”专项整治行动】** 2021年，南昌海关组织开展关区打击跨境电商进口走私“断链刨根”专项整治行动。印发《南昌海关打击跨境电商进口走私“断链刨根”专项整治行动实施方案》，以关区开展跨境电商网购保税进口（1210）、直购进口（9610）的隶属海关为重点，遵循突出重点、寻根溯源、由企及物理念，聚焦订单、支付单、物流单造假，组织开展对跨境电商进口走私的专项打击，断掉走私链条、刨除违法祸根，全力压缩电商企业、平台企业、支付企业、物流企业等走私违法空间。同时，组织开展各隶属海关、各渠道综合治理、联动打击，有效防止跨境电商进口走私漂移。通过专项行动，进一步完善跨境电商正面监管体系，构建打击跨境电商走私长效机制，健全多部门、多维度联动风险防控机制，提升整治效能，规范行业秩序，促进关区跨境电商业务规范健康持续发展。

**【场所场地监管】** 截至2021年底，南昌海关关区共有9个监管作业场所，2个集中作业场地，3个指定监管场地。严格规范监管作业场所（场地）的验收管理，执行场所（场地）设置规范，重点加强检验检疫区域设置，持续开展监管作业场所达标整改。严格执行监控摄像头设置规范，做到全覆盖无死角，摄像头联网率保持在98%以上。加强监管作业场所（场地）管理，定期开展场所巡查。加强卡口、围网等重点区域监管，不定期抽验运抵报告和到货报告。2021年，完成监管现场脱卸洗消区建设和升级改造，覆盖率100%。

【智能审图】2021年，南昌海关在货运渠道推广H986应用，推行“先期机检”，动态调整机检商品目录。行邮渠道强化和规范CT机和X光机使用，做到“100%过机”“逢警必处、逢疑必查”。根据总署统一部署推广智能审图应用管理平台应用，规范集中制图和现场查发制图作业。指导所属九江海关完成刀具、酒等物品制图520幅。

【海关口岸监管环节反恐】2021年，南昌海关完善口岸前置拦截区建设，加强核生化有害因子监测，加大枪支弹药查发科技应用力度，实现13台核辐射监测设备的联网和系统推广应用，做到“逢警必处”和按规处置，进一步加强口岸环节反恐维稳和核生化监测工作。与应急管理、交通运输等38个安全生产相关部门就反恐工作建立应急联系配合机制，形成安全监管合力。为各现场重点查验人员配齐执法记录仪并率先在全国实现实时上传，实时监控。在重点口岸更新配置34套紫外消毒车、144支紫外灯管，检定校准旅检现场卫生检疫相关设备18套等，确保口岸安全防护设施设备有效运行。加强安全防护装备设备配备和使用培训，强化安全防护知识培训和应急演练，提升现场关员安全防护意识和能力。2021年，开展防职业暴露、反恐应急演练33余场，参训参演人员675人次。

**▲2021年3月24日，南昌海关关员对进口铁矿石进行监管**

（撰稿人：张　璐）

# 统计分析及政策研究

【概况】2021年，南昌海关全面落实总署党委“快速、广泛、深入”做好政策研究及统计工作的要求，聚焦政策研究、数据分析、海关统计、业务数据管理等职责，推动关区政策研究及统计工作高质量发展。聚焦热点重点问题，发挥统计研究政治功能，参与总署专项分析研究，服务党中央重大决策部署，参与撰写的多篇统计分析研究报告获中央领导批示。

【统计调查】2021年，南昌海关统筹整合贸易分析、业务分析以及课题研究的调查需求，创新实施重点外贸企业统计调查直通机制，初步构建起涵盖江西省137家重点外贸企业的调研对象库。完成总署2020年进口货物使用去向、跨境电子商务等专项调查15次，自主开展先导指数样本企业回访、取消出口退税对江西省钢材出口影响、江西省“专精特新”企业调研、综合保税区保税物流货物流向等专项调查6次，全年出口先导指数样本企业问卷调查每月填报率和及时率均为100%，统计调查报告被总署采用12篇，相关工作获总署发文表扬。

【贸易统计】2021年，南昌海关建立关区数据综合管控机制，完善关区数据质量“日常审核、专项审核、集中审核”制度，强化贸易统计监督，形成全链条管控合力。通过“自查+远程视频抽查”方式，开展报关单证档案检查，关区报关单纸质单证管理整体规范有序。年内，在关区内开展集中数据审核2次，审核数据记录79.1万条；开展统计核查企业37家，问题查发率83.8%，高出全国平均水平17个百分点；参与总署数据质量发布中心工作，向兄弟直属海关提出核查记录53条；向总署上报贸易统计监督9期，白银手镯出口异常的统计监督获总署发文表扬。

【业务统计】2021年，南昌海关积极参与总署业务统计机制建设，3人纳入业务统计工作基础组，1人纳入技术骨干组，1人参与总署业务统计编辑工作组。加强业务统计监督，向总署报送业务统计监督7期。加强业务运行监测，建立定期通报机制，每季度在形势分析及工作督查例会上通报主要业务运行情况。加强业务分析研究，建立关区业务分析研究工作机制，成立7个业务分析研究工作小组，聚焦重点业务指标、重要业务数据异动开展监控研判，完成专项分析30次。

【统计数据运用和管理】2021年，南昌海关压实业务数据安全管理责任，强化数据安全红线意识和责任意识，严明数据安全工作纪律，巩固深化业务数据安全专项行动成果，守住数据安全底线。通过“一会、一屏、一课、一平台、一专题研讨、一工作清单”，组织开展《数据安全法》学习宣传贯彻工作，259人参加网络知识测试，满分率91%，相关工作获得总署发文通报表扬。规范海关业务数据内部使用，严格审批程序，全年向所属部门及单位提供统计数据服务近400次。

【统计新闻宣传和服务】2021年，南昌海关强化统计新闻发布机制，定期发布外贸进出口情况，微信图解江西省进出口贸易数据，正向引导社会预期，2名同志加入总署进出口情况新闻发布工作组，参与总署新闻发布会4次，年内获总署统计司发文点名表扬5次和7人次。开展数据“出口”评估和治理，制作“海关统计数据在线查询平台”操作指南、微信公众号，对党政机关数据服务实施“来函办理”，指导企业、社会公众运用在线查询平台，并根据总署对商务部门提供数据最新精神，与江西省商务厅等部门重新签订数据共享协议。

【政策研究】2021年，南昌海关牵头、参与署级课题4个，部分研究成果被总署年度外贸进出口情况分析报告采纳，完成关级课题研究6个。参与《“十四五”海关发展规划》研究，制定南昌海关贯彻落实《“十四五”海关发展规划》任务分工及细化措施，推动《“十四五”海关发展规划》落地实施。探索筹建海关分析研究智库联盟，与江西省社科院共研江西内陆开放型经济试验区建设，与中科院赣江创新研究院联合开展稀土等课题研究。稀土产业链专题研究、锂资源议价权专题研究获得总署肯定。参与《海关法》修订工作，在全国海关统计条线专项线上会议上作重点发言。

【监测预警】2021年，南昌海关发挥“数据+研究”优势，持续深化“十百千万”服务计划，建立江西重点外贸企业常态化监测预警机制、直通重点外贸企业调查机制和外贸企业调研库，动态监测江西外贸运行和重点产业发展，服务地方开放型经济高质量发展，向江西省委省政府报送分析专报18篇。开展“一关一品”工程建设，年内评定首批分析研究“一关一

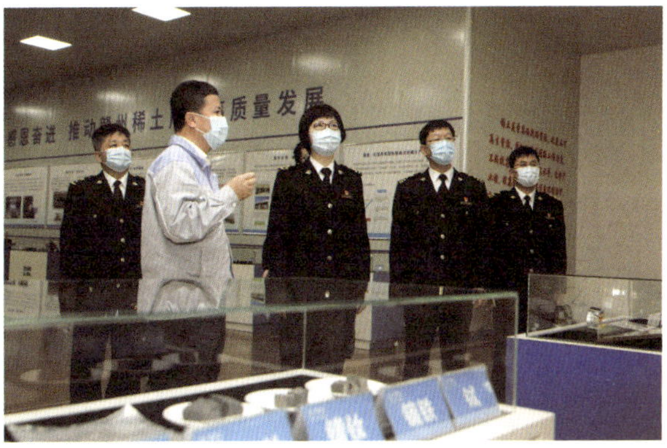


▲2021年4月6日，南昌海关开展稀土课题专题调研

品”示范品牌 1 个（稀土产业链）、培育品牌 4 个（铜产业、钢铁产业链、锂电产业链、光伏产业链）。开展统计监测预警，撰写进出口监测预警信息 148 篇，被总署相关刊物采用 18 篇。

（撰稿人：陈小青）

# 企业管理和稽查

【概况】2021年，南昌海关认真贯彻落实海关“十四五”规划，坚持以“智慧企管”建设为抓手，强化监管、优化服务，坚持系统观念，紧紧扭住“制度+科技”主线，加快构建以信用为基础的海关监管体系，以服务国内国际“双循环”发展为重点，深化“放管服”改革，提升制度创新和治理能力建设水平，积极发挥后续监管效能，推动企业管理和稽查工作高质量发展，各项工作取得较好成效。

【企业管理】2021年，南昌海关报关单位备案20,648家，新增2,931家；高级认证企业43家，新增10家。通过“洪关e课堂”“12360”等方式开展信用管理办法政策宣讲解读，对165家原一般认证企业解释疏导，调整原失信企业信用等级213家，核定失信企业6家。推动报关企业行政许可改备案全面落地，推进企业注销便利化改革，注销企业1,045家。

【“十百千万”服务计划】2021年，南昌海关支持企业有效应对新冠肺炎疫情、促进江西外贸稳定增长、推进江西高水平开放高质量发展，组织对江西十大重点产业发展进行重点支持，对江西百强外贸企业提供“一对一”精准服务，对江西千家中小型企业进行调研指导，对江西万家注册企业开展全覆盖政策帮扶。2021年，建立江西重点外贸企业常态化监测预警机制、直通重点外贸企业调查机制和外贸企业调研库，助力产业链供应链稳定，促进有色金属等江西十大产业拉动全省外贸增长11.92个百分点，新增AEO高级认证企业10家；江西外贸百强企业进出口增长15.30%；推进千家中小型企业“问题清零”，累计解决问题1,056个，在总署综合司专题推进会上作交流发言；对1.91万家企业开展政策宣讲，江西有进出口实绩的企业数量同比增长15.90%，服务案例被各类新闻媒体刊载195次。

【保税监管】2021年，南昌海关加工贸易进出口1,006.2亿元，占江西省外贸进出口20.2%；海关特殊监管区域进出口457.7亿元，增长1.6倍，超江西省外贸增幅133个百分点，一、二线进出口值1,057.7亿元，一、二线单位面积进出口值127.6亿/平方千米，同比增长93.6%。

启动企业集团加工贸易监管试点改革，2家企业参与首批试点；4家企业参与残次品管理改革。

【稽查核查】2021年，南昌海关办结稽查作业113家，稽查作业完成率103.7%，稽查追补税款创历史新高，在全国海关稽查改革会议上作交流发言。固体废物专项稽查行动查发率高出全国平均水平31%。实质性查发某企业进口国家禁止进口固废，为全国3个稽查实质性查发海关之一。办结核查作业610起，核查查发问题作业397起。

创新创优稽查工作机制，继续推行“两项研判机制，三支专家队伍，统一调度指挥”机制，所有稽查作业全部未经事先通知实施，所有稽查均启动机动稽查。加强对稽查改革政策宣传解读，做好企业疏导工作。稽查岗位与风险岗位开展选查联合分析研判，稽查前联合研判指令达75%。依靠现有稽查外勤实务操作队伍开展机动稽查、网上交叉审核，全年实施机动稽查84家次、审核125人次；业务后台专家支持队伍负责为外勤现场执法关员提供热线、实时专业指导，全年指导56人次。集约化专业队伍负责启动关区所有稽查作业，把控执法尺度、执法程序、作业档案质量。

持续实施主动披露制度，开展政策辅导宣传118次，促成19家企业主动披露。其中，漏报特许权使用费企业6家，减免企业滞纳金612万元。

推进“多查合一”工作，组织相关职能部门确定年度定期管理类核查计划名单并一次性下达，将人力集中在风险处置类核查领域。开展跨部门联合抽查作业9起。

【属地查检】2021年，南昌海关严格落实总署关于推进进出口货物属地查检工作相关的指导意见以及属地查检作业相关操作规范，厘清属地查检领域职责分工，有序推进属地查检业务改革、提升查检部门履职能力、规范隶属海关查检人员现场作业、建立部门间协同监管机制、加强业务培训、创新查检作业模式、属地查检执法作业规范化标准化等方面工作。

（撰稿人：涂　径）

# 查缉走私

【概况】2021 年，南昌海关缉私局坚决贯彻落实习近平总书记关于打击走私重要指示批示精神，按照总署党委统一部署，积极应对外部形势变化，持续保持常态化新冠肺炎疫情防控下打击走私高压态势，全力推进“国门利剑 2021”专项行动，健全全员打私工作机制，深化反走私综合治理，扎实做好缉私综合保障。关区共行政立案 117 起，案值 2.13 亿元。

【打击涉税走私】2021 年，南昌海关缉私局重点打击“水客”、跨境电商、寄递渠道走私，紧盯奢侈品、保健品、雪茄等高档消费品和农产品涉税走私，全年立案侦办涉税走私犯罪案件 26 起，案值 4.9 亿元。其中，侦办 4 起“水客”走私案，案值 2,555.8 万元，涉案货物包括手表、高档衣服、鞋子等；侦办走私雪茄网络系列案，立案 10 起，案值 1,413.4 万元，现场查扣雪茄烟 4 万余支，被国家烟草专卖局、总署缉私局列为联合挂牌督办案件；侦办 1 起寄递渠道走私耳机案，案值 1,240 万元，现场查扣耳机 1,000 余副；侦办 1 起走私坚果案，案值 1.9 亿元。

【打击非涉税走私】2021 年，南昌海关缉私局严厉打击“洋垃圾”、濒危物种及其制品走私。开展“蓝天 2021”专项行动，查扣镜贝贝壳 10.3 吨、鲍鱼贝壳 3 吨、大珠母贝 19 吨、废旧显示器 95 吨。开展“护卫 2021”专项行动，侦办 2 起走私珍贵野生动物制品案，查扣象牙制品 1.698 千克、查证虎骨 20.3 千克。严厉打击枪支、毒品、淫秽物品走私。着力做好庆祝中国共产党成立 100 周年安保维稳工作，开展“国门勇士 2021”专项行动，共查获各类枪支及配件 24 支、铅弹 135 发；侦办 2 起走私毒品案，查获大麻 98.7 克、甲基苯丙胺 43.4 克、咖啡因 9,414.2 克；侦办 1 起走私淫秽物品案，查获疑似淫秽书刊及非法出版物 38 万余册，该案被全国扫黄打非办、总署评为 2021 年度十大典型案件。

【智慧缉私】2021 年，南昌海关缉私局全面完成南昌海关缉私局本部信息、指挥、办案、案管“四中心”基础建设。信息中心整合互联网、海关网、公安网“三网”信息，加强数据资源综合运用；指挥中心顺利接入海关专网、公安专网视频指挥调度系统；办案中心实现案件集中办理、集中研讨；案管中心充分发挥案管系统执法巡查和监督作用。局本部和九江海关缉私分局、赣州海关缉私分局、新余海关缉私分局均完成执法办案场所建设。

结合党史学习教育、公安队伍教育整顿以及中国共产党成立100周年安保维稳工作，扎实开展实战大练兵，鼓励广大关警员参加法律职业资格考试，6人取得资格证；组织民警参加电子取证、信息分析等各类云培训，5人获电子数据调查分析师资质。加强行政执法业务指导，组织《行政处罚法》专题培训，通过疑难问题研讨、案件复盘、缉私研究等多种方式，提高关区执法人员专业能力。积极适应大数据时代信息化发展新趋势，强化关区反走私大数据协同应用和海关、公安、社会大数据立体运用，通过进出口异常监控挖掘、案件逆向分析处置、市场倒查等多维度信息研判，进一步提升智慧缉私能力。

坚持全领域、全链条、全员参与打私工作，各业务部门和业务现场聚焦国门安全，履行打击走私职责，不断加强正面监管，从装运前检验、口岸把关、安全准入和后续监管等各个环节，不断加大联合研判、数据统计、分析布控、价格监控、专项稽查和鉴定鉴别等工作力度，积极防控走私，风险业务部门查发移交缉私刑事立案15起，占比50%。缉私部门积极参与“断链刨根”“清邮”“国门绿盾2021”专项行动，充分发挥逆向监管作用，及时通报走私新动向、新手法，共同封堵监管漏洞，严密监管打私整体链条。

**【刑事法治建设】**2021年8月18日，江西省高级人民法院、江西省人民检察院、江西省公安厅、南昌海关缉私局联合印发《关于调整南昌铁路运输两级法院、检察院部分刑事案件管辖范围的通知》，自2021年10月1日起，南昌海关缉私局立案侦查的刑事案件由南昌铁路运输两级法院、检察院负责管辖，并与铁检建立提前介入工作机制，刑事“两统一”机制进一步完善。强化刑事、行政案件检查评估，利用案管系统开展案件抽查260余次，纠正执法不规范问题50余个；完善简易程序、快速办理案件流程，制定执法办案场所使用管理和自管类涉案财物管理等制度规定，执法办案进一步规范。

**【综合治理】**2021年，南昌海关缉私局牵头召开江西省打击走私综合治理工作电视电话会议，制发年度工作要点，部署反走私重点工作任务。制定《江西省打击走私综合治理考核评价实施办法》和《考核评价标准》，完善考核评价体系。将平安建设考核与打击走私综合治理考核有机结合起来，组织开展地市自评和集中考核，进一步压实地方政府打私主体责任。加强与烟草、税务、地方公安的信息交流、联合执法，与烟草部门开展联合执法，打击雪茄走私，销毁无合法来源烟草制品；与税务、经侦等部门开展打击手机出口骗退税联合行动，查办案件涉嫌骗取出口退税 7,700 万元；技网侦、科信等部门对缉私执法办案支持力度进一步加大，实现了视频专网的联通。强化与全国海关缉私部门的协作交流，全年办理协查 224 次，协助抓捕犯罪嫌疑人 7 名；向兄弟局移交信息 20 条，其中刑事成案 2 起，行政成案 1 起。

**▲2021 年 11 月 12 日，南昌海关缉私局立案侦办一起走私淫秽物品案，查获疑似淫秽书刊及非法出版物 38 万余册**

（撰稿人：赖淑华）

# 第五篇

# 政务及后勤保障

# 政务管理

【概况】2021年，南昌海关严格规范公文办理，优化值班应急管理，加强会议管理、档案管理，提升信息宣传、机要保密、政务公开、信访接待、12360热线接听、网站管理等工作水平，认真做好建议提案办理，不断加强政务管理各项工作。习近平总书记首次对南昌海关参与撰写的分析研究报告作出重要批示，其他中央领导批示6篇次。

【应急值守】2021年，南昌海关严格落实“7×24”小时值班工作要求，及时准确编报值班信息，确保信息渠道畅通，做到重要情况立即上报、迅速跟进。加大对隶属海关值班带班在岗情况的检查力度，对夜间值班工作采取全覆盖电话检查，对日间值班加大抽查频次，重点抽查检查各值班员掌握国务院值班电话、总署值班室电话、突发事件处置和报告流程等值班应急应知应会内容，建立值班抽查检查台账，实现对各隶属海关应急值班工作的常态化督促指导、全覆盖监督检查，年内未出现脱岗顶岗、值班电话接听不及时等违规情事。针对上饶铅山突发本土疫情，全方位激活应急指挥体系，实行处级领导带班、科长值班、专班人员24小时在岗机制，动态收集防控信息，进行集中研判，开展疫情风险紧急排查61次、核酸检测2万余人次，准确掌握干部职工及共同居住人健康、出差出行等情况，处理人员信息50余万条。

【新冠肺炎疫情内部防控】2021年，南昌海关扎实做好新冠肺炎疫情内部防控工作，成立由主要负责同志任总指挥的统筹口岸疫情防控和促进外贸稳增长工作指挥部，全面激活指挥体系并保持24小时运转状态，形成内部疫情防控与口岸疫情防控统一指挥、统一协调、统一调度的工作机制；组建内部防控工作专班，实行处级领导带班、科长值班、专班人员24小时在岗机制，确保突发状况能够及时响应。制发制度文件42份，对新冠肺炎疫情监测、值班值守、返岗人员健康排查、疾病报告等作出制度性安排，并根据新冠肺炎疫情形势持续完善应急预案，按照总署及属地要求，完善“工作人员感染新冠肺炎内部应急处置工作指引”等预案、指引7份，将新冠肺炎疫情防控知识手册更新至第8版。

严格履行出差出行审批，严格落实个人防护、核酸检测等要求；严格落实出行台账管理，因公出差、因私出行情况做好外出台账登记，确保相关信息可追溯。通过新冠肺炎疫情防控演练、网页宣传栏等方式，强化干部职工个人防护意识和应急能力，特别是针对内部防控、个人防护等重点环节，以现场实操、桌面推演等方式，开展应急演练49次。减少不必要聚集性活动，会议、培训等聚集性活动尽量采取视频形式，最大限度减少人员聚集。建立健全风险信息收集评估机制，实现紧急排查“零延时”，指定专人收集整理国内本土疫情，每日定期更新；针对总署紧急排查通知及时开展排查，2021年开展紧急排查61次，并按要求对排查出的人员落实隔离监测、核酸检测等要求，开展核酸检测5,129人次，结果均为阴性。

**【政务信息】**2021年，南昌海关政务信息被总署3种刊物分别采用23篇、12篇、88条，同比分别增长90%、50%、8%，其中1篇信息作为优秀信息点评交流。向江西省委省政府报送《南昌海关关于深度融入“一带一路”支持“一线双区联动”项目建设的建议》等工作专报27篇次。在国际合作等方面，做好荷兰、希腊、丹麦、捷克、冰岛、埃及6国新冠肺炎疫情信息收集整理及埃及国别调研等工作，收集信息2万余条，总署相关刊物首次刊用南昌海关相关稿件，信息工作实现了“质”的突破。

**【新闻宣传】**2021年，南昌海关新闻宣传稿件被中央电视台、《经济日报》等国家级媒体采用12篇，其中，贯彻六中全会精神强化责任办实事、支持赣深“组合港”建设等工作3次登上《新闻联播》，创历史新高，央视《焦点访谈》专题报道南昌海关党史学习教育情况。在《中国国门时报》等海关媒体刊发302篇，其中头版20篇，“中国海关”强国号刊发稿件126篇。在《江西日报》等省级媒体刊发92篇。《暖流润红土　真情促发展》《蜕变》《三十而立》《初心》《逐梦百年新征程》5部微视频在总署门户网站首播。围绕“回顾‘十三五’、展望‘十四五’”、支持江西外贸高质量发展等主题，组织召开4场新闻发布会，现场媒体采访、报道168篇次。

**【会议管理】**2021年，南昌海关持续压缩会议数量和规模，提高会议质量。会前认真做好会场布置安排，对会议材料严格把关，推动年度重点工作、上次会议交办事项等落实情况反馈“零遗漏”。会中认真做好会议记录，提醒人员控制发言时间，保障会议召开“高效率”。会后及时制发会议纪要，下发督查单，明确责任部门、办理要求和办理时限，定期开展“评估+问效”，确保议定事项高质高效完成。年内召开计划内会议1次，同比压缩50%。完成总署党委巡视、署省领导调研等重大活动保障20余次，做好党委会、形势分析及工作督查例会、统筹口岸疫情防控和促进外贸稳增长工作指挥部会议等保障工作66次。

【公文处理】2021年，南昌海关印发精简文件专项整治工作方案，出台严守发文配额制、严格必要性审核、加强发文统筹、改革公务处理方式、清理冗余存量、强化考核导向等6项措施，印发《中共南昌海关委员会关于进一步整治形式主义问题为基层减负的通知》，制定“统筹规范基层报送数据材料工作”等12项措施。全年制发正式文件168件、非正式文件713件，分别同比减少23.3%、30%。

【督查督办】2021年，南昌海关把落实习近平总书记重要指示批示精神作为首要政治任务，严格落实“第一议题”制度，每月召开形势分析及工作督查例会，对各隶属海关落实例会及“第一议题”制度开展全面检查，不断提升例会的实效性和针对性，推动贯彻落实习近平总书记重要讲话和重要指示批示精神走深走实。建立“督查+评估+问效”闭环机制，形成督办工作台账，实施清单式管理，将党委会、形势分析及工作督查例会交办事项、关领导批示事项等进行重点督办，定期检查和通报督办工作完成情况，对督办事项的办理进度和质效进行动态监督，确保件件有落实、事事有回音。2021年，持续加强《海关总署　江西省人民政府合作备忘录》有关事项督办落实，完成51项；对关领导批示督办612件次；制发例会议定事项督查单276个。修订“三重一大”决策制度实施细则、党委议事清单等制度，并对隶属海关工作规则、“三重一大”等制度文件多次抽查。

【建议提案办理】2021年，南昌海关按照“统一受理、归类办理、限时反馈、跟踪回访”原则，明确主协办部门、办理期限，指定专人跟踪催办，认真做好人大代表建议和政协委员提案分办、协调、汇总和报送等工作。2021年，办理人大建议、政协提案15件，同比增加50%，按时办结率、代表委员满意率均为100%。

【保密管理】2021年，南昌海关坚持强化涉密人员管理，准确界定涉密人员和涉密岗位的等级，严格执行涉密人员先审查后上岗、先培训后上岗，签订保密承诺书，明确保密责任，提高保密意识，自觉遵守各项保密工作制度。坚持常态化机要值班机制，对涉密文件的运转、存档、销毁实行全程监管，确保24小时文电收发、流转。坚守“涉密不上网、上网不涉密”，开展微信泄密专项整治，严格将涉密计算机与互联网物理隔离，禁止非涉密计算机存储处理涉密文件、内部资料。开展保密自查自评工作，未发现失泄密情事。1名干部获评全国海关系统保密先进个人。

【档案管理】2021年，南昌海关完成档案库房消防升级改造，组织拍摄抗击疫情专题片，向江西省档案馆移交抗击疫情文书、录像、电子档案238件。《沿着苏区关税足迹追寻红色海关精神》入选总署《追寻红色记忆　传承红色基因——海关档案故事》。《苏区税关——人民海关事业在共和国摇篮的预演》获江西省档案局征文优秀奖，编入《档案里的党史故事》优秀作品选。

**【政务公开与信访工作】**2021 年，南昌海关修订并制发《南昌海关政府信息公开工作规程》和《南昌海关政府信息公开审查规程》，进一步明确政务公开工作职责，规范信息公开审查规程。强化门户网站“公众留言”版块咨询转办工作机制，做到按时受理、按时办结。梳理汇总本级政务服务事项，协调补充完善政务服务办事指南及企业办事“一次不跑”相关材料，对接至江西政务服务网。规范网站管理，优化网站信息公开、在线服务、交流互动等 5 个栏目，强化信息发布、政策解读、回应关切、引导舆论、便民服务等重点功能。开辟“疫情防控与六稳六保”专栏，及时发布新冠肺炎疫情防控信息和海关相关政策。

完善《信访工作实施细则》等制度 3 项，优化办事流程 5 个，进一步明确办理要求和工作时限。落实每周关长接待日制度，推广 12360 热线、政务“好差评”系统，多渠道畅通信访接待渠道。优化话务员岗位配置，与地方 12345 热线实现归并。制订平安帮扶、平安志愿者等活动计划，认真做好平安建设相关工作。2021 年南昌海关政务服务好评率达 100%，连续 8 年获评“江西省平安建设工作先进单位”。

**▲2021 年 9 月 20 日，南昌海关办公室开展庆祝中国共产党成立 100 周年主题党课**

（撰稿人：金　衍）

# 财务管理

【概况】2021年，南昌海关坚持以习近平新时代中国特色社会主义思想为指导，全面贯彻中央经济工作会议精神，按照党政机关“过紧日子”要求，集中财力优先保民生、重点保运转、精准保发展，进一步健全财务保障和管理机制，完善制度标准体系建设，较好完成综合保障、预算执行等目标任务，闲置房地产利用、节能创建、涉案财务等工作推进有力、成效明显。

【税费财务管理】2021年，南昌海关严格执行相关税费财务管理制度，及时清理各项保证金往来款项，无超期保证金情况发生。

【预算管理】2021年，南昌海关克服疫情影响，紧盯预算执行考核指标，严控“三公”经费预算，严格压缩一般性开支，控制非刚性、非急需、非重点项目支出，在控制数规模内，突出新冠肺炎疫情防控、民生保障等重点领域。2021年，落实预算执行主体责任，完善机制，突出重点，采取每周通报、重点约谈和集中工作等方式不断加强执行力度，圆满完成2021年预算执行任务。

【国库集中支付管理】2021年，南昌海关修订完善关区国库集中支付相关制度，参与实有资金账户动态监控试点，依托信息系统，实时跟踪了解关区财政资金支付状况，定期通报存在的问题，及时督促各单位做好整改，进一步强化预算刚性约束。

【部门决算管理】2021年，南昌海关全面梳理汇总关区财务状况，组织完成关区部门决算、住房改革支出决算的审核上报工作，做好年度政府财务报告及内部控制报告的编报审核，做好风险分析。

【涉案财物管理】2021年，南昌海关坚决落实习近平总书记关于安全生产“三个必须”等重要要求，严格落实安全生产职责，重点加强相关社会仓储企业管理，定期开展私货仓库安全隐患排查，督促落实安全防范措施。助力构建打私监管闭环，配合做好严禁“洋垃圾”入境，在全国海关率先建立海关查获走私固体废物移交地方处置工作机制。

【机关与企事业财务管理】2021年，

南昌海关围绕落实节约支出要求，研究制发节约水电、规范公车运维，耗材采购管理等7项节支细化措施。对4项关区财务制度进行修订，加强对办公用品采购、差旅费报销、公车使用、房屋使用等方面的管理。测算人员经费和会议培训费等19项重点方面支出，对各机关处室下达公用经费定额。

清理非中编办事业单位资产，指导19家所涉单位开展财务清算，明确资产划转操作要求，审核汇总关区下属各单位资产划转数据，开展银行账户撤销、税号撤销以及财务移交，指导接收单位统一核算，全面完成财务合并。组织开展关区实验室固定资产清查盘点，按照整合归属情况，按要求完成海关单位代保管资产划转工作。组织摸底调研，制发工作方案，推进事业单位所属企业脱钩，指导督促所属企业按时停止相关业务并完成清理注销，有序推进参股企业股权转让，按时剥离与海关行政权力相关的经营性业务。组织开展中海大酒店清产核资工作，委托具备资质的会计师事务所对中海大酒店基本情况、财务情况以及资产情况等方面进行全面清理和清查。

**【装备与资产管理】**2021年，南昌海关开展政府采购16批次，并建立面谈、约谈机制和通报制度，持续开展公有住房清理，研究制定工作措施，召开工作推进会，认真落实闲置房地产处置利用三年规划，加强公有房产管理；严格审批程序，认真核对办公室使用面积数据，逐一核实确定房间面积及人员情况，对机关办公楼不定期全覆盖巡查，动态调整改造办公室，确保符合使用标准；组织开展机关综合楼节能改造、光伏发电系统建设、雨水回收灌溉系统建设、新能源汽车充电桩扩建、能源远程监控管理系统升级等节能项目建设，持续推进节能减排，重点推动节水型单位创建以及节约型机关创建，推动本级节能工作深入开展并顺利完成验收。

（撰稿人：宗　华）

# 科技发展

【概况】2021 年，南昌海关扎实推进“科技兴关”，强化科技创新，提升服务保障水平，参与总署《“十四五”海关科技发展规划》起草，网络安全指标位居全国海关前列，参与总署组织的全国海关科普讲解活动，获得年度全国海关科普讲解比赛十佳（第 9 名），科研项目获评优秀，有力保障全年各项工作任务高质量完成。

【信息化建设】2021 年，南昌海关顺利完成 HB2012 在信息中心广东分中心的基础设施云托管任务，优化了直属海关基础设施建设，提升了信息化保障能力，创新了海关基础设施建设新模式。主动承接、率先完成国产邮箱系统“WEBMAIL”切换工作，并为后续全国切换上线提供了丰富的工作经验。发挥科技优势，支持地方新开通跨境电商 9610 等新业务。参与公安部组织的网络攻防演习，共成功处置阻断互联网攻击事件 11,210 次，封禁互联网攻击 IP 地址 2,374 个，配合总署处置相关事件 11 起，有效抵御了各类渗透攻击。完成“两会”、庆祝中国共产党成立 100 周年、服贸会、全运会、进博会、十九届六中全会、“双十一”等敏感时期关区网络安保工作，关区网络安全指标居全国前列。强化数据安全管理，342 人次进入南昌海关“三专”场所使用专用客户端，共领取光盘 184 张，回收并销毁 184 张。组织开展科技活动周和网络安全宣传周活动以及《网络安全法》竞赛，608 人次参与活动，组织参加线上实验室技术培训 5 次。一名同志参与《“十四五”海关科技发展规划》起草工作。

【实验室管理】2021 年，南昌海关突出新冠病毒实验室检测能力建设，强化生物安全督导检查，完成 PCR 实验室升级改造，所属保健中心新冠病毒实验室满分通过国家卫健委评价。全国首批完成实验室优化整合，精减 8 家常规实验室，构建综合技术、卫生保健 2 个类别、陶瓷检测院士工作站 1 个特色以及 5 个分中心的“2+1+5”管理格局，在总署督审司组织的实验室建设专项调研中获得肯定。

【科研管理】2021 年，南昌海关成立南昌海关科学技术委员会，2 项署级科研项目均通过验收，优秀率为 50%、良好率以上为100%，均高于全国海关平均水平，其中所属技术中心“固废塑料近红外快检鉴定方法的建立”项目质量获评优秀。参与总署“揭榜挂帅”3个项目申报。发表科研论文17篇，申报发明专利20项，获批农业农村部标准制修订立项1项，申报总署科技成果评定项目4项。

▲2021年12月25日，南昌海关开展科技跟班作业活动

（撰稿人：全德昌）

# 督察内审

【概况】2021 年，南昌海关坚持以习近平新时代中国特色社会主义思想为指导，在全力推动上级决策部署上狠抓落实，在强化督审监督上下足功夫，在创新内控机制建设上力求突破，在深化执法评估作用上持续发力，督察内审各项工作取得了新成效。

【督察监督】2021 年，南昌海关聚焦党中央重大决策部署落实情况，确定年度督察重点工作任务清单，完成“进出口危险化学品及其包装检验监管情况”及“严格进境高风险货物风险监测和预防性消毒措施落实情况”署级督察项目 2 个，完成“规范开展进境动植物源食品检疫审批”等关级督察项目 4 个，推动上级决策部署落到实处、见到实效。

【内部审计】2021 年，南昌海关围绕审计重点，完成“推动重大决策部署贯彻落实情况”“强化监管优化服务情况”“贯彻执行中央八项规定及其实施细则精神情况”3 个方面以及“海关实验室建设”的“3+1”署级专项审计工作。配合完成总署实验室专项审计实地调研工作，围绕审计调研关注重点，以“书面调研+实地核查”方式对所属实验室进行全覆盖审前自查，并成立工作专班，积极配合做好现场调研工作。现场调研结束后，迅速建立问题整改台账，督促所属技术中心、卫保中心举一反三、强化整改，杜绝同类问题再次发生，同时总结提炼工作经验，相关做法在总署相关刊物上刊登。认真落实关级年度审计计划，对财务处、后勤管理中心等 5 个所属单位（部门）开展了专项审计，对昌北机场海关、九江海关等 8 个所属单位开展领导干部离任经济责任审计。对关区 50 万元以上修缮项目开展全过程监督。组织开展关区综合大检查，加强“巡审合一”，完成对所属萍乡海关、抚州海关的巡察审计一体化作业。

【全过程远程联网审计】2021 年，南昌海关结合疫情常态化防控要求，运用“互联网+”技术，创新采用全过程远程联网方式，开展线上数据分析和业务核查，做细、做实、做严对所属景德镇海关经济责任审计，初步探索出非现场式审计新路径。根据被审计海关业务实际，加大督审部门与相关职能部门联系沟通，综合分析研判，确保审计工作有的放矢。科学制订审计方案。牵头成立涵盖10个业务类别共15人的专项审计组，聚焦中央八项规定及其实施细则精神、党中央重大决策部署、资金资产使用管理、领导干部廉洁自律等9个重点内容，理清思路，形成涵盖193个核查要点的远程联网审计工作方案。建立“不见面”工作机制。召开审计见面会，明确职责分工、系统授权、信息传递、工作纪律等事项，签订“被审计单位接受审计承诺书”“审计人员廉洁审计承诺书”。组织专题知识培训。详细讲解以数据分析、视频监控、电话沟通、邮件往来等形式为主的联网审计工作方案，明确审计要求。建立联网审计工作平台。配置专用电脑、高清视频设备，建立数据共享、信息沟通和协调反馈机制，促进审计人员之间多点联动；针对难以在电子系统调取的财务等原始凭证，通过视频模式一对一、点对点采集相关数据，打通技术难点。加强审计过程控制，实行组长负责制，制定每日工作进度表，实时掌握工作进展，及时协调沟通、统筹推进。开展精准数据分析，多维度、多层次调取数据，筛查在指令执行、流转流程、数值大小方面差异较大的数据，综合研判，提升审计精准度。严格审计问题复核。从电子证据的适当性、充分性和取证记录的完整性，复核审计目标完成情况、问题定性准确性，客观审慎评判发现问题。

【内控建设】2021年，南昌海关深化内控机制建设，防范化解重大风险。严格内控前置审核，全面推广内控节点岗位清单制管理，“以评促建”持续推进关区内控评价工作，向总署报送《2021年南昌海关内控评价报告》，梳理更新《2021年关级内控节点》118项。强化内控宣传，对10年来关区内控工作经验开展提炼总结，相关做法获海关相关刊物采用3篇。年内召开内控专题会议3次，对12项规章制度、1项改革项目开展内控前置审核，开展内控视频培训6次，形成含风险点118个、应对措施508项的风险防控清单。加强HLS2017内控平台监控应用。加大“大数据+”在线监督力度，强化平台的日常式、专项式监控分析，先后对1,847条历史数据开展全面排查，涵盖“挂单情况”等36个风险点。根据系统监控结果制发监控核查单582个，补收监管证件199件，移交缉私线索6条，移交稽查线索16条，取得专项成果326项。

【执法评估】2021年，南昌海关运用“数据+指标+分析+调研”评估模式，配合做好署级评估课题“海关‘稳外贸’‘稳外资’措施专题评估”工作，制订工作方案，建立专家小组，联合相关单位

（部门）开展专题研究，形成《烟花爆竹出口监管执法评估报告》《南昌海关稀土产业链监管专题评估报告》《再生铜进口新政实施海关监管情况专题评估报告》关级专题执法评估报告3篇。

▲2021年12月10日，南昌海关开展内控机制建设送教上门活动

（撰稿人：李　飞）

# 第六篇

# 隶属海关

# 昌北机场海关

【概况】中华人民共和国南昌昌北机场海关（简称昌北机场海关）是南昌海关直接领导的口岸型正处级隶属海关。前身为南昌海关原业务二处1990年组建的旅检科。2000年12月，总署批准南昌海关派驻机构为现场业务处（正科级，下设正科级驻昌北机场办事处）。2000年12月，总署批准南昌海关成立现场业务处为派驻机构，下设正科级驻昌北机场办事处。2003年4月，驻昌北机场办事处由正科级调整为副处级机构。2007年4月，驻昌北机场办事处由副处级调整为南昌海关隶属的正处级机构。2018年4月20日，根据中共中央《深化党和国家机构改革方案》，国家质量监督检验检疫总局的出入境检验检疫管理职责和队伍划入海关总署，年内原江西出入境检验检疫局昌北机场办事处如期完成机构改革转隶工作。2019年8月19日，昌北机场海关正式开关。主要负责本单位党的基层组织建设和干部队伍建设；办理南昌昌北国际机场的进出境货物、物品的监管、出入境人员卫生检疫、口岸卫生监督和进出境航空运输工具监管等具体海关业务，反馈执法作业结果；负责辖区打击走私和反走私综合治理工作，对调查终结的行政处罚案件的调查结果进行审查，依法作出决定；完成南昌海关交办的其他工作。内设10个科室，分别是：办公室、综合业务与法制科、口岸卫生监督科、物流监控科、监管一科、监管二科、监管三科、旅检一科、旅检二科、旅检三科。

2021年，昌北机场海关坚持以习近平新时代中国特色社会主义思想为指导，弘扬伟大建党精神，聚焦“作示范、勇争先”目标定位，坚持马上就办、真抓实干，锲而不舍、一以贯之，统筹推进新冠肺炎疫情防控和促进外贸稳增长工作，实现了“十四五”良好开局。新冠肺炎疫情防控工作得到中央涉外新冠肺炎疫情防控督察组、国务院联防联控机制督察组等工作组充分肯定；先后获评“全国巾帼文明岗”“省直机关先进团青组织”，2020年度南昌海关先进单位；旅检科被评为“全国巾帼文明岗”，4名关员分别获得“全国食品安全工作先进个人”“省直机关优秀团青干部”“江西省三八红旗手”“百名优秀执法一线科长”等省部级荣誉，40余人次获个人三等功及个人嘉奖。

**【党的建设】**2021年，昌北机场海关强化政治机关建设，坚持“第一议题”制度，通过形势分析及工作督查例会、党委会、党委理论学习中心组学习习近平总书记“七一”重要讲话精神和党的十九届六中全会精神等最新重要讲话和重要指示批示精神84次，党委委员以“三必一听”方式到一线宣讲9次，组织各支部开展学习研讨30余次，教育引导党员干部学深悟透、真学笃行。把习近平总书记重要指示批示和党中央重大决策部署结合实际细化成“93项年度重点工作清单”，作为每月形势分析及工作督查例会重点工作督办落实。坚持“外防输入、内防反弹”总策略，毫不放松做好常态化新冠肺炎疫情防控工作。学习贯彻习近平总书记关于安全生产重要论述，开展安全生产专项整治三年行动和“安全生产月”活动，做好监管作业场所安全隐患排查和整改，组织“6·16安全生产”宣贯培训会。持续严打象牙等濒危动植物及其制品走私，严防外来物种入侵，央视“共同关注”“新闻直播间”栏目报道工作成效。落实习近平总书记关于食品安全“四个最严”重要指示批示精神，加强食品安全监管，共完成行政许可72家，开展口岸卫生日常监督369家次，针对问题及时督促整改到位。

开展党史学习教育。成立领导小组，制定重点任务清单，做到任务到岗、责任到人，按月进行督导调度。落实“每日必学、每周研讨”，列出学习清单，分专题开展研讨。传承红色基因，以百年党史和精神谱系为主线，按“一园、三区、十主题”格局建设党建园。围绕“八个一”“八个百”，结合实际开展“看一看、学一学、悟一悟”活动，党委书记、支部书记带头讲专题党课27次，开展“百名党员讲党史”“百名关员谈体会”60余次，党员干部撰写研讨文章和心得体会49篇。开展“我为群众办实事”实践活动，制定重点民生项目清单11项，走进地方政府、服务对象和基层一线，解决“急难愁盼”问题68个。《国际邮件在南昌搭上“数字化快车”》被《中国国门时报》头版和江西党史学习教育网站刊载，《保障口岸食品安全，助力企业向好发展》被评为关区优秀案例。落实“三关心”机制，改善封闭管理工作条件，增加轮换班次，开设暑期托儿所，为干部职工解决后顾之忧。

巩固提升“强基提质工程”成效。从基层党组织基础性工作着手，落实基层党建工作专项整治工作，推动巡视反馈问题“清零”。深化“四强”党支部建设和党建品牌创建，对各支部书记实施述责述廉述党建考核，旅检一科党支部通过全国海关党建示范品牌复核，监管一科党支部获评关区“四强”党支部。发挥党建引领作用，引导党员干部在开展口岸疫情防控、维护国门安全、优化口岸营商环境等重大工作任务中建功立业，1个集体、9名个人获南昌海关“两优一先”表彰。党委书记抓基层党建工作考核等次为好。围绕“创‘四强’党支部、创模范机关、创第一等工作”，开展“干一干、比一比、评一评”专题活动，引导党员干部干在实处、走在前列。强化典型经验做法宣传推广，9篇宣传稿被“中国海关”强国号、《中国国门时报》刊用，18篇被总署《金钥匙》、政工网刊用，党建宣传考核列关区第一。

贯彻落实党风廉政建设各项规定。修订完善党委会工作规则和“三重一大”决策制度实施细则，领导干部按要求报告个人事项，落实中央八项规定精神及实施细则，树立“过紧日子”思想，严防酒驾醉驾问题，落实全面从严治党各项要求。开展“现场监管与外勤执法权力寻租”专项整治，建立健全廉政风险防范体系，梳理形成廉政风险点60个，结合“风险防控清单”，制定290项整治措施。强化新兴业态风险防控，制定加强邮快件跨境电商业务监管和风险防范工作措施。支持派驻纪检组履责，落实并反馈纪检监督建议。落实上级对“一把手”和领导班子的监督要求，聚焦科级“一把手”开展全覆盖政治谈话。开展警示教育月活动，“基层书记谈责任”访谈视频被总署采用。用好“四种形态”特别是“第一种形态”抓早抓小，开展提醒谈话2人次。

落实巡视整改工作。根据南昌海关巡视整改方案等相关文件要求，成立整改工作领导小组，统筹领导昌北机场海关巡视整改工作，严把整改工作质量，确保各类问题及时对账销号。引导各级学习习近平总书记关于巡视工作的重要讲话精神，学习总署党委对做好巡视整改工作的部署要求，学习总署党委第六巡视组关于巡视南昌海关党委情况的反馈意见和南昌海关关于巡视整改的具体工作要求，召开党委会议专题研究部署相关整改工作，并列为月度形势分析及工作督查例会的督查督办的重点内容，逐项研究逐项推动整改措施落地落实。针对巡视反馈意见开展问题原因分析，针对7个个性问题、16个共性问题制定98项整改措施，进一步明确督办关领导、主协办科室和办理时限。结合南昌海关6个专项整治工作方案，组织开展数据安全管理、基层党建工作、内务规范管理、综合业务管理系统运用、精简文件、因私出国（境）管理等专项整治，提升巡视整改成效。

【综合监管】2021年，昌北机场海关开展运输工具及行李物品监管，共监管进出境航班1,353架次，人员7,607人次。按照相关法律法规要求对旅客携带行李物品进行监管，包括查发处置禁限类物品，对不予免税或超出个人自用合理数量的物品进行征税，防范外来有害生物和放射性污染物输入，打击濒危野生动植物走私，严防有害出版物等制品非法渗透入境，履行口岸反恐缉毒等职责。

开展进出口货物监管查验及转关监管。共监管普货12.2万吨，监管货物商品出口主要为日用品、服装、防疫物资等，进口主要为高科技产品零件、汽车零件、奶粉、化妆品等。完成110票424万只新冠病毒检测试剂、口罩等防疫物资监管保障工作。查验950票、查获154票，在关区排名第一，共监管完成进口转关7,889把关锁、5,655辆车。

开展进出口邮件监管。坚决打击“洋垃圾”走私和象牙等濒危动植物及其制品走私，严厉打击重点涉税商品、农产品、毒品等走私。进口邮件共查获政治类书籍59票684件、淫秽书籍及物品114票585件、宗教类书籍及物品9票449件、邪教类书籍及物品8票37件、卫生检疫特殊物品12票、濒危野生动植物制品75票、枪（仿真枪支、枪支配件）6票、一类和二类精神药物33票、疑似外来物种51票（鉴定出26票75种次171批次）、动植物及其产品170票。做好服务便民工作，支持邮件、跨境电商等业务发展，针对邮件出境航空运力不足导致积压的情况，协调各方，7月5日开通南昌转关至郑州的出口邮路，保障江西出口邮路畅通。南昌至郑州出境转运邮件E邮宝5,198袋、重量69,118.6千克，函件1,462袋、重量9,931.7千克。

**【检验检疫】**2021年，昌北机场海关开展外来有害生物的监测和调查。检疫性实蝇监测布点30个，维护14次，捕获实蝇3,851头；红火蚁监测7次；杂草监测3次，送检标本19株；开展入境口岸2千米范围内外来有害生物的监测普查3次，共捕获物种130只，经标本鉴定，其中有害生物88只，未发现检疫性有害生物。开展鼠类、蚊类、蜚蠊等病媒生物监测。指导口岸运营单位做好病媒消杀工作，有效控制口岸病媒生物密度，防止病媒生物及其传播传染病经国境口岸传入传出。共计监测捕获成蚊39只，蜚蠊1,714只。

开展人员卫生检疫。执行“三查三排一转运”卫生检疫监管模式，共监管入境旅客包机5架次、实施登临检查600余架次，出入境人员7,607人次，采样送检237样次。落实入境人员卫生检疫岗位工作人员管理要求。强化安全防护培训考核，开展各类应急演练10余次。通过现场检查、视频监控等形式加强安全防护监督。

落实非冷链集装箱货物采样及预防性消毒。坚持“人、物同防”，落实进口高风险非冷链集装箱货物口岸环节新冠病毒检测和预防性消毒工作，共对非冷链货物口岸环节新冠病毒检测采样10票及预防性消毒11票，采样359个，消毒5.3吨。

开展日常卫生监督。开展昌北机场口岸食品生产经营单位、公共场所、饮用水供应单位、储存场地等卫生监督和抽样检测工作369家次，发现处置食品安全问题和卫生隐患88处，下发国境口岸卫生监督意见书3份和国境口岸限期卫生整改通知书13份，约谈企业法人3次；开展食品原料快速检测267样次；开展餐具、食品及其原料安全监督抽检180样次，检出不合格样品11样次，合格率为93.9%，较2020年同期提升2.1%；开展出厂水、直饮水管网末梢水抽样送检44样次，检出不合格样品1样次，合格率为97.7%，较2020年同期提升22.2%；开展中央空调通风系统监测2家次，空气质量与微小气候监测28家次，公共器具抽检17样次，合格率均为100%。

【服务开放发展】2021年，昌北机场海关进出口总值14亿美元，其中进口1.5亿美元，出口13.5亿美元；报关单28,211票，进口2,951票，出口25,260票；进出口邮件166.4万票，其中进口10.6万票，出口155.8万票；征税1.1亿元；进出口货值161.7亿元，增长31.4%；税收入库1.1亿元。

优化口岸营商环境。参与“两步申报”“两段准入”业务改革，做好对进出境货运包机业务的通关保障工作，出口通关效率列全国航空口岸第二。报关单申报业务单一窗口应用率达100%，“一网办通”100%，开展空运单证前置审核，帮助企业解决商品规范申报等疑难问题60余条，全力保障进出口业务。

开展跨境知识产权保护。通过联合宣讲、指尖新媒体等方式开展多维普法，对出口知识产权优势企业开展培塑，联合南昌市商务局深入各县区开展政策宣讲7次，涉及企业100余家。开展专项执法，加大对高风险地区货邮的查验和打击力度，查获处置侵权邮件2,704件，普货侵权1,647件，立案7起，保护知识产权商标权33个。

强化统计研究分析。撰写海关政策建议和措施，报送《学习快报》20余篇。落实业务数据安全管理要求，报送欧盟、东盟、“一带一路”、化肥、集成电路等进出口统计监测分析文章16篇，撰写机场空运业务统计分析报告和调查报告5篇。

优化行政许可审批流程，宣贯行政审批便企政策，核发首个“告知承诺制”国境口岸卫生许可证，提高企业办证效率。办理口岸卫生许可72家，其中采用告知承诺制办理口岸卫生许可1家，平均行政许可办理时长3.4天。

【财务与后勤保障】2021年，昌北机场海关落实中央八项规定及其实施细则和“过紧日子”要求，对照制度强化各项管理，不存在超范围、超标准开支和报销经费、配置资产等情况。加强防疫物资管理，有序规范仓库管理、物资采购、物资申领各个环节，确保防疫物资保障充足有序。加强涉案仓库、固定资产等管理，严格做好涉案物资清理销毁和固定资产报废处置事项。不断完善提升食堂保障能力，做好集中封闭管理人员后勤保障。推进南区业务大楼改造基建项目收尾和党建活动阵地建设。严格落实安全管理责任，开展燃气安全排查整治，全面查堵燃气水电、消防、车辆等安全隐患。

【干部队伍建设】2021 年，昌北机场海关加强执法一线科长队伍建设，坚持用新时代好干部标准选人用人，选任 2 名副科级领导干部，10 名同志晋升职级，2 名正科级领导干部、7 名副科级领导干部试用期满转正，3 名执法一线科长岗位交流。开展全员培训，全员按时完成年度教育培训学时学分任务。开展“内务规范强化季”活动，常态化开展内务督察，严抓队列训练、日常考勤、纪律规范、窗口作风。聚焦“高素质、专业化”要求，开展岗位练兵活动，1 人获评关区青年岗位能手。落实“三关心”政策，建立完善机场海关民生委员会机制，因地制宜做实各项民生实事。培树先进典型，旅检科室获评全国巾帼文明岗。昌北机场海关领导班子年度考核优秀，昌北机场海关获评南昌海关年度考核先进单位。

▲2021 年 2 月 21 日，南昌海关所属昌北机场海关关员开展口岸食品添加剂专项检查

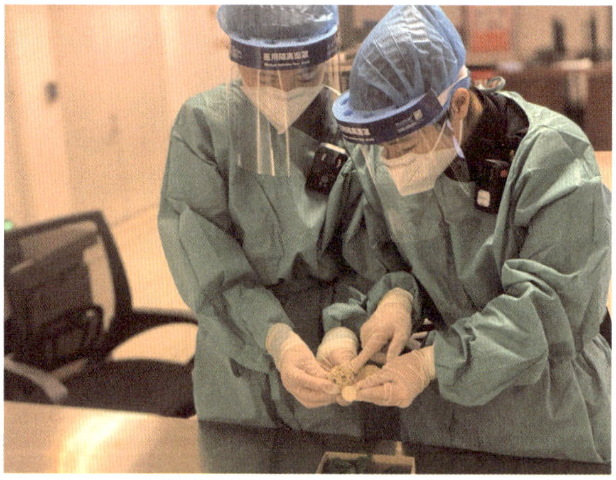

▲2021 年 8 月 5 日，南昌海关所属昌北机场海关关员在邮递渠道查获象牙制品与球状工艺品

（撰稿人：文　琪）

# 赣江新区海关

【概况】中华人民共和国赣江新区海关（简称赣江新区海关）是南昌海关直接领导的口岸型正处级隶属海关，于2018年12月成立，2019年8月19日正式开关，主要负责本单位党的基层组织建设和干部队伍建设；办理南昌市辖区内集约化的水、陆、铁货运等具体海关业务，反馈执法作业结果；完成南昌海关交办的其他工作。内设科室8个（办公室、综合业务一科、综合业务二科、物流监控一科、物流监控二科、监管一科、监管二科、监管三科），现有监管点4个（南昌综合保税区、白水湖码头、龙头岗码头、江西国储物流海关铁路监管作业场所）。

2021年，赣江新区海关坚持以习近平新时代中国特色社会主义思想为指导，认真学习党的十九大及十九届历次全会精神，结合习近平总书记“七一”重要讲话精神，深刻领会海关工作的新目标、新任务、新挑战，坚持马上就办、真抓实干，锲而不舍、一以贯之，不断提高政治判断力、政治领悟力、政治执行力。2021年，赣江新区海关报关大厅荣获第20届“全国青年文明号”、赣江新区海关获评江西省直机关工委先进基层党组织。

【党的建设】2021年，赣江新区海关深入学习贯彻习近平新时代中国特色社会主义思想，坚持把学习贯彻习近平总书记重要指示批示精神作为形势分析及工作督查例会的“第一议题”。通过党委会、党委理论学习中心组学习习近平总书记重要讲话和重要指示批示精神87次101篇次。用好“每日必学、每周研讨”机制，认真学习宣传贯彻落实党的十九届六中全会精神，撰写学习心得体会42篇。

2021年，赣江新区海关坚持学史明理、学史增信、学史崇德、学史力行，一体推进学党史、悟思想、办实事、开新局。研究制订《赣江新区海关党史学习教育工作方案》、“赣江新区海关党史学习教育重点任务推进情况表”，明确赣江新区海关党史学习教育总体要求和34项具体工作安排，将党史学习教育“时间表”有机融入“三会一课”，围绕“知史爱党，知史爱国”“新时代中国共产党的历史使命”等主题开展交流讨论37次，创新开展

“党史一刻”活动53次，其中，与南昌海关企业管理和稽查处党支部、督察内审处党支部和萍乡海关党支部以党建共建形式联合开展“党史一刻”活动4次。开展“我为群众办实事”实践活动，解决企业群众“急难愁盼”问题137个，1件民生实事入选关区优秀案例。

2021年，赣江新区海关深入推进“强基提质”工程，落实总署“支部建在科上”要求，支部数量由5个扩充为6个，在“英雄”党总支复核通过总署示范品牌基础上，2021年赣江新区海关获评江西省直机关工委先进基层党组织，报关大厅升格为“全国青年文明号”，新增办公室党支部获评“四强”党支部示范点，赣江新区海关“四强”党支部示范点增至2个，7名党员分别获评优秀共产党员和优秀党务工作者，全国先进工作者张彦敏在全国海关支部书记示范班上直播授课。

2021年，赣江新区海关开展“现场监管与外勤执法权力寻租”专项整治，梳理出可能存在廉政风险的人员45人，风险点聚焦的关键岗位8个，重点企业16家，在6个一线业务现场设立专门举报渠道海报、举报奖励海报和举报箱，通过现场“二对一”谈话、召开座谈会、走访调研、微信及QQ工作群等方式深入了解权力寻租问题，听取意见建议，解决企业通关等方面困难11个。深化纪法教育和警示教育，组织纪法教育测试111人次。设计印制《专项整治告知书》，确保辖区监管企业100%知晓。与南昌综保区党组签署了《推进纪检监察工作高质量发展合作协议》，并与高新区、经开区、市投促局等单位探索廉洁共建机制，合力推进纪检监察工作高质量发展。

2021年，赣江新区海关制定二级台账16个，开展原因分析和整改效果评估，建立长效机制，做到举一反三、一改到底，推动问题“清零”。

【综合监管】2021年，赣江新区海关审核报关单54,257份，关区（20.5万份）占比26.4%；监管货值538.4亿元，关区（1,841亿元）占比36.3%；监管货运量60.7万吨，关区占比4.4%；监管集装箱54,361箱次，关区占比19.9%；签发原产地证书5,668份，关区占比11.8%；监管中欧班列112列。南昌综合保税区进出口货值212.6亿元，增长112%，占同期关区综保区进出口货值（457.7亿元）的46.4%。

严格落实习近平总书记关于安全生产的重要指示批示精神，持续开展安全生产专项整治三年行动，统筹把好国门政治安全、生态安全、经济安全、生物安全、进出口食品和消费品安全关。2021年，查验报关单543票（进口265票、出口278票），办理两简案件4起。完成脱卸洗消区建设和升级改造，向塘铁路口岸监管作业场所二期建设项目即将完工，等待验收。开展口岸反恐桌面推演3次、实战演练2次，提升反恐突发应急处置能力。常态化开展安全风险隐患排查整治工作，加强危化品、烟花爆竹等重点敏感商品监管，查验发现一票出口危险货物伪瞒报情事，全年未发生重大事故。

2021 年，实征税款 41.8 亿元，占南昌关区总实征税款（102.1 亿元）的 40.9%；汇总征税率 85%。推广原产地证书智能审核和自助打印，共签发各类原产地证 0.6 万份，签证金额 3.5 亿美元，累计帮助辖区企业享受国外关税减免 1.8 亿元。强化 RCEP 政策研究，深入开展政策宣讲，推广“数据共享+智能审核+自助打印+快递送达”模式，落实经核准出口商制度，指导企业用足用好原产地自主声明便利化措施，引导企业充分利用原产地优惠政策，最大程度享受关税减让红利。统计分析工作。加强对汽车、纺织服装、食品农产品、电子信息、有色金属等产业重点分析研究，为打造江西省特色优势产业、推进贸易高质量发展提供决策参考，对手机、消费品等产品出口长期跟踪，上报分析研究报告 20 篇。

【检验检疫】2021 年，赣江新区海关坚决把新冠肺炎疫情防控作为头等大事，从严做好外防输入、人物同防、内部防控各项工作，开展新冠肺炎疫情防控工作演练及内部工作人员感染新冠肺炎应急处置演练，提高新冠肺炎疫情防控能力。建立贯彻落实新冠肺炎疫情防控有关工作常态化督查机制，与南昌海关第二派驻纪检组组成联合督查组，每月督查新冠肺炎疫情防控工作落实情况。

2021 年，赣江新区海关完成进口货物目的地查验 401 票，出口货物查验 238 票，危险货物包装性能检验及使用鉴定 643 票。累计检出进口不合格 72 票，移交进口违法案件 1 起（进口货物未经查验使用），查处出口违法案件 1 起（出口危险品空箱）。对辖区 7 家出境货物木质包装标识加施企业实施监管 189 次。受理企业进出口资质审批 7 家。受理进境动植物检疫审批 7 批。受理危包企业代码申请 3 家。

2021 年，赣江新区海关对辖区 17 家进境粮食加工企业、3 家进境粮食储备库及进境粮食装卸码头开展外来杂草监测，监测到杂草 51 种 5,205 株。

【服务开放发展】2021 年，赣江新区海关创新“不见面”审批，深化“单一窗口”应用，实现海关业务“一网受理、一网通办”，让企业“一次不跑”。允许企业采取“业务先办、资料后补”等容缺办理方式，强化政策宣传，深入推进“入境货物检验检疫证明”电子化。引导企业应用“两步申报”“提前申报”模式报关，开通“绿色通道”“专用窗口”，对进出口货物提供预约通关。开展进口货物“船边直提”和出口货物“抵港直装”，实现工厂到船边“两点一线”不落地。

2021 年，赣江新区海关全面落实海关总署支持综保区发展 6 条措施和南昌海关 12 条措施，制订《赣江新区海关支持南昌综合保税区高质量发展“一区一策”工作实施方案》，先后落地检测维修、跨境电商海外仓出口等多项省、市第一，南昌综保区首次被纳入综合保税区发展绩效评估中西部 A 类区行列；开通跨境电商出口 9710、9810 业务，提供 7×24 小时预约通关服务，专人专岗加大订单数据审核力度，2021 年南昌综合保税区跨境电商网购保税进口申报清单 353.8 万票，同比增长 10.4 倍。

【财务与后勤保障】2021 年，赣江新区海关严格财经纪律，按要求完成预算执行、税费核算等日常工作，预算执行率 99.8%。做好新冠肺炎疫情防控物资采购与发放工作。严格公务用车审批，严格油费路费管理，定期核对公车台账，杜绝公车私用，私车公养。巩固办公用房清理成果，加强安全管理，全年无重大安全事故。

【干部队伍建设】2021 年，赣江新区海关加强执法一线科长队伍建设，坚持用新时代好干部标准选人用人，推荐 1 名正处级领导干部、1 名副处级领导干部，选任 1 名副科级领导干部，2 名执法一线科长岗位交流。开展全员培训，全员按时完成年度教育培训学时学分任务。

**▲2021 年 11 月 22 日，南昌海关所属赣江新区海关开展“海关课堂进校园”志愿服务活动**

**▲2021 年 10 月 18 日，南昌海关所属赣江新区海关监管验放南昌中欧班列首列“跨境电商专列”**

（撰稿人：邓　辉）

# 青山湖海关

【概况】中华人民共和国青山湖海关（简称青山湖海关）是南昌海关直接领导的属地型正处级隶属海关，于2019年8月19日正式开关，按授权执行指定范围内集约化的海关工作。主要负责本单位党的基层组织建设和干部队伍建设；办理全省（除赣州市辖区外）范围内集约化的专项稽查工作、全省范围内减免税集中复核工作及南昌市辖区内减免税业务审核、加工贸易和保税业务、核查等具体海关业务，反馈执法作业结果；完成南昌海关交办的其他工作。现内设科室7个（办公室、综合业务科、减免税管理科、非贸监管科、稽核一科、稽核二科、稽核三科）。

【党的建设】2021年，青山湖海关学习贯彻习近平新时代中国特色社会主义思想，坚持“第一议题”制度、“每日必学、每周研讨”机制，不断提升政治思想觉悟，夯实忠诚干净担当的思想根基。召开党委会议传达学习习近平新时代中国特色社会主义思想，全面系统地学习领会精神内涵与核心要义，带动学习活动走深、走实。发挥党委理论学习中心组学习示范带动作用和领导干部领学促学作用，认真组织传达学习，开展学习研讨，凝聚共识、坚定信心。各党支部将学习习近平新时代中国特色社会主义思想与学习党的十九届六中全会精神结合起来，与学习习近平总书记“七一”重要讲话精神结合起来，与党史学习教育结合起来。制作习近平新时代中国特色社会主义思想主题展板，引导党员干部原原本本学、结合实际学、融会贯通学。

开展党史学习教育。用好“主题党日”“党史天天读”等方式，持续学好“八本书”，开展“八个一”“八个百”“三走进”活动，强化理论武装。通过“班前5分钟”“百年党史天天读”“学党史读书会”“专题微党课”等线上线下“集中课堂”“掌上课堂”“实景课堂”多形式督促党员干部集中学、个人学。2021年，坚持党建业务“四同”原则，认真落实《青山湖海关“我为群众办实事”重点项目清单》，将“问题清单”转化为落实主体责任的“履职清单”，为企业和群众解决问题243个，其中“积极为留学回国人员落实‘免税车新政’红利”获评南昌关区第一批“我为群众办实事”十佳项目。

巩固深化“强基提质工程”，推进创模范机关、创“四强”党支部、创“第一等工作”，聚焦基层党建标准化、规范化、信息化建设。党委理论学习中心组专题学习《中国共产党党和国家机关基层组织工作条例》，推进“支部强在科上”，深化内涵学军，深挖身边典型，开展多种形式的支部活动激励干部担当作为。加强党委班子建设，认真履行管党治党主体责任，完善党建工作责任落实机制，带头执行党章党规，严肃党内政治生活，严格执行民主集中制。“一把手”自觉接受监督，班子成员主动接受监督，持之以恒落实中央八项规定及其实施细则精神。坚持把工作实绩作为衡量党建政绩的重要参考，推动基层党建高质量发展，常态化落实总署党委关于执法一线科长建设22项措施，推进执法一线科长担当作为、守好“前沿阵地”、当好“先锋官”。推进清廉海关建设，营造风清气正的政治生态，加强八小时内外监督，坚决杜绝酒驾醉驾。传承红色基因，加强海关文化建设，抓好海关干部职业荣誉感、使命感教育，提升队伍凝聚力、战斗力、执行力。2021年，减免税管理科党支部获评南昌关区优秀基层党组织和南昌关区“四强”党支部。

完善内控机制建设。制订《中共青山湖海关委员会工作规则》《青山湖海关党委理论学习中心组2021年学习计划安排》等规则，细化完善公有住房管理、值班管理、物品采购等制度。召开特约监督员座谈会，做好企业常态化访谈交流，促进公正廉洁执法。坚持将内控机制建设融入各项管理制度和操作规范，与海关业务运行流程和内部管理流程紧密结合、深度融合，健全完善执法领域、非执法领域内控机制，进一步提升风险防范处置水平，研究制订2021年青山湖海关风险防控清单。加大HLS2017系统应用，加强对制度执行情况的督促检查，努力构成用制度管权、按政策办事、靠制度管人的工作机制，使权力在正确轨道上运行。配合南昌海关党委第三派驻纪检组针对工作效率不高、制度执行不到位、政务公开不及时、工作纪律以及服务态度等重点关注问题，不打招呼开展督查，帮助规范工作行为，转变工作作风，提高服务质量，树立海关文明形象。

推进全面从严治党。强化主体责任落实，营造“齐抓共管、能抓善管”的良好格局。党委书记落实“第一责任人”责任，率先垂范抓班子、带队伍、正风气，班子成员履行“一岗双责”，做到责任主体明确化、岗位责任具体化、责任链接无缝化。制订《2021年青山湖海关全面从严治党重点任务分工方案》，明确职责分工。细化分解重点工作任务64项，将党风廉政建设工作和业务工作同部署、同落实、同检查、同考核。全体关员签订“党风廉政建设责任书”，规范基层党风廉政建设工作模式，从严从实从细落实管党治党责任。每季度与派驻纪检组召开党风廉政建设联席会议，分析党风廉政形势和问题，推动管党治党责任落到实处。把履行全面从严治党情况作为年度目标考核和日常检查考核的重要内容，构建日常监督、考评、查处、追责常态长效机制，健全全面从严治党责任追究制度，开展党支部考评，形成动态检查与年终考评相结合的检查考核机制。

【综合监管】2021 年，青山湖海关优化服务，促进经济发展。认真做好减免税集中复核。针对南昌海关减免税政策种类涉及面广的情况，对疑难问题集中研判、分类攻克，建立问题台账本，动态发布复核情况。积极参加集中工作、交叉互查和业务培训，定期交流工作经验。全年，减免税集中复核业务涉及九江、赣州、吉安、景德镇、新余、鹰潭、上饶、宜春、萍乡、抚州、龙南 11 个隶属海关，业务主要涉及科技创新、鼓励类项目、种子种源等多个种类。2021 年，共办理关区减免税集中复核业务 521 票，减免税设备总货值约 19,700 万美元。

▲2021 年 7 月 28 日，南昌海关所属青山湖海关赴辖区航空企业实地查看减免税设备使用状况

提高稽查工作质效。克服被稽查企业地域分布“广”、涉及业务类型“多”、监管链条“长”等困难，总结稽查集约化改革经验，做到稽查业务精、风险分析准、全面覆盖查、发现问题快，促进稽查工作高质量发展。强化风险意识，对有重大走私嫌疑、风险突出、反侦察能力较强的企业针对性采取不事先通知稽查方式实施稽查，实现精准打击。2021 年，共办结稽查作业 52 家，查发 47 家，稽查有效率 90%。其中，查发涉税类问题 28 起。

重拳打击走私行为。开展打击走私“国门利剑 2021”专项行动，重点打击“洋垃圾”、象牙等濒危物种及其制品、防疫物资、新冠疫苗非法出境、重点涉税商品等走私。按照上级统一部署，根据辖区监管形势、走私态势和特点，强化正面监管及后续管理。通过完善风险共判、赴企业稽核查等机制，不断提高监管缉私整体效能。2021 年，共查获行政违法案件线索 12 起，自行立案查处案件 5 起，向南昌海关缉私局移交案件线索 7 起，立案 5 起。

【检验检疫】2021 年，青山湖海关办结涉检稽核查作业 53 起，其中径行稽查 2 起，核查作业 51 起。2 起径行稽查分别涉及进境粮食和危险化学品，其中 1 起已移交缉私部门立案。51起核查作业中，食品企业核查23起，动植检企业核查11起，退运调查17起，查发问题22起，核查有效率为43.1%。开展外来有害生物监测，涉及检疫性实蝇监测布点10个，维护14次，捕获实蝇892头。

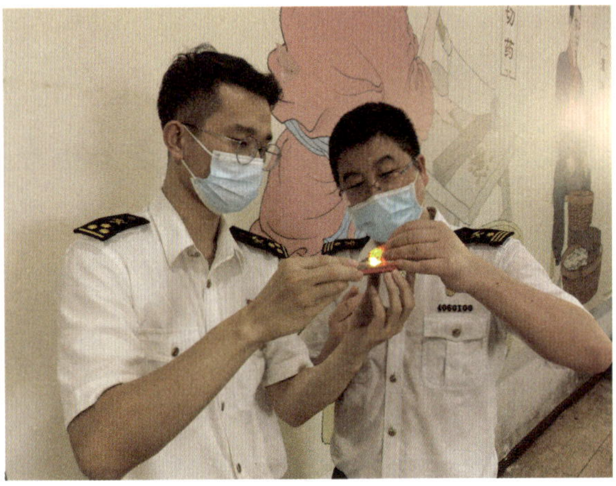

▲2021年8月17日，南昌海关所属青山湖海关帮助辖区中医药企业建立“海外仓”

【服务开放发展】2021年，青山湖海关发挥政策叠加效应，深化“放管服”改革，不断优化口岸营商环境，常态推进“十百千万”服务工程，做好进出口食品企业备案工作，帮扶蔬菜基地企业打造高品质供港澳“菜篮子”。加强产业调研和分析，撰写产业分析报告、进出口监测预警分析、调查分析、南昌外贸分析报告30余篇。支持辖区高新技术产业和国家重点项目发展，用好“十四五”期间过渡期减免税政策为企业排忧解难，办理辖区减免税业务661份，减免税设备总货值4,206万美元。主动对接华勤、洪都航空等重点企业，帮助企业实现由“两头在外”到“两个市场”的转变。对接支持C919大飞机项目，用好海关货物保税优惠政策，为航空企业承接大飞机制造订单提供便利。推广“主动披露”制度，引导企业以“线上”的方式主动披露违反海关监管规定行为，依法协助申请减免税款滞纳金，同时给予从轻或减轻处罚等优惠措施，帮助守法企业以“诚信”换“红利”。2021年，共办结主动披露作业12家，帮助企业减免滞纳金150余万元。

【财务与后勤保障】2021年，青山湖海关落实中央八项规定及其实施细则精神，对照制度强化各项管理，不存在超范围、超标准开支和报销经费、配置资产等情况，年底预算执行率达99%以上。应用无纸化办公，精简会议文件，减少工作成本；项目支出上鼓励对相关检测设备回收消毒便于二次使用，减少相关经费支出。加强防疫物资管理，有序规范仓库管理、物资采购、物资申领各个环节，确保防疫物资保障充足有序。加强固定资产管理，严格做好固定资产调拨等事项，确保账物相符。加强闲置房产处置与办公用房管理，出租闲置办公大楼，办公用房面积均符合规范。抓好公务用车管理，实施“一车一卡一档案一台账”，对车辆派出进行严格控制。重视房产安全情况，严格落实安全管理责任，开展燃气安全排查整治，全面查堵燃气水电、消防、车辆等安全隐患。

【干部队伍建设】2021年，青山湖海关坚持内强素质、外树形象，不断提升全员的能力水平，切实履行好各项任务职责。在政治建设方面，增强全体人员的政治意识。以求真务实作风把各项决策部署落到实处。在基础建设方面，梳理各科室现有的业务规章制度。查缺补漏、修订完善，全面梳理科室职责任务。在业务建设方面，围绕重大决策、重要工作部署和工作要求，进一步细化目标任务，并把目标任务落实到岗位、量化到个人，以责任保成效，做到责任主体、目标任务、工作标准、时限要求“四明确”，建立健全抓落实的机制，把目标管理、岗位责任和个人工作实绩考核结合起来，使各项工作有着落，推动各项绩效指标的全面落实。加强执法一线科长队伍建设，2021 年选任 3 名副科级领导干部，3 名同志晋升职级，1 名正科级领导干部、2 名副科级领导干部试用期满转正。青山湖海关稽核一科获评 2021 年度考核先进科室。

（撰稿人：袁　冰）

# 九江海关

【概况】中华人民共和国九江海关（简称九江海关）是南昌海关直接领导的偏属地综合型隶属海关，于1980年4月正式成立，直属总署（正处级机构），管辖江西省海关业务，是中华人民共和国成立后江西省第一个海关机构。1988年12月南昌海关成立，九江海关隶属南昌海关，辖区范围为九江、景德镇2市。2005年设立景德镇海关，九江海关辖区范围为九江市。2018年4月20日，根据中共中央《深化党和国家机构改革方案》，国家质量监督检验检疫总局的出入境检验检疫管理职责和队伍划入海关总署，年内原九江出入境检验检疫局如期完成机构改革转隶工作。

九江海关现内设10个科室，辖区区域为江西省九江市。按授权执行辖区内业务现场和九江综保区的各项海关工作，监管九江城西港集装箱码头、九江综保区查验场地、九江进口粮食指定监管场地、九江新雪域进口肉类指定监管场地等监管现场以及2021年口岸扩大开放需验收的彭泽、瑞昌港区2个监管现场。其中九江城西港集装箱码头系辖区主要进出口货物水运通道。

2021年，九江海关坚持以习近平新时代中国特色社会主义思想为指导，深入贯彻党的十九大和十九届历次全会精神，认真落实关区工作会议、全面从严治党工作会议各项部署要求，持续深化“五关”建设，对标“五个新作为”要求，马上就办、真抓实干，锲而不舍、一以贯之，统筹推进讲政治、强监管、优服务、促发展、守底线，各项工作稳中有进、稳中提质，在“十四五”开局之年交出了一份靓丽成绩单。先后荣获第十六届江西省文明单位、九江市综治工作（平安建设）先进单位、九江市公共机构节能先进单位等称号，并获评江西省“十三五”期间安全生产工作先进个人、九江市劳动模范等省市级个人荣誉。南昌海关“两优一先”表彰中，8人获评优秀共产党员，3人获评优秀党务工作者。

【党的建设】2021年，九江海关树牢政治机关意识，把学习习近平新时代中国特色社会主义思想作为党委会、党委理论学习中心组“第一议题”，坚持“每日必学、每周研讨”机制，把“两个确立”作为最深刻的政治领悟、政治信念，把“两个维护”作为最高政治准则和根本政治规矩，在学思践悟中筑牢绝对忠诚之魂。通过组织学习研讨、撰写心得体会等形式第一时间传达学习贯彻十九届六中全会精神，发挥中心组领学促学作用，全年召开中心组理论学习17次，班子成员带头讲党课9次，各支部集中学习308次。

建立习近平总书记重要指示批示精神落实情况台账，对习近平总书记重要指示批示精神第一时间跟进学、深入研、坚决干，突出政治机关鲜明本色。保持严厉打击“洋垃圾”走私等高压态势，开展“蓝天2021”专项行动，连续查获3票、32.6吨进口固体废物，系九江口岸自2019年以来首次查获禁止进口固体废物。严防口岸非洲猪瘟传入传出，共抽检进口猪皮非洲猪瘟20批次、出口猪源性宠物食品5批次，核酸检测结果均为阴性。成立乡村振兴帮扶工作队，选派“第一书记”到瑞昌市武蛟乡大桥村开展驻村帮扶，捐资建设的居家养老中心在重阳节当日顺利启用。做好巡视整改“后半篇文章”，目前已全部完成整改，并针对总署巡视反馈指出的其他问题，举一反三开展常态化对照自查整改。

制定党史学习教育工作方案和重点工作任务推进表，形成8个专题的学习清单、42项任务清单、9项“我为群众办实事”重点项目清单，对清单执行情况实行“周报告、月调度”，扎实推进党史学习教育。以“8个1”“8个百”为载体，以“学史·铸魂”海关红色讲坛、专题读书班、微党课、“百年党史百日读”、红色地标打卡走读等活动形式，让党史学习教育热起来、活起来，全年开展党史专题读书班9期，以“我为群众办实事”实践活动为抓手精准帮扶解决企业问题104个，“我为群众办实事”工作台账已更新完善133项，评选经典案例9项。参与撰稿的《南昌海关用好红色资源、讲好红色故事、办好民生实事　推动党史学习教育走深走实》被总署相关刊物刊登，《九江海关打好“组合拳”巧解“急难愁盼”问题　助力打造防疫物资生产出口基地》获评关区“我为群众办实事”优秀案例。

落实“四责协同”，支持派驻纪检组发挥“派”的权威和“驻”的优势，开展常态化、近距离、全天候的监督检查，推动主体责任和监督责任同向发力、同频共振。2021年，加强对“一把手”和领导班子监督，对71项全面从严治党重点任务落实情况开展“地毯式”自查。

开展“现场监管与外勤执法权力寻租”专项整治，通过企业调研、谈心谈话，聚焦业务管理薄弱环节、风险点聚集的关键岗位开展全面起底、摸排、研判，推动制定含有31个廉政风险点的廉政风险清单并按月调度落实。

建立“日清、周结、月回头”执法自

查自检工作模式，依托HLS2017平台，加大对内控节点的监控分析，提升风险防控实效。用好监督执纪“四种形态”和“三张清单”，加强基层海关风险防控，全年开展提醒谈话10人次。对派驻纪检组日常发现问题、综合执法大检查以及基层党建专项检查反馈问题，持续发力，推动问题动态“清零”。

深化内涵学军，常态化抓好准军事化集训，强化关员日常作风养成，运用“双随机”方式开展纪律作风视频检查、内务督察13次。常态化、经常性开展纪法教育、警示教育，扎实开展“警示教育月”活动，做到红线不越、底线不越。深入纠治酒驾醉驾，全年未发生酒驾醉驾情事。持续开展形式主义、官僚主义整治，深化精文简会，严格控制发文种类和数量，公文数量同比压缩超30%。

【综合监管】2021年，九江海关首次在货运渠道查获夹藏珠宝等走私情事，首次成功处置检测出细菌性疫病菌豌豆1批，首次开展智能审图制图作业，共制图520幅。聚焦保供稳价，全程保障13万吨进境储备粮食顺利入库。开展“国门绿盾”专项行动，截获有害生物54批次、96种次。跨境电商“断链刨根”专项行动取得实效，向缉私部门移交洋酒走私案件线索案值3,075万元。制定含101项风险点的2021年风险防控清单，严密防控举措并按月调度落实。建立税收重大风险工作专班。深入开展安全生产专项整治三年行动，

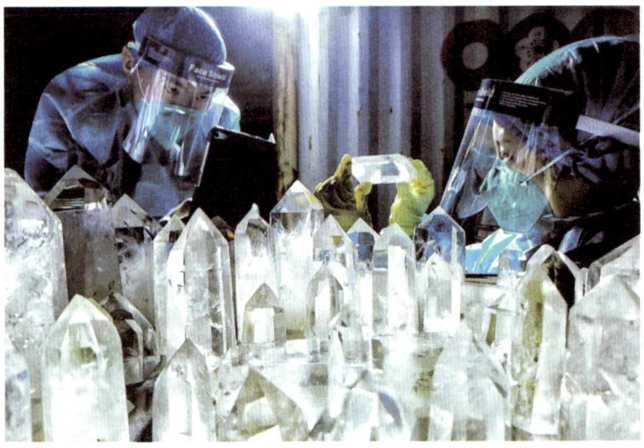

▲2021年12月3日，南昌海关所属九江海关在货运渠道查获夹藏珠宝走私情事

健全月度安全排查机制，对海关监管场所、进出口危化品企业、办公场所开展无死角全覆盖风险隐患排查，与场所经营单位签订安全承诺书，督促辖区内海关监管场所（场地）、海关特殊监管区域经营单位履行安全生产主体责任。联合九江市港航局、边检、海事等相关单位，组织开展监管作业现场突发事件应急演练5次。严把商品检验关，全年共查出危险化学品及其包装不合格44批次，对2家涉及多次出口安全问题企业进行约谈及业务督导。

【检验检疫】2021年，九江口岸进境粮食共121批、10.3万吨，同比分别增长61.3%、72.8%，主要进口粮食为木薯干、豌豆、大豆，其中木薯干69批、6.6万吨，豌豆50批、3.1万吨，大豆2批、0.5万吨。进境粮食指定监管场地建成以来年进口量首次突破10万吨。九江口岸共截获有害生物54批次，32种类，96种次，其中检疫性有害生物1批次，1种类，1种次，一般性有害生物53批次，31种类，

95 种次。开展外来有害生物监测。检疫性实蝇监测布点 45 个，维护 8 次，捕获实蝇 6,789 头；红火蚁监测 9 次，5 月在南昌关区首次监测到红火蚁；杂草监测 7 次，送检标本 80 株。

落实进口冷链食品采样及预防性消毒要求。坚持“人、物同防”，落实进口冷链食品口岸环节新冠病毒检测和预防性消毒工作要求，开展进口冷链食品口岸环节检出新冠病毒阳性应急处置桌面推演、进口肉类及包装新型冠状病毒检测采样作业现场演练，制订九江海关《进口冷链食品安全监管工作人员封闭管理工作实施方案》。

指导口岸运营单位做好病媒消杀工作，有效控制口岸病媒生物密度，防止病媒生物及其传播传染病经国境口岸传入传出。共计监测捕获鼠类 1 只，蚊类 108 只，蜚蠊 5 只。开展日常卫生监督，开展九江口岸储存场地卫生监督 4 次，检查结果良好。开展饮用水抽检 4 次。

【服务开放发展】2021 年，九江海关办理报关单 27,712 票，进口 6,680 票，出口 21,032 票，进出口总值 245.9 亿元，其中进口 133 亿元，出口 112.9 亿元，税收入库 14.1 亿元。推广实施“两步申报+提前申报”通关模式，“两步申报”率为 63%。开展新一轮“通关与沿海同样效率”专项行动，出口货物“抵港直装”业务改革顺利落地，促进通关更便利再提速。落实国家减税降费和税收优惠政策，2021 年累计减征增值税 4.9 亿元，减免加工贸易风险保证金 9.7 亿元。用好原产地证书“纸黄金”帮助企业获得进口国关税减免 1.5 亿元，其中 RCEP 成员占比超三分之一。扩大关税保证保险应用范围，涉及担保金额近亿元。帮助查验没有问题的外贸企业免除吊装移位仓储三项费用 240 万元。首发“九江—阿腾科里”中亚班列以及九江—莫斯科中欧班列，打通对接“一带一路”新通道。认真落实国务院“21 条措施”助力九江综合保税区高质量发展，全年进出口总值达 74.9 亿元，同比增长 193.7%。助力九江跨境电商综合试验区建设，推动海外仓、9710、9810 等新业态新模式先后成功落地，实现跨境电商全业务覆盖、全模式运行、全链条打通，推动跨境电商从无到有并成为拉动九江市外贸发展的重要“引擎”。推动进境水果指定监管场地获批，正在推动开工建设。助推九江港成为中部地区重要的进口粮食枢纽港，全年进境粮食批次 121 批、10.3 万吨、3,421.4 万美元，同比分别增长 61.3%、72.8%、92.6%。全程指导江西省最大的外贸码头九江彭泽港区红光码头水运监管作业场所顺利通过验收，助力九江口岸提升开放能级。推进原产地签证一体化改革和原产地证书自助打印，实现“属地备案、全国通签”，覆盖 20 种原产地证书，自助打印比例 100%。关区首创信用培育工作室，集中高级认证专家队伍组建“党员服务小分队”开展培育 24 家次，2 家企业顺利通过 AEO 高级认证培育。九江跨境贸易指标在优化口岸营商环境考核中被评为优秀等次。

▲2021年6月17日，南昌海关所属九江海关保障欧洲杯指定用球出口

【财务及后勤保障】2021年，九江海关落实中央八项规定及其实施细则和“过紧日子”要求，对照制度强化各项管理，不存在超范围、超标准开支和报销经费、配置资产等情况。理清公有住房信息，健全工作台账。积极推动九江海关闲置房产处置利用，确保国有固定资产保值增值。把预算管理作为“过紧日子”的重要抓手，通过科学核定预算、加强支出审核把关、深化资金使用绩效评价结果应用，严控会议、差旅、“三公”经费等一般性支出。以“我为群众办实事”实践活动为抓手，实施篮球场配电房改造、停车棚充电桩改造等民生项目11个。完善“管办分离、经费审批权限”等内部管理机制，引入第三方物业公司从机制上优化后勤管理模式，建立健全公车管理、科技保障制度，提升综合保障水平。

【干部队伍建设】树立“抓好党建是最大的政绩”理念，突出“科长抓、抓科长”，夯实科长、支部书记“一岗双责”，以“一支部一品牌，一品牌一特色，一品牌一工作法”为路径持续激活支部热源，持续深化“强基提质”工程，建好“抗洪英雄+”党建品牌矩阵，一体推进创“四强”党支部、创模范机关、创“第一等工作”。查检一科党支部获评南昌海关“四强”党支部和“先进基层党组织”。

落实上级党委关于加强执法一线科长队伍建设的部署要求，注重思想淬炼、政治历练、实践锻炼、专业训练，建立执法一线科长实绩清单，有效激励执法一线科长担当作为。树立鲜明用人导向，在战疫情、稳外贸、保安全、促发展等大战大考最前沿考察识别干部，在南昌海关党委的关心关怀下，3名四级高级主办、5名一级主办、3名三级主办、1名四级主办实现职级晋升，6人次提任副科级领导干部，营造“让有为者有位、让吃苦者吃香”的浓厚氛围，“老关”队伍精气神有力提振。

组织退休党员党支部开展“看发展、话党恩、光荣在党50年”主题党日活动并为其颁发纪念章，相关做法在总署《金钥匙》、门户网站以及南昌海关《赣鄱关情》等载体平台刊登。做好退休人员医保报销、健康体检、养老金调整、主题党日、人文关怀等系列工作。

（撰稿人：金一琪）

# 赣州海关

【概况】中华人民共和国赣州海关（简称赣州海关）是南昌海关直接领导的偏属地综合型隶属海关，1993年4月22日，国务院批复同意设立赣州海关（正处级），1995年6月28日正式开关，辖区范围为赣州市整个行政区划。2005年7月7日，南昌海关驻龙南办事处成立，辖区范围调整为除赣州市龙南县、全南县、定南县、信丰县、安远县、寻乌县外的12县（市、区）、2个国家级经济技术开发区和1个综合保税区。2018年4月20日，根据中共中央《深化党和国家机构改革方案》，国家质量监督检验检疫总局的出入境检验检疫管理职责和队伍划入海关总署，年内原赣州出入境检验检疫局如期完成机构改革转隶工作，内设科室9个（办公室、综合业务一科、综合业务二科、物流监控科、查检一科、查检二科、查检三科、稽核一科、稽核二科）。

2021年，在南昌海关党委的坚强领导下，赣州海关始终以习近平新时代中国特色社会主义思想为指导，聚焦“作示范、勇争先”目标要求，牢记初心使命，胸怀“国之大者”，践行“绝对忠诚讲政治、把好国门强基础、改革创新抓落实、严管厚爱带队伍”工作要求，马上就办、真抓实干，争创模范机关、创“四强”党支部、创“第一等工作”。先后获得全国文明单位、江西省青年文明号等荣誉称号，“苏区红关”党总支获评全国海关党建示范品牌，获评南昌关区年度考核优秀，赣州市平安建设、绩效考核、节能减排等先进单位。

【党的建设】2021年，赣州海关坚持“第一议题”制度，开展“大学习、大研讨、大落实”活动，固化“每日必学、每周研讨”机制，将习近平总书记重要指示批示精神和党中央重大决策部署落实情况“揭榜挂帅”，上墙督战、每月问效、落实闭环。召开党委会、党委理论学习中心组学习49次，把学习习近平总书记“七一”重要讲话精神和党的十九届六中全会精神作为重中之重，以实际行动坚决捍卫“两个确立”，12月14日，中央电视台《新闻联播》报道贯彻六中全会精神、强化责任办实事典型成果。选派3名党员干部驻村帮扶会昌县杉背村助力乡村振兴，统筹推进帮扶“五大工程”；高压重拳严打私，开展“国门利剑2021”专项行动，立案侦办刑事案件3起，案值5,100余万元，抓获犯罪嫌疑人15人，首次查获跨境电商走私案件，被总署口岸监管司列为“断链刨根”专项整治行动典型案例；支持辖区生猪恢复供港出口。

用好“八本书”、落实“八个一”、践行“八个百”，组织前往瑞金、兴国、于都、大余等地开展沉浸式党史走读8次，与海关总署政工办支部、中央和国家机关对口支援龙南青年干部理论学习小组创新开展视频联学，创建并开展“弘扬苏区干部好作风·半月谈”党课24期，引导党员干部不断提高政治判断力、政治领悟力、政治执行力。深挖活用苏区红色税关历史。“苏区红关”党总支获评全国海关党建示范品牌，“用活赣南红色资源、巩固党史学习教育成效”党建项目入选总署11个“书记项目”试点之一，《“跨境电商+赣欧班列”促“双区联动”项目落地见效》入选总署第二批“我为群众办实事”百佳项目名单。

推进“强基提质工程”，结合学习贯彻落实党的十九届六中全会精神，推进党史学习教育走深走实，用好赣南丰富红色资源，开展“学党史、铭党恩、强党性、促党建、肃党纪、正党风”六大主题活动。讲好红色海关故事，推进筠门岭等关税处旧址保护，协助完成《中国海关》《党旗下的海关人》等专题视频片4部，相关论文入选海关学会建党百年联合征文和《海关研究》党史学习教育专刊。“三单三榜三融合”党建工作法获总署《政工简报》《中国国门时报》《金钥匙》等宣传报道，2堂“支部书记微党课”在全国海关全员培训“钉钉”学习课程展播，2个支部获评南昌关区“四强”党支部，1个支部和8名党员获南昌关区“两优一先”表彰。

制定全面从严治党主体责任清单，落实“一把手”和班子成员监督意见，修订印发《赣州海关党委议事清单》《赣州海关贯彻落实“三重一大”决策制度实施细则》，制定完善管理制度43项。深化“四责协同”，主动自觉接受派驻纪检组监督，召开派驻纪检组联席会议4次，高质量配合完成每月重点监督清单任务128项，规范外勤执法监督，共同复核外勤执法告知单175份，随机回访8次、满意率100%，形成同频共振、同向发力的良好局面。统筹推进巡视巡察、“四不两直”检查问题整改，印发《2021年赣州海关专项整治廉政风险清单》，自查研判薄弱环节13个，制定风险防范措施40项，全部整改到位。开展“内部防控+内务规范”督查22次，前往苏区干部好作风陈列馆开展警示教育月活动，开展谈心谈话58人次，家访17人次，组织签订杜绝酒驾醉驾承诺书55份。

【综合监管】2021年，赣州海关推进

税收征管改革，推广汇总征税、关税保证保险、预裁定等便利化措施；加强对进口板材和钴矿等重点税源商品、中欧班列和跨境电商等新兴业态风险分析研判，提高税收征管质量；强化属地纳税人管理，提升企业合规申报水平。全年税收入库7.26亿元，创历史新高。

推广“数据共享+智能审核+自助打印”智慧审签模式，全年签发各类原产地证书4,246份，金额26,242万美元，同比增长30.2%，其中签发出口至RCEP成员自贸协定原产地证书2,145份、金额13,737万美元，分别增长22.4%、43.9%。

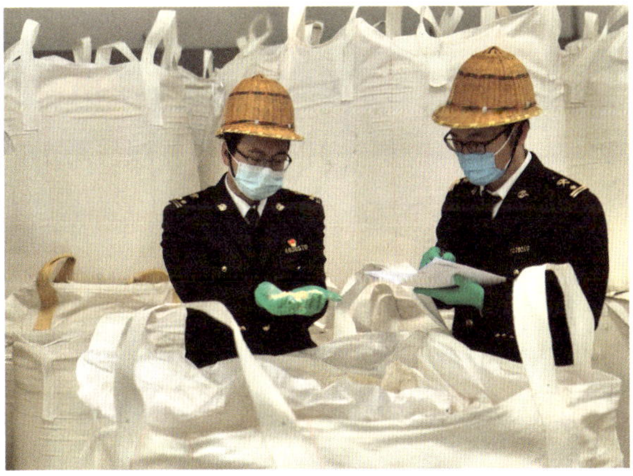

▲2021年2月22日，南昌海关所属赣州海关关员对保税加工饲料开展后续监管

保税维修、跨境电商保税展示交易业务成功落地，量身定制“一区一策”，上线“仓储货物按状态分类监管”模块，推进赣州综合保税区调整到赣州港，成立工作专班，开展上门宣讲，协助把好设计关。赣州综合保税区进出口值为120.2亿元，同比增长5.4倍。

监管进口废铜碎料2,152.6吨，人工分析稽核查指令有效率列南昌关区第一。办理行政案件21起，案值2,322余万元。健全完善赣州市反走私综合治理体制机制，相关工作专报获赣州市领导批示。

【检验检疫】2021年，赣州海关积极参加南昌关区新冠肺炎疫情防控工作，派员参与出入境口岸新冠肺炎疫情防控专项工作。压实防疫主体责任，规范赣州国际陆港、赣州综保区等防护服脱卸区，组织应急演练9次，累计核酸检测1,696人次。通过线上或线下开展多种形式的生物安全法、新冠、疟疾、艾滋病等宣传活动。按要求开展病媒生物监测工作，捕获鼠类2只、蚊类63只、蜚蠊12只。

开展“国门绿盾2021”专项行动，开展国门生物安全监测工作，严防重大动植物疫情传入传出和外来物种入侵。强化“多疫同防”，抽取非洲猪瘟监测任务样品680个，血液、尿样150个，时隔2年恢复辖区供港生猪出口。首次在辖区海关监管场所发现红火蚁，监测检疫性实蝇3,003头，截获检疫性杂草25种次、一般有害生物397种次。

重点关注烤鳗、米粉等敏感食品出口情况，强化风险分析，运用风险评估，注重处置结果与效率。支持综保区保税粮食加工，共申报3,689批次、11.34万吨保税加工饲料进口。

强化进出口危化品、稀土、医用物资等检验监管，检出不合格65批，口岸查验同比增长5.61倍。开展“国门守护”行动，开展进口粮食后续监管10.8万吨。组织开展“龙腾行动2021”，查获侵权陶瓷杯、汽车配件等案件2起，销毁侵权商品2.3万件。

**▲2021年11月11日，南昌海关所属赣州海关关员核对仓库待售跨境电商进口商品**

【服务开放发展】2021年，赣州海关打通“丝路电商”新通道，成功开通“赣州—万象”江西省首列至老挝“一带一路”国际班列，全年监管服务中欧班列275列、26,686标箱，分别增长16%、43.5%，累计开行“破千列”。全力促进赣州综合保税区调整至赣州国际陆港获国务院批复，赣州综合保税区进出口总值突破100亿元，增长5.4倍。协调推进赣州黄金机场正式对外开放改造纳入《国家“十四五”口岸发展规划》。

促成南昌海关与赣州市签订合作协议，全面实施铁路“两步申报”监管通关新模式，连续3年实施“通关与沿海同样效率”专项行动，创新实施“抵场直装”即到即查即放，推行企业“不见面”审批、货主“不到场”查验、7×24小时预约通关服务，“单一窗口”海关主要业务覆盖率100%，海关业务实现“一网受理、一网通办”。实施“十百千万”服务计划，结合“我为群众办实事”实践活动，培育高级认证企业2家，打通出口美国化妆品铁海联运新通道，实现赣南啤酒、香菇等产品首次出口，相关工作被《新闻联播》等央媒报道5次。

【财务及后勤保障】2021年，赣州海关始终胸怀“国之大者”，聚焦关党委关注重点，加强最新理论学习，确保文稿更贴实际、更具深度。加大新闻宣传力度，每周研判热点，畅通媒体渠道，全年新闻报道刊登稿件126篇，其中跨省跨关区合作“组合港”通关模式2次获中央电视台《新闻联播》报道，开行首趟“双区联动”跨境电商中欧班列、服务赣南特色产品出口、优化营商环境等被中央电视台2套、中央电视台13套、新华网、“学习强国”、《中国国门时报》等多家主流媒体报道，全年新闻宣传排名南昌关区第1，获得良好社会反响。

向中国海关博物馆提供第二批可移动文物3件，《苏区税关——人民海关事业在共和国摇篮的预演》在江西省档案局征文活动中获优秀奖，并被编入《档案里的党史故事》征文优秀作品选。开展保密自查自评工作，未发现失泄密情事。

建设充电桩、洗车位、羽毛球场，改造环城路小区停车场，改善工作生活环境。规范水电油、公有住房、公车管理，规范处置闲置房地产。用心用情办好食堂，把好食堂采购关口，丰富菜式花色品种。

强化实验室安全管理，完善相关安全管理制度，对36项程序文件、70项作业指导书、73个记录表格进行修订。2021年开展法定检测业务867批次、1,201项次，检测批次同比增长30.4%，其中化矿稀土产品检测825批次，同比增长35.9%；打火机产品检测5,080支、30,480次相关项目。积极开展科研，参与协作的科技部课题两项子课题《出入境检验检疫安全多源信息采集与融合技术研究》《出入境检验检疫口岸安全事件应急示范应用》通过专家课题绩效评价，在《中国口岸科学技术》发表论文并获优秀奖，《基于近红外技术的进出境高敏感物质识别的研究与应用》项目获评总署三级科研成果。

【干部队伍建设】2021年，赣州海关全面落实《关于推进干部工作五大体系建设的意见》，抓好执法一线科长队伍建设"22项措施"落实到位，建立"责任、成绩、问题和家庭困难情况"四个清单，完善电子廉政档案，对一线科长进行"精准画像"。树立正确选人用人导向，年内实现职务晋升6人，其中副处级干部2名、副科级干部4名；职级晋升14人；完成试用期满转正考核8人。35岁以下科级干部6名，占比达37.5%。

培树先进榜样典型，1人获个人三等功，14人获个人嘉奖，120人次公开表扬、4人先进事迹通报表彰，激发正能量、提振精气神。完成工会换届选举，开展丰富多彩的文体活动，自编自导自演《红色海关 星火燎原》献礼百年华诞，代表南昌海关参加中部海关宣讲会演、省直机关巡演，《妈妈的马灯》微视频获江西省三等奖。制定民生项目清单3大工程17项措施，落实单身宿舍、值班室修缮等民生"微心愿"，组织无偿献血、"慈善一日捐"活动。

（撰稿人：温 序）

# 吉安海关

【概况】中华人民共和国吉安海关（简称吉安海关）是南昌海关直接领导的属地型隶属海关，1998 年 1 月经批准成立，于 2002 年 5 月 18 日正式开关。2018 年 4 月 20 日，根据中共中央《深化党和国家机构改革方案》，国家质量监督检验检疫总局的出入境检验检疫管理职责和队伍划入总署，年内原吉安出入境检验检疫局如期完成机构改革转隶工作，成立关检融合后的吉安海关，按授权执行吉安市辖区内海关工作。

2021 年，吉安海关在南昌海关党委的正确领导下，坚持以习近平新时代中国特色社会主义思想为指导，深入学习贯彻党的十九大和十九届历次全会精神，全面践行总署党委“五关”建设总体要求，贯彻南昌海关党委“绝对忠诚讲政治、把好国门强基础、改革创新抓落实、严管厚爱带队伍”的工作思路，全面履行“监管、征税、统计、缉私、检验检疫”等海关职能，各项工作保持了稳中有进的良好态势。2021 年共向地方党委政府报送工作专报等 17 篇。吉安市委书记王少玄在全市经济工作会议上对吉安海关支持吉安对接 RCEP 落地见效予以点名表扬。顺利通过全国文明单位复核，获评省级文明单位，被吉安市委市政府评为绩效考核优秀单位、平安建设先进单位、节能减排先进单位，办公室被评为“江西省城乡妇女岗位建功先进集体”。

【党的建设】2021 年，吉安海关强化政治机关建设，始终把学懂弄通做实习近平新时代中国特色社会主义思想作为重大政治任务，把“两个确立”作为最深刻的政治领悟、政治信念，把“两个维护”作为最坚定的政治立场、政治忠诚，坚定不移走好“两个维护”第一方阵。坚持“第一议题”制度，落实“每日必学、每周研讨”学习机制。2021 年，通过党委会、党委理论学习中心组学习习近平总书记重要讲话和重要指示批示精神 69 次 122 篇次，开展“大学习、大研讨、大落实”活动，专题学习贯彻党的十九届六中全会精神。

开展党史学习教育。把党史学习教育与庆祝中国共产党成立 100 周年紧密结合，一体推进学党史、悟思想、办实事、开新局。围绕习近平《论中国共产党历史》等8本书，领导干部带头，每人一课讲党史，每天一刻学党史，着力打造“三红三课堂”（传承红色基因，打造政治课堂；利用红色阵地，打造历史课堂；擦亮红色品牌，打造初心课堂），引导党员干部学党史筑根基、强信心添动力、办实事争先锋。开展“过一次‘井冈山下话初心’集体政治生日”等“八个一”活动30余次，开展百名党员讲党史等“八个百”活动50余次。开展“我为群众办实事”实践活动，推进“吉事即办”政务服务品牌建设。建立“我为群众办实事”清单，积极回应企业诉求，先后解决供港生猪企业备案、高级企业认证、蜜柚出口等问题81个，服务生猪出口入选南昌海关优秀案例。吉安海关党史学习教育工作被中央电视台“焦点访谈”节目报道。

加强基层党组织建设。发挥“支部建在连上”发源地的党建历史优势，以中国共产党成立100周年为契机，弘扬井冈山精神，以红色旧址为教室、红色经典为教材、红色传人为教员，传承红色基因，赓续红色血脉，打造特色党建，锤炼过硬队伍。深化“强基提质”工程和“四强”党支部建设，推进“支部唱主角、书记挑大梁、党员站前排、品牌创示范”活动，1个党支部继续被认定为全国海关“党建培育品牌”，办公室党支部被评为南昌海关“四强”党支部，办公室党支部书记刘伟在“海关e课堂”作经验交流，多名党员被评为关区“优秀共产党员”和“优秀党务工作者”。

贯彻落实党风廉政建设各项规定，开展反腐败斗争。持之以恒落实中央八项规定精神及实施细则精神，深入推进“现场监管与外勤执法权力寻租”专项整治工作，力戒形式主义、官僚主义。加强监督执纪“四种形态”运用，强化警示教育，以案说法、以案说纪，用好吉安海关理想信念教育馆，引导党员干部算好人生“七笔账”。2021年，做好宣传、自查、整改等工作，对照廉政风险清单所列明的87个业务环节423项举措进行了逐项推进落实。自觉接受监督，实现同向发力，修订形成73项风险防控清单，一体推进不敢腐、不能腐、不想腐，推动政治生态向上向好。

落实巡视整改工作。根据南昌海关巡视整改方案等相关文件要求，成立吉安海关整改工作领导小组，统筹领导巡视整改工作。组织学习习近平总书记关于巡视工作的重要讲话精神，按照总署党委第六巡视组关于巡视南昌海关党委情况的反馈意见和南昌海关关于巡视整改的具体工作要求，召开党委会专题研究部署相关整改工作，并将整改情况纳入月度形势分析及工作督查例会内容，逐条逐项推动整改措施落地落实。针对巡视反馈问题涉及吉安海关1个，主动对号入座、举一反三认领23个，均已整改到位。坚持“当下改”与“长久立”相结合，做好巡视“后半篇文章”。

【综合监管】2021年吉安海关开展综合治税工作。征收税款4.9亿元。深化查验、检疫、检验等业务整合，开展“查检合一”，提高查验规范性、有效性。采取关税保证保险、原产地税收优惠等减税降费措施“七管齐下”，2021年帮助吉安进出口企业享受各类税收优惠、减少企业资金占用1.1亿元。支持合力泰等企业采取“两步申报+汇总征税”模式，节约物流仓储费用及资金占用1,500余万元。助力企业享受国际对等的贸易便利化措施，对接RCEP实施，做好原产地区域累计规则和关税减让落地生效准备。

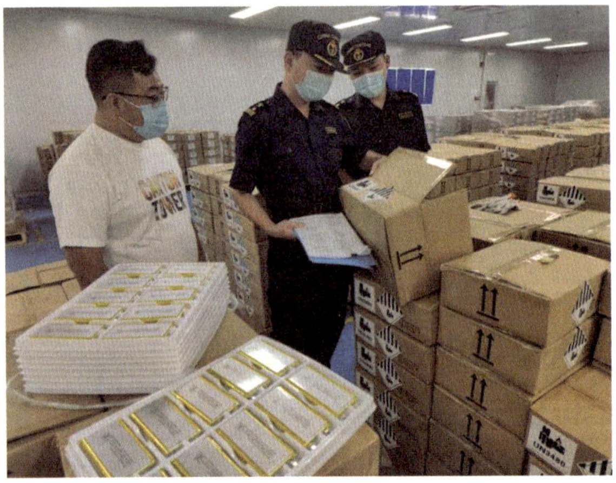

**▲2021年9月23日，南昌海关所属吉安海关关员对出口货物进行查验**

做好口岸监管工作。2021年，井冈山综保区进出口57.8亿元，增长1.4倍，拉动同期外贸增长4个百分点。其中，以保税物流方式进出口40.5亿元，同比增长1.1倍。

开展稽核查工作。推动“互联网+稽核查”，开展重点领域专项稽核查，办结稽查6起，其中专项稽查4起。办理行政案件1起，办结核查作业60家。积极推进AEO企业培育工作，新增AEO企业1家。

严厉打击走私。保持打私高压态势，开展“国门利剑2021”“蓝天2021”专项行动，针对“洋垃圾”、涉税商品等实施重点打击。深化反走私综合治理，2021年共办理“两简”案件1起，办理进口固体废物违规案1起，涉案进口固废95.7吨，案值333.5万元。

【检验检疫】2021年吉安海关严格落实新冠肺炎疫情防控要求，贯彻习近平总书记关于新冠肺炎疫情防控系列重要指示批示精神，坚持把新冠肺炎疫情防控作为重大政治任务常抓不懈，坚决克服麻痹思想、厌战情绪、侥幸心理、松劲心态。做好口岸环节检疫监管工作，开展实操演练2次，严格做好一线查验人员个人安全防护，切实提升检测工作能力。做好新冠疫苗接种工作，接种率100%，实现应接尽接目标。落实科学精准防控措施，做好疫情内部防控工作。严格落实“四必”工作要求，做好台账登记，加强办公场所消毒管理，做好防疫物资保障工作，定期开展岗位巡查和随机抽查，确保内部防控各项措施落实到位。加强井冈山综保区的日常查验管理，督促落实口岸疫情防控主体责任，协调规范设置“三区两通道”。

开展动植物检疫工作。严防非洲猪瘟等重大动植物疫情疫病传入传出，帮助指导辖区供港生猪企业扩大出口，2021年，保障活猪供港65,430头，货值2.7亿元，占全省近八成；完成对 9 家进口粮谷加工企业，8.7 万吨进口粮食的检疫监管，截获入境外来有害生物 13 批次、37 种、70 种次，其中检疫性有害生物 4 种。

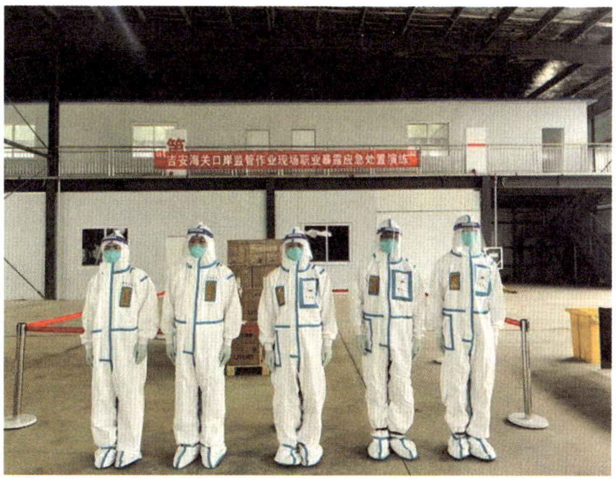

▲2021 年 6 月 8 日，南昌海关所属吉安海关开展口岸作业应急演练

严把进出口食品安全关。落实食品安全“四个最严”要求。2021 年，完成进出口食品化妆品检验监管 346 批、2.2 亿元，同比分别增长 29.1%、51.3%；开展进出口食品化妆品监督抽检和风险监测，监督抽检 2 次、风险监测 4 次，未检出不合格进口食品。

开展进出口商品检验监管。加强危险化学品等重点敏感商品监管。2021 年，共检验出口危险化学品 393 批，货值 1,856 万美元，同比增长 127%。共检验出口危险货物包装 1,177 批，同比增长 31%。检出不合格出口危险化学品 4 批，不合格出口危险货物包装 21 批。

**【服务开放发展】** 2021 年吉安外贸进出口 531.1 亿元，同比增长 0.4%，较 2019 年增长 8.2%。其中，出口 437.90 亿元，增长 11.6%，同比 2019 年增长 23.7%。全年外贸规模、出口规模均排名全省第四。

促进跨境贸易便利化。实施“通关与沿海同样效率”专项行动，推动实现“快进快出”。健全和落实海关作业效能提升机制，推广应用国际贸易“单一窗口”，搭建“关企 e 联通”平台。推行“不见面办理”，以作业标准化应对新冠肺炎疫情防控常态化。在企业注册、原产地签证、行政许可办理等方面缩短办事流程，做到随到随办、即报即审，随约随检、即查即放。健全和落实企业通关应急响应机制，常态化保障节假日预约通关、预约查验，密切与深圳、上海、厦门等辖区货物主要进出境口岸海关的联系配合。健全和落实整体通关协作配合机制，强化整体联动，及时疏通堵点，降低企业通关成本。

深化“放管服”改革。海关涉企经营许可事项实行“证照分离”改革全覆盖，直接取消审批 2 项、审批改为备案 3 项。推进“十百千万”服务计划，贴近吉安市“1461”特色产业发展需求，建立重点企业联络员制度，开展“进百企大走访”活动和政策宣讲活动，走进县区、园区和企业开展海关政策法规巡回宣讲 13 次，商务部门和企业共 600 余人次参加。支持井冈老区食品和农产品出口，指导遂川县五斗江狗牯脑红茶顺利出口，帮扶井冈蜜柚首次实现自营出口。扶持“专精特新”企业发展，阔叶除草剂、破伤风抗毒素等出口商品均为全省唯一。

【财务与后勤保障】2021年，吉安海关落实中央八项规定及其实施细则和“过紧日子”要求，做好财务管理和后勤保障工作。加强事前审核力度，推进节约型机关建设。落实闲置房地产处置利用三年规划，闲置房地产处置率100%。全面修订财务制度，进一步规范各项工作程序。优化项目管理程序，推进专项项目实施。全面清理原下属事业单位实验室资产。加强食堂全过程节约管理，严格成本核算及成本管理。降低食堂餐饮浪费，做好餐厨垃圾登记，全年餐厨垃圾量保持低位运行。签订餐厨垃圾处置协议，推进餐厨垃圾资源化处理及再利用。落实安全风险隐患排查整治工作要求，紧盯燃气、水电等安全使用重点关键环节，完善安全设施，提升常态化预警能力，抓实抓细抓好安全生产工作，对涉案财物仓库、院内安全保卫管理、施工安全管理进行全面排查。完善院内园林养护工作，打造舒适、整洁的工作生活环境。

【干部队伍建设】2021年，吉安海关做好干部队伍建设工作，坚持抓班子带队伍。召开党委会重温毛泽东同志《党委会的工作方法》，明确班子成员分工，督促落实主体责任、履行“一岗双责”。研究修订《吉安海关工作规则》《吉安海关“三重一大”决策制度实施细则》《吉安海关党委议事清单》，严明政治纪律和规矩，完善班子决策机制，规范班子工作。开展“内务规范强化季”活动，组织准军训练、开展公务礼仪培训，严抓队列训练、日常考勤、纪律规范、窗口作风，养成雷厉风行、令行禁止的优良作风。坚持用新时代好干部标准选人用人，做好职级晋升工作，2021年6名同志晋升职级、1名正科级干部试用期满转正、协助做好1名处级干部转正考核工作。组织开展各类培训、讲座、读书会等各类主题学习活动，组织参加E课堂、钉钉、“学习强国”等各类线上线下学习培训。推动精神文明创建工作，发挥好群团作用，激发队伍活力。2021年吉安海关被评为江西省第十六届文明单位，办公室被评为“江西省城乡妇女岗位建功先进集体”。

（撰稿人：刘　伟）

# 景德镇海关

【概况】中华人民共和国景德镇海关（简称景德镇海关）是南昌海关直接领导的属地型隶属海关，按授权执行景德镇市辖区内海关工作。2005 年 6 月 19 日建关，履行监管、征税、缉私、统计四大职能，内设机构为 1 室 3 科；2006 年 6 月内设机构精简为 2 个科；2012 年 10 月，南昌海关进行隶属海关岗位重新设置，将内设机构调整为办公室和审单备案科。2018 年 4 月 20 日，根据中共中央《深化党和国家机构改革方案》，国家质量监督检验检疫总局的出入境检验检疫管理职责和队伍划入总署，年内原景德镇出入境检验检疫局如期完成机构改革转隶工作。

2021 年，景德镇海关深入学习习近平新时代中国特色社会主义思想，坚决贯彻落实习近平总书记重要指示批示精神和党中央重大决策部署，认真践行总署“五关”建设总体要求，坚持以党的建设为统领，坚持马上就办、真抓实干，锲而不舍、一以贯之，努力打造新时代最讲党性、最讲政治、最讲忠诚的过硬基层海关，获得江西省文明单位、景德镇市文明单位、景德镇市平安建设先进单位等荣誉称号。一名同志在 2021 年全国海关科普讲解比赛十佳选手中名列第九。

【党的建设】2021 年，景德镇海关强化政治机关建设。坚持“第一议题”制度，牢记政治机关属性，认真学习习近平新时代中国特色社会主义思想，筑牢听党指挥、政治坚定的忠诚之魂，不断增强“四个意识”，坚定“四个自信”，做到“两个维护”。深入学习领会党的十九大和十九届历次全会精神，坚决贯彻落实习近平总书记重要指示批示精神，打好新冠肺炎疫情防控持久战，全面落实“六稳”“六保”工作部署，保持查缉濒危动植物及其制品高压态势，加强进口“洋垃圾”等固体废物监管。提升关党委自身建设水平，努力打造政治坚强、务实担当、团结有力的党委班子。

推进党建高质量发展。推进“强基提质工程”和“四强”党支部建设，以“唱挑站创”主题活动为抓手，吸取陶瓷文化精髓，开展“青花”党总支及“釉里红”“匠心”“淬炼”“窑火”“五彩”党建品牌创建工作，培树“比学习、比干劲、比创新、比贡献”的品牌文化。推行党建暨业务工作例会机制，以每周例会为平台，党建与业务同研究、同布置、同推进、同落实。狠抓制度建设，规范党建工作，落实巡视整改要求，编制《党建制度汇编》，确保支部开展各项党建活动有章可循。萃取辖区陶瓷文化精髓，以“永葆绝对忠诚不褪色、致力把关服务不懈怠、坚持严管厚爱不停歇”为主线，制作《凝练“青花精神”服务瓷都发展》党建宣传片。

▲2021 年 6 月 9 日，南昌海关所属景德镇海关开展中国共产党成立 100 周年活动

开展党史学习教育。在“学思践悟”上下功夫，发扬实干精神，坚定听党话、跟党走的政治信念和坚强决心。制作的“‘四个着力’在支持国家级文化试验区建设赶考路上落实好党的十九届六中全会精神”入选总署第二批 20 个支部书记“微党课”视频展播。开展“瓷上绘真情 献礼建党百年”主题党日活动，热烈庆祝中国共产党成立 100 周年。开展“我为群众办实事”实践活动，全年为群众办实事 38 项，《助瓷都维生素出口占国际市场主导地位》被评为南昌海关第二批“我为群众办实事”优秀案例。

推进党风廉政建设。牢固树立底线思维和红线意识，切实抓好非执法领域风险防控，始终把纪律和监督挺在前面。2021 年，扎实推进“形式主义、官僚主义”专项整治，深化运用“四种形态”尤其是第一种形态，与派驻纪检组同频共振、同向发力。制定采购与招标、项目经费管理等制度，在设备采购、工程招标工作中严格执行会审制度，做到防范在先、发现在早、处置在小。

【综合监管】2021 年，景德镇海关优化营商环境。深化“放管服”改革，提升企业国际竞争力。提供“一体化”原产地签证服务，同步推进签证智能审单、自助打印。实现税收入库 2,219.4 万元，增长 288%，增长率居全省第二。推广原产地证书智能审核和自助打印，共签发各类原产地证书 2,691 份，下降 15.2%，签证金额 2.8 亿美元，增长 5.9%，累计帮助景德镇市辖区企业享受国外关税减免 1.1 亿元。

报关单位备案共计 517 家，新增报关单位备案 54 家。高级认证企业共计 2 家。全年共计完成常规稽查作业 3 家、核查作业完成 16 家，常规稽查及核查作业完成率均为 100%，核查有效率 80%，高于关区总体水平，撰写案例入选总署核查案例选编。

开展打击走私“国门利剑 2021”专项

行动。2021 年共计办理 1 起两简案件，1 起一般案件，移交涉检案件线索 2 起，涉检罚没入库数增长 10 倍，首次移交地方公安涉毒办理案件 1 起。主动收集“洋垃圾”、象牙等濒危物种及其制品、野生动物及其产品等重点货物的动态信息，总结已查发案件特征，提炼风险要素和规律。围绕重点敏感商品，加强对进口企业风险分析，防止货运渠道利用货物、运输工具夹藏走私。加强单证审核，对涉嫌“洋垃圾”、象牙等濒危物种及其制品、野生动物及其产品、危化品、易爆化学品重点审核，强化商品风险预警和风险布控工作。落实打击“洋垃圾”、象牙等濒危物种及其制品、野生动物及其产品走私要求，加强与九江海关缉私分局联系配合，切实维护社会安全与稳定。

【检验检疫】2021 年，景德镇海关落实新冠肺炎疫情防控各项措施。坚持“外防内控”齐抓，“人防物防”并重，6 名一线人员通过考核。制定并完善防控制度，成立“挑毛病”专班，开展专项检查，开展多次疫情内部防控应急演练、高风险非冷链进口集装箱货物新冠病毒阳性应急处置桌面推演。落实“应检尽检”“应接尽接”。

开展“国门绿盾 2021”专项行动，开展国门生物安全监测工作，严防重大动植物疫情传入传出和外来物种入侵。加强外来检疫性实蝇监测，在辖区布置实蝇监测诱捕器 20 个，通过监测掌握辖区实蝇分布种类特点，未发现外来检疫性实蝇；加强出口林木制品防疫监管，督促 3 家企业落实防疫措施，2021 年，共监管木柄镰刀 1,187 万元，同比增长 12%。加强对境外动植物疫情信息搜集分析整理上报，累计搜集上报 77 条，被总署动植物疫情信息和检疫政策动态采用 23 条。加强出口饲料添加剂风险监控监测。对出口饲料添加剂 6 个品种产品共 24 个项目进行有毒有害物质风险监控抽样送检，经监测相关产品均符合要求。

加强进出口食品安全。落实食品安全“四个最严”要求，加强出口茶叶种植源头质量安全管控，督促出口茶企落实农残等 21 项有毒有害物质自检自控主体责任，开展出口食品生产企业、进口商及原料种植基地核查 11 家，2021 年共监管出口茶叶 430 万元，同比增长 66%。全年未发生系统性、区域性进出口食品安全事件。

加强进出口商品检验监管。加强危险化学品等重点敏感商品监管。2021 年，共检验各类进出口商品 1,234 批，其中危化品 1,086 批，检出出口危险货物及其包装不合格 44 批，进口危化品不实申报 1 批，进口设备未经检验擅自安装使用 1 批，相关货物均进行了后续处置。

【服务开放发展】2021 年，景德镇海关开展“我为群众办实事”实践活动，落实南昌海关“十百千万”服务计划，坚持“问题清零”机制，推行“异地办、一体办、容缺办、网上办”，活动开展以来，累计为辖区重点外贸企业解决痛点、难点问题43个。助力国产大飞机项目建设，成立党员服务专班，为国产大飞机进口航材减免税近100万元。指派专人对接全程服务地方承接沿海产业梯度转移，助力投资60亿的以晴科技产业园顺利落实开工。

助推试验区开放发展。发挥国家陶瓷检测重点实验室及院士工作站科技优势，推进“智慧海关”建设，将总署科研项目“区块链+鉴证溯源”技术的应用领域扩展到艺术品展览海关监管实践中。以线上服务、智慧服务、专人服务、技术服务护航陶瓷产业发展，推动文化产品出口，全力保障国际陶瓷博览会顺利开办。2021年，“一站式”受理展会备案、展览品确认手续，为《波普图像——安迪·沃霍尔的1961—1987》等展会提供便捷高效服务，景德镇市2021年文化产品全年出口5.4亿元，增长54%。向景德镇市委市政府提交5篇关于开放型经济和试验区建设的建议。

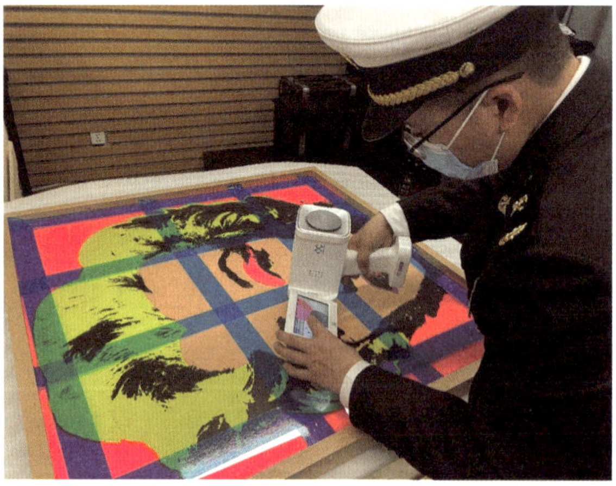

**▲2021年4月16日，南昌海关所属景德镇海关首次将“区块链+鉴证溯源”技术应用于艺术品展览海关监管实践中**

促进跨境贸易便利化。深化“放管服”改革，强化“双随机、一公开”监管，推进“海关改革2020”，积极落实南昌海关促进跨境贸易便利化措施51条。2021年“两步申报”应用率62.5%，位于关区前列，“证照分离”14项改革全部落地。开展“通关与沿海同样效率”专项行动，推进“两步申报”“提前申报”，压缩整体通关时间。

强化政策研究与统计。全面落实总署党委“快速、广泛、深入”做好政策研究及统计工作的要求，根据南昌海关党委工作安排，积极开展“一关一品”工作，聚焦辖区陶瓷特色产业开展品牌培育工作，制订品牌建设工作方案，有力有序推进品牌创建工作。2021年，参与稀土宏观分析等重大分析研究，参与关级课题研究1个，参与学习快报编撰任务7次；开展统计监测预警，撰写进出口监测预警信息10篇；发挥“数据+研究”作用，优化统计服务，向地方政府报送相关分析专报11篇。

落实“十百千万”服务计划。景德镇海关支持企业有效应对新冠肺炎疫情、促进景德镇外贸稳定增长、推进景德镇高水平开放高质量发展，重点围绕景德镇陶瓷和医药化工产业，对景德镇辖区江西百强外贸企业提供“一对一”精准服务，对中小型企业进行调研指导，对注册企业开展全覆盖政策帮扶。2021年，机电产品、医药、炭黑等重点产业分别增长19.7%、12.2%、45.3%。

加强知识产权海关保护。强化政策宣传，开展“龙腾行动2021”“蓝网行动2021”“净网行动2021”。坚持打防并举的工作方法，通过下厂调研、发放政策宣传手册、开展“12·4法制宣传日”活动等多种渠道，积极宣传知识产权保护政策规定，共发放知识产权海关保护宣传手册620余份，工业园区开展知识产权海关保护政策宣传座谈会2次。为广大进出口企业遇到的知识产权海关保护问题答疑解惑，增强企业自主维权意识和自我保护能力，营造良好执法环境。

开展技术性贸易措施研究。支持建设重点产业技术性贸易措施研究评议基地。加强对国外技术性贸易措施的研究、预警和通报评议，指导企业有效应对，提升合规意识和技术创新能力，助力产业转型升级。

【财务及后勤保障】2021年，景德镇海关强化预算资金、结转资金、地方拨款等的统筹使用，盘活各类沉淀资金；采取清理往来资金、加快落实结转资金使用、加大项目支出执行力度等措施，盘活资金存量，避免资金使用“碎片化”；压缩办公成本，推行无纸化办公、无纸化会议，建立办公用品领用制、会议用品回收制，大力压减不必要的公用支出；强化预算管理，打好“铁算盘”，全面落实预算压缩要求，从严从紧控制“三公”经费支出，一般性支出总额较2020年同期压缩53.8%，“三公”经费支出较2020年同期压减53.2%。

【干部队伍建设】2021年，景德镇海关切实加强队伍管理。强化巡视整改与巡察工作，成立巡视整改工作领导小组，制定整改任务一览表，针对总署党委巡视反馈意见，制定整改措施10条，均已整改完毕。注重“举一反三”，以整改落实巡视组意见为突破口，认领共性问题18个，完善了二级台账及佐证材料，坚持抓小、抓早、抓苗头，把问题发现在前、整改在前，不断扩大巡视整改成效。

开展“现场监管与外勤执法权力寻租”专项整治。制订自查工作方案，强化纪法警示教育，畅通举报渠道。召开特邀监督员专题座谈会，联合派驻纪检组走访地方纪委监委、商务局和优化口岸营商环境办公室等部门。建立辖区关企微信群，直接听取企业意见。建立外勤执法监督机制，执行“四步走”报告程序，做到与企业“二对一”谈话、与关员谈话覆盖率100%，进一步一体推进不敢腐、不想腐、不能腐能力水平。

深化准军事化纪律部队建设。严格内务规范各项要求，定期开展纪律作风督查并通报，开展内务督察42次，开展“警示教育月”和“内务规范强化季”，整治酒驾醉驾，强化重要敏感节点警示提示，进一步引导关员强化廉政意识、纪法意识。落实“三关心”帮助干部成长，突出实绩导向，年内科级领导干部转正2名，晋升副科级领导干部1名，晋升一级主办

1名。

成立新闻宣传工作专班，扩大对外宣传成效。2021年，在《中国国门时报》、“学习强国”、《江西日报》、《景德镇日报》等媒体刊载外宣稿件102篇。协助南昌海关编纂完成《江西省志·海关志（1980—2010）》《江西省志·出入境检验检疫志（1952—2010）》。

（撰稿人：许　晶）

# 新余海关

【概况】中华人民共和国新余海关（简称新余海关）是南昌海关直接领导的属地型隶属海关，按授权执行新余市辖区内海关工作。于2006年3月30日开关，成立时辖区为江西省新余市、宜春市、萍乡市。2017年4月26日宜春海关揭牌开关，宜春市划出新余海关辖区范围。2018年4月20日，根据中共中央《深化党和国家机构改革方案》，国家质量监督检验检疫总局的出入境检验检疫管理职责和队伍划入总署，年内原江西检验检疫局新余办事处如期完成机构改革转隶工作，萍乡市划出新余海关辖区范围，内设科室6个（办公室、综合业务科、查检科、稽核一科、稽核二科、稽核三科）。

2021年，新余海关坚持以习近平新时代中国特色社会主义思想为指导，自觉践行总署党委“政治建关、改革强关、依法把关、科技兴关、从严治关”总体要求，对照66项重点任务清单，坚持统筹发展和安全，优化监管和服务，巩固拓展口岸疫情防控和促进外贸稳增长成效。2021年，新余海关监管进出口货运量860.5万吨，位列南昌关区首位；监管进出口货值19.1亿美元，增长54.9%；实现税收入库13.2亿元，增长50%；促进新余市进出口总值达217.3亿元，同比增长29.9%，高出全省平均水平6.2个百分点，增速列全省第四。2021年，新余海关顺利通过全国文明单位复评，获新余驻市单位绩效评议“服务发展”优秀单位、新余市社会治安综合治理目标管理先进集体、新余市公共机构节能工作考评优秀单位和新余市开放型经济工作先进单位等多项荣誉。

【党的建设】2021年，新余海关强化政治机关建设，深入学习贯彻习近平新时代中国特色社会主义思想，坚持把学习贯彻习近平总书记重要指示批示精神作为党委会、形势分析及工作督查例会的“第一议题”。2021年，通过党委会、形势分析及工作督查例会学习习近平总书记重要讲话和重要指示批示精神52次，开展“大学习、大研讨、大落实”活动，专题学习贯彻党的十九届六中全会精神12次。

开展党史学习教育。坚持学史明理、学史增信、学史崇德、学史力行，一体推进学党史、悟思想、办实事、开新局。2021年，围绕学习习近平《论中国共产党历史》等8本书，组建“党史学习教育宣讲团”开展宣讲4次，开展“八个一”活动46余次，开展“八个百”活动32次。开展“我为群众办实事”实践活动，解决企业群众“急难愁盼”问题15个，落实民生项目清单13项，“AEO信用培育工作室 助企业增添‘金名片’”获得南昌海关“我为群众办实事”优秀案例。

强化基层党组织建设。推进“强基提质工程”，开展“创‘四强’党支部、创模范机关、创第一等工作”活动。2021年，1个集体获评“江西青年文明号”，1个关级党建培育品牌通过复评，创建4个科级党支部品牌，2人被评为优秀共产党员，1人被评为优秀党务工作者。拓展党建工作新模式，与新余市7家机关单位共同签订党建合作协议，推动构建“1+4”党建合作工作机制。

贯彻落实党风廉政建设各项规定。推动建立驻署纪检监察组、地方纪委监委、海关三方协同监督机制。2021年，开展“现场监管与外勤执法权力寻租”专项整治，排查廉政风险18个，完善工作机制1个，改善作业流程2个。深化纪法教育与警示教育，推动政治生态持续向好；运用监督执纪“四种形态”谈话提醒3人次，推进精准规范问责。

落实巡视巡察整改工作。根据总署党委巡视工作统一部署，对照巡视反馈指出涉及本关的2个问题，制定整改措施5项，立行立改并开展责任分析和责任追究，对所有问题完成对账销号。

【综合监管】2021年，新余海关开展安全生产专项整治三年行动。围绕专项行动重点任务，完善监管查验机制，严密一线监管，依法严厉打击瞒报、漏报、夹带特殊物品等行为。布控查验进口货物35批次，未发现涉嫌走私违禁物品情事。

开展综合治税工作。2021年，实现税收入库13.2亿元，增长49.9%，税额及增长率均创近五年新高。汇总征税率27%。上报2条税政调研工作建议。属地纳税人管理框架基本建成，覆盖辖区96%以上税源。推广原产地证书智能审核和自助打印，共签发各类原产地证2,094份，签证金额5.1亿美元，累计帮助新余市企业享受国外关税减免2.2亿元。指导进出口企业运用保税加工、保函通关、汇总征税等缓税或免税政策，帮助节省资金占用约9.9亿元。

开展企业稽查与管理。2021年，报关单位备案共计1,628家，新增报关单位备案62家，增长3.8%。高级认证企业3家，新增1家。办结稽查作业4家，稽查作业完成率100%，稽查查发率25%；办结核查作业21起，查发14起，查发率66.7%。

组织开展“国门利剑2021”“国门绿盾2021”及“蓝天2021”专项行动。2021年，办结企业法人超期变更简易程序案件1起。

开展打击走私综合治理，根据《江西省打击走私综合治理考核评价实施办法》及《考核评价标准》，按照反走私综合治理考核评价体系，推进反走私综合治理工作。2021 年，自办行政案件 1 起，移交南昌海关稽查部门专项稽查线索 3 条，保持高压严打态势。

【检验检疫】2021 年，新余海关开展进出境货物检验检疫 1,577 批次，货值 139.7 亿元，其中出境检验检疫 1,121 批次，货值 40.7 亿元；进境检验检疫 456 批次，货值 99.1 亿元。进出境货物检验检疫不合格 15 批次，货值 1,687 万元。

开展口岸卫生检疫工作。坚持“人、物”同防，严格实施高风险非冷链集装箱货物监管工作，做好进口放行后检查作业安全防护，实现“零输入、零漏检、零感染”。2021 年，组织安全防护培训考核 48 人次，个人防护“9 件套”考核 8 人次，应急演练 4 次、36 人次。

开展动植物检疫工作。按照“国门绿盾 2021”专项行动要求，开展国门生物安全监测工作，严防重大动植物疫情传入传出和外来物种入侵。开展国门生物安全监测，2021 年，累计监测出各类实蝇 623 头、外来有害杂草 12 种次。在强化进境粮食检疫监管工作中，截获有害生物 183 种次，其中检疫性有害生物 12 种次。在服务国家储备粮战略方面，首次完成新余市 1 个进口储备粮库考核，顺利完成 1.7 万吨储备粮目的地检疫监管。

▲2021 年 4 月 28 日，南昌海关所属新余海关保障供港食品安全

开展进出口食品安全工作。落实食品安全“四个最严”要求。2021 年，完成进出口食品化妆品检验监管 80 万批、902 万元。开展进出口食品化妆品监督抽检和风险监测，监督抽检 4 项次。开展出口食品生产企业、原料种植养殖基地核查 6 家。

开展进出口商品检验监管工作。加强危险化学品、烟花爆竹等重点敏感商品监管。2021 年，检出各类进出口商品不合格 15 批，检查出境危险货物包装不合格 27 批。强化岗位能力提升，6 人通过总署考核获得上岗资质，通过率 100%，组织 15 人参加总署危险品岗位练兵和技能比武。完成出口 LED 灯具抽查检测 1 批次，为采取风险预警和快速反应措施提供技术支撑。

【服务开放发展】2021 年，新余海关深化“放管服”改革，强化“双随机、一公开”监管，推进“海关改革 2020”，落实促进跨境贸易便利化 51 条措施，“两步申报”应用率 55.1%。

落实南昌海关“十百千万”计划，支持企业有效应对新冠肺炎疫情、促进江西外贸稳定增长、推进江西高水平开放高质量发展，对辖区7家重点企业发展进行重点支持，提供“一对一”精准服务，对辖区中小型企业进行调研指导，对辖区注册企业开展全覆盖政策帮扶。2021年，建立江西重点企业常态化监测预警机制、调查机制，助力产业链供应链稳定，新增AEO企业1家。

开展“龙腾行动2021”“蓝网行动2021”“净网行动2021”。通过政策宣讲会、送政策上门等形式开展宣传活动8次。与新余市知识产权工作部门开展合作，参与新余市知识产权工作联席会议2次，与新余市市场监管局、中级人民法院、公安局共同开展知识产权进校园等系列宣传活动。知识产权保护稿件《中国草世界俏》被“学习强国”、总署门户网站、《中国国门时报》等载体采用。

▲2021年9月4日，南昌海关所属新余海关扶持光电产业快速发展

强化政策研究与统计。落实总署党委“快速、广泛、深入”做好政策研究及统计工作的要求，认真按照南昌海关统计工作部署，开展分析研究工作。2021年，开展统计监测预警，撰写进出口监测预警信息24篇，配合开展了总署锂电行业专题调研。发挥统计决策服务作用，报送新余市外贸分析专报11篇。按照南昌海关分析研究“一关一品”工程建设工作要求，制订《新余海关钢铁产业分析研究品牌建设工作方案》，钢铁产业分析研究品牌被评为南昌海关首批分析研究培育品牌。

开展技术性贸易措施研究。2021年，上报技术性贸易措施应对案例3篇、技术规范解读1篇。对3家企业开展国外技贸措施对企业出口影响的调查。上报江西省新余市申建氢氧化锂技术性贸易措施评议基地建设可行性报告。

**【财务与后勤保障】** 2021年，新余海关预算执行率约99%，创历史新高。落实闲置房地产处置利用三年规划，闲置房地产处置率100%。开展节能减排宣讲、能源紧缺体验等活动，获评新余市公共机构节能工作考核优秀单位。贯彻落实“过紧日子”要求，压缩经费支出，每月定时核算公用经费使用情况，确保按照预算妥善使用经费。按照上级预算批复执行预算，杜绝违规挪用资金支付其他费用。加强财务管理，检查财务资金动向情况，规范项目支出内容和范围。加快资金执行进度，统筹推进各项目均衡支出，强化预算绩效管理。

【队伍管理】2021 年，新余海关选人用人满意度测评和从严管理干部情况好评率达 100%。在人员队伍培训方面，按期完成十九届五中全会精神暨党史学习教育专题班培训，应训人员参训率 100%，2021 年度培训计划学时学分达标率 100%。4 人获评 2021 年度南昌海关个人嘉奖，2 人分别获评“口岸一线封闭管理专项工作”“分析研究‘一关一品’工程专项工作”集体三等功，1 人获“南昌海关‘现场监管与外勤执法权力寻租’专项整治专项工作”嘉奖。

加强法治建设。全面优化制度体系布局，推进业务制度“立改废”4 件，未发生行政诉讼案件。选派 1 名公职律师加入南昌海关普法讲师团，集中开展“8・8”“12・4”等专题普法活动 4 场，开展“法律知识测试”1 次。1 位公职律师代表南昌海关参加总署政法司公职律师“以干代训”工作，1 位公职律师代表南昌海关参加司法部“涉外法律人才培训班”。

强化内部控制。根据南昌海关党委审计工作统一部署，对照审计反馈指出的 6 个问题，逐条制定有针对性的整改措施，对所有问题完成对账销号。运用 HLS2017 内控平台监控，处置异常数据有效率 97%，补税 53 次，取得专项成果 6 项。

（撰稿人：张　鹤）

# 鹰潭海关

【概况】中华人民共和国鹰潭海关（简称鹰潭海关）是南昌海关直接领导的属地型隶属海关，按授权执行鹰潭市辖区内海关工作。于2010年8月经国务院批准设立，同年10月成立鹰潭海关筹建处，2014年4月9日正式开关并对外办理业务。2018年4月20日，根据中共中央《深化党和国家机构改革方案》，国家质量监督检验检疫总局的出入境检验检疫管理职责和队伍划入总署，年内原江西检验检疫局鹰潭办事处如期完成机构改革转隶工作。内设科室4个（办公室、综合业务科、查检科、稽核科）。

2021年，鹰潭海关坚持把贯彻落实习近平总书记重要指示批示精神和党中央重大决策部署作为行动号令，学习贯彻党的十九大和十九届历次全会精神，贯彻南昌海关工作会议、全面从严治党工作会议精神，对标“五个新作为”，坚持“向好的学、同强的比、往高的攀、与快的赛”，自信图强、硬核担当，推进鹰潭海关工作全面发展、全面进步，实现了“十四五”良好开局。进出口货值303.9亿元，总额列南昌关区第二，同比增长1.1倍，增幅列南昌关区第一；征收税款15.1亿，列南昌关区第二；加工贸易手册备案金额24.2亿美元，居南昌关区第一；助推铜产业发展措施获评关区“十佳项目”；文明单位创建、绩效考核、平安创建、节能减排等各项考核持续保持“优秀”。

【党的建设】2021年，鹰潭海关始终把政治建设放在首位，筑牢信仰之基，做到“两个维护”。落实“第一议题”制度，深入开展“让党中央放心、让人民群众满意的模范机关”创建工作。2021年，开展党委理论学习中心组等学习26次、研讨130余人次。对照总署模范机关创建标准，细化创建工作方案，严肃党内政治生活，严格执行民主集中制，严守党的政治纪律和政治规矩。组建青年干部理论学习研究小组，开展学习15次，撰写论文9篇。

坚持理论研学与实践悟学相结合，坚持“规定动作”与“自选动作”相结合，细读“八本书”，组织“八个一”，开展“八个百”，落实“三走进”，推动党史学习教育走心走实。2021年，制定每月任务清单，将全年党史学习教育工作细化分解成36项重点任务，按时间节点扎实推进。持续营造全方位、立体式的学习氛围，自主开展“跟着电影学党史”等活动，组织党员干部赴中国血防纪念馆、“上清会师”旧址、周坊革命烈士纪念馆等地参观，并制作共同写、共同看的心得体会专用笔记本。围绕伟大建党精神，组织召开专题座谈会，研究庆祝中国共产党成立100周年活动方案，开展升国旗、重温入党誓词、唱红歌、上网课等一系列活动。深化“我为群众办实事”实践活动，同步推进党史学习教育专题组织生活会问题整改，解决企业问题15个、干部职工困难6个。

落实“支部建在科上”“支部强在科上”要求，以“三创”为抓手，以“四强”党支部为目标，自主开展“抓支部书记、抓骨干队伍、抓组织生活、抓规范管理，提升监管效能、提升服务质量”的“四抓两提升”活动，设立“雄鹰·三度”“好口子”“青山”“红雨”支部党建品牌，支部组织相关活动33人次，解决问题、短板14个，对科长党建责任进行再压实、对“三化”建设进行再推进、对组织生活进行再规范。

持之以恒建设清廉海关。落实好上级党委关于加强对“一把手”和领导班子监督工作的有关要求，深入开展“现场监管与外勤执法权力寻租”专项整治工作，持之以恒建设清廉海关。2021年，结合“四不两直”要求，走访政府部门、企业20余家，常态化、随机化开展新冠肺炎疫情防控及内务督查。通过召开党委会、联席会等方式配合派驻纪检组开展监督，以外部监督提升服务质量，一体推进纪法教育、警示教育、内控管理等工作。组织全员签订“杜绝酒驾醉驾承诺书”，将队伍的管理从八小时内向八小时外延伸，不断强化队伍纪律作风建设。

【综合监管】2021年，鹰潭海关开展综合监管工作。履职尽责推动法治建设。带头利用“钉钉”“学习强国”等平台，学习贯彻习近平法治思想。引导关员将日常综合执法工作与普法工作结合起来，全面推行依法行政，切实加强法治建设。围绕“12·4”国家宪法日等重要节点开展活动，进一步增强全体党员干部的法治观念和法律意识。制定落实含67个风险点、222项防控措施的鹰潭海关2021年风险防控清单，切实防好风险。

强化危险品及其包装检验监管日常监控，按照“日清、周查、月结”从严从细执行各项工作规定，确保问题“不贰过”。强化进境粮食属地监管，做好14.9万吨进境粮食各环节检疫监管，在保障国家粮食储备战略落实的基础上，守牢“国门绿盾”最后一道防线，在进口玉米、高粱、大麦、大豆等进境粮食中，检出豚草、假高粱、刺萼龙葵等进境植物检疫性有害生物16种次、一般性有害生物111种次。检验监管出口食品添加剂486批、2.6亿人民币，货值同比增长280%。强化政策宣传，加强知识产权海关保护。

▲2021年10月18日，南昌海关所属鹰潭海关赴辖区重点企业进行政策宣讲

开展应税商品规范申报核查，审核报关单数据，并举一反三对可能存在问题的商品开展自查。涉及鹰潭海关的规范申报问题及时修改报关单，涉及外关区的及时联系相应海关并发送联系单协调修改，共拟稿7条跨关区修改规范申报要素联系单，一对一联系指导相关企业，纠正规范申报错误。注重总结收集税收征管工作中的问题，共报送5条税收风险参数建议，其中1条被总署税管局采用。规范辖区主要税源商品价格管理，引导符合条件的企业进行进口货物公式定价备案。顺利完成RCEP新系统上线运行，实现辖区原产地证书自助打印，减少企业往返海关签证的时间、人力成本。

2021年，报关单位备案共计923家，新增报关单位备案83家。落实后续监管职能，完成稽查作业6起，核查作业21起，纠正17家企业的违规行为。2021年稽查补税金额列关区第一。参加关区机动稽查1次，稽查审核8家，提出实质性审核意见10余条，特别是在打击跨境电商进口走私“断链刨根”专项整治行动中，审核关区首家跨境电商稽查作业，与承办海关进行充分的意见交流。参与关区2020年度稽查执法检查，对22家稽查作业进行规范性检查，举一反三进一步提高稽查作业质量。

保持高压严打态势，全面推进“国门利剑2021”专项行动，开展“蓝天2021”专项行动，侦办案件3起，移交缉私线索1起。与地方市场监督管理局、中级人民法院联合签订合作备忘录，就建立互助办案机制、完善联合惩戒机制等方面开展合作；与生态环境部门共同加强固废进口监管，加大协同打击“洋垃圾”走私力度；与地方税务局、市场和质量监督管理局、银保监分局等部门加强信息共享，严厉打击虚假贸易和流通领域私货交易行为。

**【检验检疫】**2021年，鹰潭海关开展检验检疫工作。推动新冠肺炎疫情常态化防控，参加“钉钉”平台、卫生检疫“每周一训”等业务培训，做好卫生检疫业务知识储备。严格防护确保“零感染”，落实顶格防护要求，从严就高落实属地外勤执法个人防护要求。学习防护指南和防护工作手册，顺利通过南昌海关开展的中风险个人防护装备“九件套”、货检人员个人安全防护“七件套”的穿脱视频考核。对照最新防护文件要求，开展穿脱实操学习培训，确保实操培训效果，保证外勤岗位关员个人防护安全。落实“应检尽检、愿检尽检”要求、健康监测“日报告、零报告”、出差出行管理措施等要求，落实“三件套”，做好健康监测日报告、每周2次核酸检测，严格出差出行报备审批，实现“打胜仗、零感染”。组织开展内部防控应急处置演练，进一步提升协调联动、快速反应及处置能力，派员支援昌北机场一线抗疫工作，在急难险重任务中彰显忠诚担当。

开展“国门绿盾2021”专项行动，做好出口植物产品质量安全监管，严格辖区进境粮食的检疫后续监管，落实国门生物安全监测任务，保障国门生物安全监控成效，学习宣贯《中华人民共和国生物安全法》，加强外来物种防控，筑牢动植物检疫防线，维护国门生物安全。

按照上级部署优化检验监管模式，帮扶食品添加剂、茶叶、米粉等特色产品扩大出口。加强对辖区重点出口食品添加剂企业的风险监控和日常监管，重点强化关键生产环节卫生安全管控。针对疫情管控要求，加强生产人员防护措施，根据国外标准变化情况，及时发布警示通报。实施便利化帮扶措施，在确保质量安全的基础上促进出口。

抓好危化品、危包等重点敏感商品安全监管。落实查验监管要求，开展业务实操及单证自查，确保从严从细按规开展危化品及危包安全监管工作。2021年，检验鉴定出口危险货物包装215批，实施法定检验出口危险化学品36批、货值920万元，实现出口危险货物“零事故”。

**【服务开放发展】**2021年，鹰潭海关持续服务鹰潭市经济开放发展。支持江西内陆开放型经济试验区建设，全力落实国务院办公厅关于推进多式联运发展相关措施，围绕江西有色金属产业发展首创提出建设鹰潭国际综合港的设想被鹰潭市委、市政府采纳并列入省、市两级“十四五”规划。目前已初具规模，未来将打造成集进出口贸易、加工、保税、铜期货交割、铜供应链中心为一体的内陆开放平台、内陆双向高水平开放创新区、以万亿有色金属产业发展为支撑的全国铜原料集散中心。

开展“通关与沿海同样效率”专项行动，实施“提速、保畅、助产”压缩通关时间行动计划，提升通关效率，落实通关“零延时”，进一步巩固压缩整体通关时间成效。推进全业务领域一体化改革，推广“提前申报”“两步申报”“两段准入”等通关监管模式改革，实现一体化通关率达100%，进口“两步申报”率62%。深化“放管服”改革，将进出口环节监管证件由86种精简为41种、海关证明事项由116项精简为24项，推广应用国际贸易“单一窗口”国家标准版覆盖率达100%，实现企业足不出户完成各项申报手续。

打造铜产业分析研究培育品牌。根据“一关一品”工程“五库一平台”的建设要求，结合鹰潭优势铜产业，建立分析研究人才库、外脑专家库、重点企业库，每月更新LME铜价、国内外铜库存、铜产品进出口情况及铜产业要闻动态等分析研究资料库，开展江西省铜产业进出口监测。结合工作实际，提出了2022年版本主要进口商品参数意见，增加了再生铜的调整意见。2021年共报送16篇铜产业进出口监测预警信息，其中3篇被刊用。多篇监测预警信息被南昌海关统计处评为月度优秀信息，并在7月份关区统计分析视频培训会议上作经验交流分析。打造的分析研究品牌获评“南昌海关分析研究培育品牌”。

设计《2021年先导指数样本企业回访文件》，撰写的《2021年南昌海关外贸出口先导指数调查样本企业回访调查报告》被总署统计分析司采用。参与编写《学习快报》，2021年共编写报送18期，其中作为牵头单位编写报送1期，多次获得南昌海关统计处肯定；报送4篇业务统计分析报告、1篇《业务统计情况交流》，均被南

▲2021年12月1日，南昌海关所属鹰潭海关参加技术贸易研究评议基地视频评审

昌海关统计处采用。在2021年南昌海关的2次统计数据集中审核中，作为牵头单位开展第一数量单价超限等统计数据审核，报送4条统计监督信息。

强化政策宣传，组织开展“十百千万”服务计划等各类政策宣传和关企座谈20余次。开展“一对一”帮扶，为辖区36家重点企业设立企业帮扶联络员，对企业反馈的困难进行建档督办，为企业解决各类业务疑难66个。推广“互联网+海关”，做好查验报关单及时放行工作，实现出口货物发货、报关、进仓无缝衔接。

推动“国家有色金属技术性贸易措施研究评议基地”建设，申请设立的全国有色金属技术贸易研究评议基地已原则上通过评审，发挥其在铜、铝等有色金属国外法规跟踪、研究、评议和预警作用。

【财务及后勤保障】2021年，鹰潭海关开展财务及后勤保障工作。预算执行率99.6%，完成要求预算执行率。落实闲置房地产处置利用三年规划，严格涉案财物管理，定期巡查涉案财物仓库。推进节能减排工作，开展机关综合楼节能改造等节能项目建设，获得南昌海关节约型机关单位称号。

【干部队伍建设】2021年，鹰潭海关开展干部队伍建设。坚持巡视整改促提升。以巡视“政治体检”为契机，强化政治机关意识教育，深化模范机关创建，在做好2项个性问题整改的基础上，主动对20项共性问题予以认领、整改，制定59项整改措施，推动“日清、周查、月结”，

努力把整改成果转化为当好“三个表率”的新路径、新成效。抓紧抓实干部队伍建设，选任正科级领导干部1人、副科级领导干部2人，晋升职级4人。坚持眼睛向内，挖掘内部人力资源存量，安排2名四级高级主办下沉一线科室，进一步充实一线监管力量。加强全员培训，发挥青年干部理论学习小组学习带动作用，推进“百名党员讲党课”“百名关员讲专业”。

（撰稿人：车晓露）

# 上饶海关

【概况】中华人民共和国上饶海关（简称上饶海关）是南昌海关直接领导的属地型正处级隶属海关，按授权执行上饶市辖区内海关工作。于2014年8月6日正式开关，前身为南昌海关驻上饶办事处（2008年12月18日正式运行），2018年4月20日，根据中共中央《深化党和国家机构改革方案》，国家质量监督检验检疫总局的出入境检验检疫管理职责和队伍划入总署，年内原上饶出入境检验检疫局如期完成机构改革转隶工作。

2021年，上饶海关发挥党建引领作用，推进党史学习教育，坚持围绕中心、服务大局，统筹发展和安全，统筹口岸疫情防控和促进外贸稳增长工作，不断强化监管、优化服务，加强准军事化纪律部队建设，助推地方开放型经济发展，努力实现“十四五”时期“开好局、起好步”。

【党的建设】2021年，上饶海关强化政治机关建设，始终牢记海关是政治机关，落实好“第一议题”制度、“每日必学、每周研讨”机制，把学习贯彻习近平新时代中国特色社会主义思想作为首要政治任务，全年通过党委会、党委理论学习中心组、青年干部理论学习小组开展学习68次。讲学习贯彻十九届六中全会精神专题党课，到企业开展专题宣讲，组织撰写心得体会、开展“我是党员我来讲”活动，坚决捍卫“两个确立”，增强“四个意识”、坚定“四个自信”、做到“两个维护”。

通过学习“八本书”，结合实际开展“八个一”“八个百”活动，开展“中心组专题学、每周例会集中学、支部会议巩固学、党员干部网上学、业余时间自行学”的“五学”活动，每日更新“党史上的今天”内容，开辟“青年关员说党史”专栏，并与南昌海关食品处党支部、督察内审处党支部分别开展联学共建活动各1次。开展红色走读6次。以“我为群众办实事”实践活动为抓手，通过“访政府”“进企业”“问群众”对接需求，制定“实事清单”，对账销号督办推进，共办结实事85项。

认真落实关于加强对“一把手”和领导班子监督的意见及具体措施，配合派驻纪检组工作，共同研究全面从严治党工作3次。召开研究布置党建、党廉专题会议6次。坚持“严”的主基调，开展“现场监管与外勤执法权力寻租”专项整治，健全完善风险防控措施30条。加强“内控建设”，建立科内自查、科室互查、关领导抽查复核机制，强化监督制约。常态化开展警示教育和纪法教育，深化“以案为鉴、以案促改”，用“身边事”教育“身边人”。加强党员干部八小时内外管理监督，注重抓早抓小，开展提醒谈话2人次。突出重点人员管控，坚决杜绝酒驾醉驾。以强化考勤纪律为小切口，严明纪律作风。全年队伍未发现不廉情事。

定期召开座谈会，开展家庭走访和“我为上关发展建一言”等活动，协调解决干部职工关心的热点和难点问题6个。开展学雷锋志愿活动、文明交通志愿引导、无偿献血、扶贫捐助等社会公益和爱心活动，参与人员覆盖率100%。举办六一节亲子活动、妇女节茶艺学习、趣味运动会、健步走、篮球、乒乓球、足球、网球竞赛等集体活动30余次，营造心齐事成的浓厚氛围，增强队伍的凝聚力、战斗力和向心力。

【综合监管】2021年，上饶海关优化税收征管质量，积极引导企业享受“汇总征税”“自报自缴”等便利化措施，推动3家企业使用“汇总征税”，额度达3,000万元，共计征收税款2.12亿元，同比增长18.4%。支持外贸企业加快对接RCEP，做好“关税筹划”，发挥原产地证“纸黄金”作用，为企业提供关税减免优惠，提升企业国际竞争力。签发原产地证书2,608份，货值21.7亿元，自助打印1,624份，比例为62.3%，覆盖原产地证书20种。开展重点特色产业统计分析，发挥“数据+研究”职能作用，结合国际贸易形势变化，为上饶市外贸形势提供参考建议，创建“一关一品”光伏品牌，引入企业、科研外脑专家，加强加深产业分析，共计撰写统计简报12篇，被总署采用4篇。

▲2021年10月29日，南昌海关所属上饶海关关员验收公用型保税仓库指导企业开展保税仓储业务

落实稽查查发为主的改革工作思路，发扬“啄木鸟”精神，以稽查查发、查缺补漏和规范管理为重点稳步推进稽核查作业，办结核查作业97起，作业数据关区首位；办结稽查作业5起，主动披露作业1起，稽查追补税款同比增长2.8倍，稽查绩效列关区第一。制订上饶海关打击走私“国门利剑2021”专项行动方案，对辖区

进口可用作原料的国内收货人开展专项稽查作业2起，核查作业2家。2021年办结行政案件数16起，其中一般行政案件2起，罚没入库5.3万元，简易程序案件14起，快办案件1起，办结数量列关区前列。

【检验检疫】2021年，上饶海关与上饶市建立新冠肺炎疫情联防联控机制。派员支援南昌昌北机场海关进境货物航班检疫2人次。制定上饶海关进口高风险非冷链集装箱食品新冠肺炎疫情防控应急处置、职业暴露感染或其他可能导致安全防护的突发事件应急处置预案并开展应急处置演练5次，开展个人防护培训8次。开展多种形式的生物安全法、新冠、疟疾等疫病防控宣传活动。10月30日，面对上饶市铅山县突发新冠疫情，坚持“一把手”负总责，压紧压实新冠肺炎疫情防控主体责任，团结带领全体党员，压实“四方责任”，从严从快从紧从实落实各项疫情防控措施。严守“五个一”，紧盯“四个重点”，严明“七项纪律”，累计排查900人次，应急处置36人次，核酸检测11轮703人次，环境全覆盖消杀221次。统筹战疫情稳外贸工作，开展外勤作业27批次、远程作业94批次。完善新冠肺炎疫情防控应急预案，开展应急演练11次，加强个人防护穿脱演练，打牢新冠肺炎疫情防控基础。充分运用办公室督促检查、“挑毛病”专班专门检查、纪检组监督检查、关领导随机抽查的机制，确保各项动作100%执行到位。

加强与地方应急管理部门沟通联系，与上饶市应急管理局签订《上饶海关　上饶市应急管理局进出口商品安全监管联防联控机制》。组织16名关员参加总署危险品岗位练兵和技能比武。年内共检验进口商品28批次，检验出口危化品及其包装1,676批，货值7,827万美元，出口批次、货值分别同比增长59%和152%；检出不合格72批，不合格批次同比增长63.6%，检出不合格率居关区第一。

2021年，上饶海关按照安全风险监控计划及供港澳活猪疫病监测计划要求，开展安全风险监测4次，其中采集尿样36头份、猪肝样1份、猪血样40头份，检测结果均为合格。按照南昌海关供港活猪检疫监管的工作指引，对辖区供港澳活猪注册饲养场开展非洲猪瘟疫情监测10次，共计抽取血样200个，拭子样80个，非洲猪瘟核酸检测均为阴性。

2021年，上饶海关组织开展“国门绿盾2021”专项行动，严厉打击非法引进外来物种和种子苗木行为，维护国家生态安全和生物安全。开展植物疫情信息14条，被总署采用6条。截获外来有害生物172种次，其中检疫性有害生物72种次；实蝇监测工作共计截获实蝇1,373头。

2021年，上饶海关受理出口食品农产品检验检疫申请共计2,563批、2.5亿美元，出口货值同比增长30.5%；其中出口烤鳗7,500万美元、同比增长16.7%，出口茶叶及速溶茶粉9,293万美元、同比增长 27.8%。

【服务开放发展】2021 年，上饶海关落实“通关与沿海同等效率”工作，业务现场开通“绿色通道”“专用窗口”，推广“互联网+预约通关”，保障节假日通关 78 票，货值 3.7 亿元。2021 年上饶市进出口总值 318.6 亿元，同比增长 24%，高于全省平均水平 0.3 个百分点。其中，出口 279.1 亿元，增长 20.1%；进口 39.5 亿元，增长 60.8%。

开展常态化宣传，联合口岸其他单位开展巡回调研宣讲，覆盖企业 214 家次。推动知识产权备案，引导辖区光伏、新能源汽车等重点企业强化品牌保护意识，共计 4 家企业完成知识产权备案，涉及商标、品名、图形、技术等知识产权 14 项。

**▲2021 年 11 月 30 日，南昌海关所属上饶海关关员现场调研指导新能源企业出口**

推进《南昌海关　上饶市人民政府全面战略合作协议》落实落地。参加综合保税区、三清山机场航空口岸、跨境电子商务综合试验区现场调研、选址规划、项目入区、便利化政策汇总等工作会议，根据海关职能做好政策解读工作。向企业做好综合保税区、航空口岸、跨境电子商务相关政策宣传解读工作，覆盖辖区企业 78 家次。对照上饶综合保税区设立指标评估情况，主动发挥海关职能，开展支持上饶市加工贸易业务发展专项工作，宣传加工贸易便利化政策，引导支持辖区企业开展加工贸易业务，加工贸易企业由 2020 年的 9 家增至 23 家，加工贸易进出口 37 亿元，增长 44.1%，新注册跨境电子商务企业 7 家。

落实《南昌海关 AEO 认证三年行动方案》，以地方重点扶持企业、与“一带一路”沿线国家（地区）有贸易往来企业等为重点，主动对接开展调研和宣传，加大辖区有意愿有条件企业的认证培育力度，开展 AEO 认证培育 4 家。

完成特定资质备案 27 家，其中出口食品生产企业备案 7 家、出口食品原料种植基地备案 10 家、出境竹木草生产企业备案 6 家、出境货物木质包装除害处理标识加施企业延续备案 2 家、非食用性动物产品生产加工存放企业延续备案 1 家、进境粮食加工企业备案 1 家、对欧盟水产品推荐评审 2 家。“一对一”指导企业备案整改 120 余次，完善质量管理体系文件。

推动《海关全面深化业务改革 2020 框架方案》落地，参与企业集团加工贸易监管改革试点及残次品监管改革试点，辖区 2 家企业参与相关试点工作。支持上饶市设立首个公用型保税仓库。加工贸易进出口55.6亿元。推进“十百千万”服务计划，通过实地、电话、网络、新闻媒体等多种形式实现辖区1,690家注册企业宣传全覆盖，365家有进出口业务企业调研全覆盖。推进AEO认证培育工作。支持跨境电子商务企业发展，2021年完成7家跨境电子商务企业备案。

【财务及后勤保障】2021年，上饶海关征收税费2.1亿元，同比增长18.5%，其中增值税1.9亿元、关税2,532.3万元、罚没收入5.3万元、利息0.2万元。12月，根据机构改革单位整合调整相关安排，上饶海关实验室资产全部划转至南昌海关技术中心。

【干部队伍建设】2021年，上饶海关召开4次党委会、2次形势分析及工作督查例会研究部署巡视整改工作，针对反馈的1个问题和主动认领的14个问题，制定50条整改措施、建立16项机制台账，确保巡视整改任务落实。定期汇总检查提醒谈话审批情况、谈话事由和谈话内容，注重实际成效，推动精准运用，防止出现畸轻畸重现象。定期对实践运用情况进行统计分析和通报，及时掌握情况。对运用不主动、不准确的及时提醒，杜绝应用未用、随意使用的情况，确保“不贰过”。

2021年，上饶海关深入开展全员培训，组织参加商检条线岗位练兵活动，鼓励全体关员参加各类资格考试。评选“方志敏式好干部”8人次，激励关员“干事创业”热情。走访慰问老干部2人次。

（撰稿人：姬文灏）

# 宜春海关

【概况】中华人民共和国宜春海关（简称宜春海关）是南昌海关直接领导的属地型正处级隶属海关，按授权执行宜春市辖区内海关工作。于2017年4月26日正式开关，2018年4月20日，根据中共中央《深化党和国家机构改革方案》，国家质量监督检验检疫总局的出入境检验检疫管理职责和队伍划入海关总署，年内原宜春出入境检验检疫局如期完成机构改革转隶工作。现内设有6个科室（办公室、综合业务科、查检一科、查检二科、稽核一科、稽核二科）。

2021年，宜春海关坚持以习近平新时代中国特色社会主义思想为指导，聚焦“作示范、勇争先”目标定位，全面践行“政治建关、改革强关、依法把关、科技兴关、从严治关”总体要求，统筹口岸疫情防控和促进外贸稳增长。2021年，宜春外贸进出口318.7亿元，同比增长30.6%，进出口增速全省第三，进出口值全省第六，进出口增速和总值均创历史新高。其中，出口293.9亿元，增长28.7%；进口24.8亿元，增长59.3%。进出口、出口和进口增速分别高于同期全省平均水平6.9、2.8和41个百分点。2021年12月，该关作为宜春市唯一全省文明单位代表，参加全省文明建设表彰大会接受现场颁奖；该关助力集成电路产业“卡脖子”顺利投产项目，被纳入总署“我为群众办实事”百佳项目；1名关员获总署商检领域危化品“万人争先”线上练兵关区第一名。

【党的建设】2021年，宜春海关强化政治机关建设，学习贯彻习近平新时代中国特色社会主义思想，坚持把学习贯彻习近平总书记重要指示批示精神作为形势分析及工作督查例会的“第一议题”，贯彻落实习近平总书记重要指示批示精神和党中央重大决策部署。坚持“第一议题”制度，用习近平新时代中国特色社会主义思想武装头脑、指导实践、推动工作，增强“四个意识”，坚定“四个自信”，做到“两个维护”。召开38次党委会、12次党委理论学习中心组学习会，贯彻落实习近平总书记重要讲话和重要指示批示精神，围绕常态化疫情防控、打击“洋垃圾”和象牙等濒危物种走私、防范外来物种入侵、优化口岸营商环境等重点工作，形成“督查+评估+问效”闭环机制，推动党中央重大决策部署落细落实。

成立党史学习教育领导小组，制定“宜春海关党史学习教育安排表”，明确学习要求、任务分工和完成时限，采取多种形式开展学习教育，共开展党史学习教育“八个一”32次、“八个百”956次，落实重点“为民办实事”项目8个，其中助力集成电路产业“卡脖子”项目顺利投产项目获总署“我为群众办实事”第四批百佳项目通报。通过党委会、党委理论学习中心组学习会等形式，学习贯彻习近平总书记在党史学习教育动员大会上的重要讲话和关于党史的重要论述；各支部通过“三会一课”形式组织党员开展学习和研讨，开展“永远跟党走”群众性主题宣传教育和“学史·铸魂”红色讲坛、到宜春市博物馆开展“红色走读”等形式多样的活动，并通过主题党日、党史知识竞赛等形式，提高学习效果。

坚持民主集中制，推进党委理论学习中心组学习制度化、规范化和常态化，细化落实全面从严治党主体责任清单。严格队伍教育管理，深化内涵学军，抓住执法一线科长这个关键，实施“三单”对账，提高执法一线科长能力素养。履行党风廉政建设主体责任，持之以恒正风肃纪，推动中央八项规定精神落地生根，扎实开展“以案为鉴、以案促改”专题警示教育，深化廉政文化建设，一体推进不敢腐、不能腐、不想腐，确保队伍廉洁自律。

开展“现场监管与外勤执法权力寻租”专项整治。制订专项整治自查工作方案，公布信访举报受理范围和举报奖励措施，对外发布举报电话、邮箱及收信地址；通过采取集中座谈、实地调研和电话调研等方式，组织对297家企业开展了问卷调查，共收回297份（现场调研问卷105份，电话和邮件调研问卷192份），其中危险货物生产企业69家、竹木草生产企业39家、食品企业62家、进境粮食企业12家、包装企业14家、贸易公司49家、轻纺机电等企业52家，未收到企业反映宜春海关相关人员在现场监管与外勤执法领域中的问题线索，共收集企业业务问题10余个，均已解决；梳理提交“三个清单”，排查廉政风险点5个。通过开展专项整治，全体干部职工廉洁意识进一步增强，关企关系更加“亲”“清”，风险防控水平进一步提升，学习主动性进一步提高的成效。

**【综合监管】**2021年，宜春海关通过加强法治建设，突出抓好安全，强化风险防控，有力地保障了危险品检验监管和动植物检验监管成效。把学习宣传贯彻习近平法治思想作为一项重要政治任务，列入海关党委理论学习中心组学法的重点内容，纳入法治教育培训重点课程，通过党委理论学习中心组学习、专题辅导报告会、宣讲会等形式，吃透基本精神、把握核心要义，指导推动工作，把习近平法治思想贯彻落实到海关法治宣传教育的全过程、各环节。邀请宜春市人民法院法学专家开展《中华人民共和国民法典》解读专题讲座；结合海关系统正开展的“现场监管与外勤执法权力寻租”专项整治工作，学习《中国共产党纪律处分条例》等党内法律法规规章十余篇。每年大力开展“12·4宪法宣传周”“8·8海关法治宣传日”相关活动，为落实普法规划工作营造良好氛围，通过听取专家讲座、现场旁听庭审等方式，进一步增强法治观念，树立“自觉守法、遇事找法、解决问题靠法”的理念。

抓实安全生产工作，召开党委理论学习中心组学习习近平总书记关于安全生产重要论述，党委会和关务会研究布置安全生产工作12次，结合第20个“安全生产月”活动，对外通过“关企宣讲会”“五进”等方式累计宣讲覆盖1千余人次。

坚持底线思维，防范化解重大风险，每年组织开展自查，对风险清单进行定期更新，对照南昌海关风险防控“三张清单”，结合本关实际梳理风险点75项，其中新增25项，制定应对措施225条，将风险防控工作贯穿到依法把关、从严治关全过程。学习南昌海关党委贯彻落实总署党委第六巡视组巡视反馈意见的整改方案，全面自查抓好整改落实。主动查找工作的薄弱环节和短板，从防范工作风险角度出发，参照建立巡视整改工作二级台账19个。

开展“国门利剑2021”和“蓝天2021”专项行动，年内对1家进口固体废物企业开展专项稽查，落实南昌海关对象牙等濒危物种及其制品走私的工作安排，未发现涉枪涉毒案件线索，对涉税商品开展核查8次，经风险分析发现1家加贸企业违规线索，全年共协助新余缉私分局办理缉私案件2起，已执行罚没入库3万元，对1家企业下达不予处罚决定书。全年共完成稽查业务3起，其中进口固体废物专项稽查1起、常规稽查2起，查发1起；完成涉税核查业务9起，异常数据反馈企管6起；开展贸易调查3起，其中出口烟花爆竹贸易企业2起，异常数据反馈企管部门1起。完成核查作业指令61条，其中定期管理类核查59家、目录外商品抽查2家、企业注册信息核查4家、国外通报调查2家、出口退运调查3家，通过核查作业，注销出境竹木草制品生产企业6家、出口食品生产企业3家、出口水产品养殖基地3家、出口饲料添加剂生产企业1家、进口肉类收货人1家，移交1起涉嫌伪造植物检疫单证案件，核查查发率78.6%。

【检验检疫】2021年，宜春海关开展危险品检验监管，共完成危险货物、危险化学品检验监管1.1万批、1.8亿美元，共检出不合格116批，分别增长28%和27%，共查发7家烟花爆竹企业涉及8起超药量生产情事，均已通报地方应急管理部门。严格按资质管理要求双人持证对烟花爆竹、危化品进行批批现场查验，对烟花爆竹产品的筒径、药量等易导致高危低报、超药量等项目重点关注，落实持证上岗制度，目前一线关员获得出口危险品货物包装资质 19 人，占比 76%；获得出口烟花爆竹检验资质 22 人，占比 88%。

严格进境粮食检疫监管，将辖区 14 家进口粮食加工企业全部纳入粮食安全责任考核体系，严控进口粮食流向。对进口农食产品、木质包装严格检疫监管，避免集装箱、进境货物携带活动物、昆虫、杂草、种子等有害生物入境，有效监控和防范有害生物入侵风险。在国门生物安全监测中，累计捕获实蝇 4,522 头，未发现检疫性杂草；完成全省唯一的 4.8 万羽进口种鸡隔离检疫工作；在进境粮食后续监管中检出有害生物 305 种次，其中检疫性有害生物 34 种次。

▲2021 年 1 月 1 日，南昌海关所属宜春海关关员对加拿大进境种鸡进行现场检疫

【服务开放发展】2021 年，宜春海关进出口总值 12.4 亿元，其中进口 5.8 亿元，出口 6.7 亿元；报关单 8,071 票，进口 6,191 票，出口 1,880 票；“两步申报”率 86.7%，列全省第二。

服务企业用好减免税政策，共办理减免税 37 笔，审核减免金额 4,447 万元，列全省第一，指导辖区 3 家企业办理 5,000 万以上内资鼓励项目，帮助项目进口设备顺利投产。用好原产地优惠政策，累计签发原产地证书 7,627 份，签证金额 2.8 亿美元，其中自助打印 3,571 份，自助打印率 46.8%。开展全省首票集团加工贸易改革试点，实现企业集团内保税料件的自由流转，有效降低加工贸易企业运行成本，促进加工贸易转型发展，为该企业集团节约成本 200 余万元。指导宜春超越、存鑫半导体等企业办理首本加工贸易手册，为企业免征加工贸易保证金 4,600 万元，减少企业资金占用。

扶持地方特色产业发展。与烟花爆竹、陶瓷、食品等行业协会加强对接，共同为企业抢占国际市场份额“铺路搭桥”，为企业纾解原材料进口、产品出口转内销、汛期紧急出货等困难，累计为辖区企业和群众解决问题 64 个。助力辖区二手车出口试点业务，指导企业完成宜春辖区首批二手车出口，出口 64 辆、货值 400 万元。开展全省首票集团加贸改革试点，实现企业集团内保税料件的自由流转，有效降低加工贸易企业运行成本，促进加工贸易转型发展，为该企业集团降负 200 余万元。

▲**2021 年 4 月 28 日，南昌海关所属宜春海关关员对进口生产设备进行现场查验**

持续推进“十百千万”帮扶计划，对辖区 15 家江西省百强企业实行一对一服务，为 91 家中小企业建立调研台账，解决企业实际问题 64 个，为 4 家海关高级认证企业解决问题 17 个。助推宜春糖果、巧克力实现首次出口；指导企业完成全省首批二手车出口；帮助上高裕盛开展全省首家集团加工贸易监管改革试点。为宜春企业签发原产地证书 7,627 份，帮助企业减免国外关税 1,400 余万美元。用足用好减免税政策，全年为辖区企业减免税款 4,447 万元，列全省第一，帮助巨先、通瑞等企业集成电路“卡脖子”关键材料聚酰亚胺膜所需设备顺利进口并投产。

【财务及后勤保障】落实“三公经费”使用管理，科学合理编报预算，并严格执行预算进度，确保资金使用规范有序。落实资产实物管理责任，做到账物相符，保证资产保值、不流失。固定资产严格执行审批规定，购置固定资产都按程序要求须事先提出预算申请，属政府采购的严格按照政府采购规定的程序进行，固定资产的新增、减少均及时做账务处理，并对资产购置、使用、处置三个重要环节加大监督管理力度，提高资产使用效率。公有住房管理主要为交流干部使用，无对外租用等情况；办公室用房面积均符合规定标准，无超标情况。在公务用车方面，修订《宜春海关公务用车管理规定》，公务用车维护费未超预算额度开支，无超编制、超标准配备公务用车情况，公务用车实行定点加油、定点维修、统一保险等规定，无公车私用、私车公养等情况。对现金、银行存款都按财务制度的要求严格管理，对债权债务、往来款项进行及时清理。无罚没财物和涉企收费，并自觉接受监督，不存在乱收费等问题；无基建工程和修缮项目。在采购管理方面，政府采购严格按照集中采购目录及标准要求，“依法采购”“管采分离”“应采尽采”，逐步建立以“合格供应商”为主体的选取、评价和验证体系。

【干部队伍建设】2021 年，宜春海关加强干部队伍建设，坚持用新时代好干部标准选人用人，选任 1 名副科级领导干部，2 名正科级领导干部、3 名副科级领导干部试用期满转正，2 名同志晋升职级，1 名同志试用期满任职定级，3 名执法一线同志岗位交流。开展全员培训，全员按时完成年度教育培训学时学分任务。开展“内务规范强化季”活动，常态化开展内务督察，严抓队列训练、日常考勤、纪律规范、窗口作风。开展岗位练兵活动，1名关员获总署商检领域危化品“万人争先”线上练兵关区第一名。

（撰稿人：吕　中）

# 萍乡海关

【概况】中华人民共和国萍乡海关（简称萍乡海关）是南昌海关直接领导的属地型隶属海关，于2018年12月14日批复设立，2019年5月16日挂牌，2019年8月19日正式对外办理萍乡市辖区内的各项具体海关业务，内设科室3个（办公室、综合业务科、查检科）。

2021年，萍乡海关坚持以习近平新时代中国特色社会主义思想为指导，深入贯彻党的十九大和十九届历次全会精神，在南昌海关党委的坚强领导下，坚决贯彻习近平总书记重要指示批示精神，落实党中央重大决策部署，各项工作稳中有进、稳中向好，实现了“十四五”良好开局。先后获得江西省青年文明号、萍乡市文明单位、2020年度绩效考核先进单位、2020年度综治考核优秀单位、2020年度公共机构节能工作考核优秀单位、“十三五”期间安全生产工作先进单位等荣誉；萍乡海关党支部获评南昌海关“四强”党支部、2020年度先进基层党组织，2名党员获评南昌海关优秀党员及优秀党务工作者。

【党的建设】2021年，萍乡海关强化政治机关建设。坚持把学习贯彻习近平总书记重要指示批示精神作为形势分析及工作督查例会的“第一议题”，固化“每日必学、每周研讨”机制。通过党委会、形势分析及工作督查例会等形式开展“第一议题”学习研讨58次。

**▲2021年10月29日，南昌海关所属萍乡海关赴安源路矿工人纪念馆开展党史学习教育主题党日活动**

开展党史学习教育。坚持学史明理、学史增信、学史崇德、学史力行，发扬红色传统、传承红色基因。开展理论学习研讨104次，组织开展“八个一”活动52次、“八个百”活动115次。在南昌海关组织的党史知识竞赛中获一等奖；开展

“我为群众办实事”实践活动，赴地方政府、进出口企业开展调研14次，收集并解决企业与群众急难愁盼问题140余个；通过减税、免税、缓税、退税等具体举措，为企业减少资金占用、节约成本超过7,000万元；工作成效入选南昌海关首批“我为群众办实事”十佳项目。

强化基层党组织建设。实施明标准、抓标的、当标兵、树标杆“四标”党建工作法，发挥萍乡红色圣地文化底蕴，以“甘祖昌精神”作为品牌内涵，促进安源精神与支部品牌有机融合。落实基层党建“三化”（标准化、规范化、信息化）要求，建立重点工作台账，利用“智慧党建”平台，有效提高党建工作效率和活力，相关党建经验做法获评2021年江西省机关党建创新案例三等奖。

开展“现场监管与外勤执法权力寻租”专项整治。梳理排查并整改业务管理薄弱环节13个，建立防控措施和长效制度3项。通过现场研读中国共产党首份反腐肃贪文件、创设“党史中的廉洁故事”读书会、邀请执业律师进海关“以案释法”等多项举措开展纪法教育与警示教育，推动政治生态持续向好。

【综合监管】2021年，萍乡海关开展打击走私“国门利剑2021”专项行动，明确打击“洋垃圾”走私、野生动物及其产品走私等具体工作措施，根据时间节点逐项推动落实。强化与地方商务、市场、生态、交通、邮政等部门联查联控、联防联动，实现对走私“购运储销”全链条的打击治理。

开展安全生产专项整治三年行动。建立与地方应急管理、交通运输、公安等多部门信息共享、联防联控机制，从源头上严防死守高危低报、涉危不报、超范围生产申报等违法行为。召开“安全生产月”关企座谈会并多次约谈重点企业负责人，督促企业落实安全生产主体责任。组织辖区35家重点进出口企业质量技术业务骨干70人开展集中培训，提高企业相关人员安全责任意识和专业素养。实现全年安全隐患“零容忍”、重大安全事故“零发生”、工作质量“零差错”。获评“萍乡市‘十三五’期间安全生产工作先进单位”“2021年度全市安全生产工作先进单位”，1名同志获评萍乡市“十三五”期间安全生产工作先进个人。

【检验检疫】2021年，萍乡海关实施“三抓三促”（抓隐患整顿促源头防控、抓强化监管促管理规范、抓培训引导促能力提升）监管举措，强化出口烟花爆竹监管安全，推进全过程全流程安全监管，相关工作成效被采用2篇。检验监管出口烟花爆竹10,495批次，货值25.6亿元，同比增长47.6%和50.4%；其中产地检验4,047批次，检出产品不合格59批次，药剂安全性能检测不合格19批次；装箱监督6,448批次，监装箱数占全省比例超90%；危包使用鉴定8,463批，危包性能鉴定1,356批。

▲2021 年 6 月 13 日，南昌海关所属萍乡海关开展出口烟花爆竹装箱监督工作

【服务开放发展】2021 年，萍乡海关实施贸易便利化专项行动。持续压缩整体通关时间，推广“两步申报”模式，应用率达 90.9%，位列南昌关区第一。利用线上线下多形式开展 RCEP 等原产地政策宣讲，推广“智能审核+自助打印”智慧签证模式，实现即报即审即领，累计签发原产地证书 1,525 份，帮助企业减免进口国关税 3,121 万美元。实施“覆盖+精准”AEO 信用培育，构建以信用为基础的新型监管机制，帮助高资信企业享受降低查验率等通关便利，对辖区 180 余家企业开展海关认证培训 7 次。

实施“十百千万”服务计划。通过“一企一策、一业一策、一品一策”，支持萍乡重点产业与企业发展。依托“互联网+预约”，为企业提供全天候延时错时服务，累计加班 80 余人次。总结经验成效，向地方政府报送工作专报 5 期。助力萍乡辖区冰雪货物抢抓冬奥会机遇，2021 年监管出口滑雪靴 11.9 万双，货值 2,928.7 万元。支持电瓷产业集群对接“一带一路”倡议，打造“世界电瓷之都”，实现电瓷产业集群出口 5 亿元，增长 47.4%。助推集成电路产业高质量发展，集成电路进口 8,634 万元，增长 56 倍。助力中国最大的硫酸锌生产企业开拓国际市场，出口一水硫酸锌 3.3 万吨、货值 1.6 亿元，出口量超全国七分之一。服务高新技术企业蓬勃发展，用好“问题清零”机制，解决辖区高新技术企业进出口堵点问题 15 个，高新技术产品出口 12.2 亿元，增长 97.1%。

【财务与后勤保障】2021 年，萍乡海关落实中央八项规定及其实施细则和“过紧日子”要求，对照制度强化各项管理，不存在超范围、超标准开支和报销经费、配置资产等情况。加强防疫物资管理，有序规范仓库管理、物资采购、物资申领各个环节，确保防疫物资保障充足有序。推进节约型海关建设，食堂在人员同比增长的情况下持续压缩开支。落实安全管理责任，开展办公区域安全生产隐患大排查，解决监控设备老化、关员楼道吸烟、临街围墙半开放式等问题隐患。

【队伍管理】2021 年，萍乡海关落实巡察整改任务。召开专题会议，研究制定具体整改措施 13 项，逐项明确责任领导、承办科室和完成时限，对存在问题严格整改，对账销号，并建立长效机制，巩固巡察反馈问题整改成果。

创设“十七点课堂”，构筑“党建+业务”互促融合平台，加强党员干部学习培训，推进政治能力与复合业务能力双提升，开讲100余期，内容涵盖政治理论学习、执法能力培养、海关业务研讨等领域。10人通过进出口危险货物及其包装检验监管人员培训考核以及烟花爆竹检验监管岗位培训。强化纪律作风建设，深化内涵学军，遵守《海关内务规范》，开展内务督察15次。运用“第一种形态”提醒谈话5人次。开展政治谈话6人次。常态化开展纪法教育、警示教育，紧盯关键节点持续深化酒驾醉驾专项整治，强化对关员八小时内外监督。

（撰稿人：金　衍）

# 抚州海关

【概况】中华人民共和国抚州海关（简称抚州海关）是南昌海关直接领导的属地型隶属海关，2019年3月6日正式开关运行，按授权执行抚州市辖区内海关工作，内设科室3个（办公室、综合业务科和查检科）。党总支1个（“赣东先锋”品牌），下设党支部2个（办公室和综合业务科“春风”党支部、查检科“凌寒”党支部）。

2021年，抚州海关坚持以习近平新时代中国特色社会主义思想为指导，聚焦“作示范、勇争先”目标定位，认真贯彻党的十九大和十九届历次全会精神，全面践行总署党委“政治建关、改革强关、依法把关、科技兴关、从严治关”总体要求，紧密结合抚州市开放型经济和口岸基础建设实际，推进强化监管与优化服务同步、深化改革与促进发展共进，在助力抚州高质量跨越式发展中切实彰显海关担当。新增备案企业191家，现有1,391家；检验检疫监管进出口货物6,001批、货值22.3亿元，截获外来有害生物138种次、同比增长328%；结关报关单1,949份，征收税款2,751万元，同比增长190%；设立加工贸易手册16本，保税税额1,074万美元；办理减免税审核确认62份；办理原产地企业备案1,238家，签发原产地证2,838份，签证金额2.2亿美元，帮助企业减免关税1,095万美元；开展稽核查作业39次。获抚州市“公共机构节能工作考核优秀”“平安建设考核优秀”“绩效管理考核优秀”等荣誉。

【党的建设】2021年，抚州海关加强政治机关建设。始终将学习贯彻习近平总书记重要讲话和重要指示批示精神作为形势分析及工作督查例会的“第一议题”。强化理论学习阵地建设，成立“逐梦”青年理论学习小组，用好“学习强国”App、海关e课堂和“钉钉”网络培训等学习平台，坚持“每日必学、每周研讨”学习机制，开展集体学习47次，讲党课3次，开展“三会一课”55次，围绕学习贯彻党的十九届六中全会精神组织专题研讨4次、撰写心得体会15篇，持续强化政治机关意识教育，不断提高政治判断力、政治领悟力、政治执行力。

落实重大决策部署。牢记政治机关定位，坚决贯彻落实习近平总书记重要指示批示精神和党中央重大决策部署，以实际行动捍卫“两个确立”、做到“两个维护”。强化新冠肺炎疫情防控，做到“打胜仗、零感染”；坚决打击“洋垃圾”走私，开展3轮7起固体废物和再生金属行业专项稽查，稽查有效率100%，居关区前列；打击野生动植物、象牙等濒危物种及其制品走私，对14批进境货物严格开展目的地查验；持续对五皇殿社区10户困难家庭开展结对帮扶，上户帮扶慰问40人次，帮助解决实际困难8个。

开展党史学习教育。聚力“三个清单”（学习清单、活动清单、实事清单）推动党史学习教育走深走实。年内，举办党史学习教育读书班25次，用好“学习强国”、微信群等新媒体平台，打造“线上+线下”学习模式；依托本地“革命教育”阵地开展“红色走读”6次，组织观看红色电影5次，进一步坚定理想信念；为企业群众办实事52件，解决干部职工晾衣难、停车难等实际问题，“助推果业发展振兴乡村经济——南丰蜜橘‘破冰起航’开拓高端市场”获评南昌海关“我为群众办实事”优秀案例。

做好巡视整改工作。根据总署党委巡视工作反馈指出问题，针对性制订整改方案，进一步明确指导思想、整改目标、整改步骤和整改任务，并且针对重点问题，制订数据安全管理、基层党建工作、内务规范管理、综合业务管理系统运用、精简文件等6个专项整治工作方案，责任到人，细化整改措施。巡视整改期间开展提醒谈话3人次，就薄弱环节组织开展专题学习15场，制修订工作制度5项。

做好审计整改工作。针对性制订履行业务执法管理责任方面、履行财政财务收支管理责任方面等2个专项整治工作方案，各责任科室均对照问题一一开展原因分析，坚持从业务看政治，从问题表象看履职尽责情况，确保问题整改到位。

加强基层党组织建设。坚持对标对表，推进“强基提质工程”，深化“四强”党支部建设，丰富党支部品牌内涵，规范党内政治生活，发挥党员先锋模范作用。落实加强执法一线科长建设措施，严管厚爱并举，坚持选拔培养高素质专业化干部。落实“支部建在科上”要求，通过“老带新”、党务技能培训等，培养预备党员1名、入党积极分子2名。完善党员活动宣传阵地，通过展板、电子屏展示党员风采，激发党员干事创业积极性。丰富党支部品牌内涵，规范党内政治生活，发挥党员先锋模范作用，做好宣传思想工作，在“学习强国”、总署政工网等刊登稿件47篇。利用线上线下等多种媒体做好新闻宣传，在《中国国门时报》《江西日报》等署（省）级媒体刊发宣传稿件34篇，同比增长36%。

【综合监管】2021年，抚州海关坚持做好新冠肺炎疫情防控。坚持底线思维和系统观念，坚决克服麻痹思想和侥幸心理，坚持人物同防、内外齐防。强化提升应急防控能力，开展6次应急演练；强化人员出入管理，严格按照规定对来访人员、外出人员履行审批程序；强化新冠疫苗接种，全体干部职工实现新冠疫苗接种和加强免疫总体接种率100%；强化联防联控，在进口货物查检中与地方卫健委就消杀、采样等工作开展有效配合，做好个人防护，确保规定动作100%到位；助力国内外新冠肺炎疫情防控，保障进出口医疗设备、防疫物资48批次，货值2,350万元、增长25.7%。

开展进出口货物监管。坚守安全“零事故”底线。2021年，检出进出口不合格商品48批，检验不合格率3.4%，居关区前列。落实“国门利剑2021”等专项行动，办理行政案件4起，涉及货值2亿多元、案值120多万元，罚没收入3.1万元，实现行政处罚罚款处置“零突破”。办结1起进口危险化学品未经检验擅自销售使用案，为南昌海关首起危化品涉检行政处罚案件。查发江西飞龙鞋业保税货物出口申报不实案件，系抚州海关首起加工贸易保税监管类违规案件。开展安全生产专项整治三年行动，检验检疫进出口货物及包装6,001批，排查整改安全风险隐患4个。

加强税收征管。制订“一对一”服务方案，引导1家重点企业办理汇总征税，帮助企业降低资金占用成本约20万元。“点对点”推送规范申报等通关注意事项，引导企业避免价格申报不实和商品归类错误，提升税收征管质量。指定专人专岗，对税收征管指标进行监控分析，及时发现并处置突发问题。综合施策助推税收大幅增长，共征收税款2,741万元，同比增长190%。

【检验检疫】2021年，抚州海关筑牢国门安全防线。开展“国门绿盾2021”专项行动，严防外来物种跨境入侵。后续监管进境粮食22批，截获外来有害生物138种次、增长328%，其中检疫性有害生物12种次。加强进境烟草储存监管，指导企业开展杂草监测。开展外来有害生物监测，设置检疫性实蝇监测点93个，共监测到检疫性实蝇871头。参与总署境外动植物疫情信息工作，上报疫情信息80篇，被采用50篇。

**▲2021年10月9日，南昌海关所属抚州海关关员对出口竹地板开展现场检验检疫**

【服务开放发展】2021年，抚州海关促进跨境贸易便利化。深化“放管服”，推进通关提速、减税降费。通过全面推行“提前申报”“两步申报”，压缩进出口整体通关时长30%以上。“单一窗口”主要申报业务应用率100%，完成自助打印原产地证1,988份，自助打印率75%、增长42.1%。15家企业通过网上全流程办理行政审批。以设立加工贸易手册、签发原产地证、办理减免税为抓手，帮助进出口企业减免税款1.1亿元。4条税收风险参数建议被总署税收征管局采纳，采纳数居南昌海关前列。

推动RCEP政策实施。助力企业抢抓新机遇，对辖区52家出口至RCEP成员方的企业开展自贸协定优惠政策调研宣讲2轮次，推广原产地证书“智能审核+自助打印”审签模式，指导企业掌握自动审单规则白名单，推动抚州扩大南丰蜜橘、麻姑米粉等优质特色产品出口，巩固拓展RCEP及海外高端市场。签发出口至RCEP成员方的产品原产地证书1,698份、1.4亿美元，帮助企业获得进口国（地区）关税减免1,150万美元。

服务重点产业发展。推动地方特色产业扩大进出口，开展21次“线上+线下”政策宣讲，指导36家企业获得出境水果包装厂果园注册登记、进境粮食加工储存等资质，增长3倍。巩固脱贫成果，助力乡村振兴，帮助辖区特色扶贫农产品南丰蜜橘、南城米粉、广昌莲子、乐安竹笋等顺利出口5.1亿元。帮助永冠科技用好AEO政策，引导该企业参与加工贸易残次品管理改革试点工作，实现订单爆发式增长，出口货值达8.8亿元，同比增长23.6%。通过快速办理减免税，指导企业防疫消毒、饲养用药，支持战略性农产品鳗鱼苗进口2,000公斤、货值2,600万元。助力圣农食品、圣泽家禽引入3套减免税生产设备，享受税款减免约200万元，帮助企业打造先进食品深加工生产基地。帮助雨帆生物快速办理进口粮食加工企业资质，实现木薯干进口3万吨，为碳达峰碳中和提供助力。相关工作信息被采用，实现署级政务信息刊发“零突破”。

**▲2021年2月2日，南昌海关所属抚州海关关员对首次出口美国的南丰蜜橘开展现场检验检疫**

【财务与后勤保障】2021年，抚州海关建立健全规章制度，坚持系统观念，做好全面统筹，严格落实中央八项规定及其实施细则精神，坚决落实“过紧日子”要求，严格落实预算执行。从严控制“三公经费”等一般性支出，压减非必要、非急需支出，推进节约型机关建设。根据疫情形势变化，对单位内部防疫物资储备情况及时开展评估，科学精准做好防疫物资储备，严密防疫物资台账管理，强化防疫物资质量安全全流程管控。做好各项民生实事，落实安全生产责任，保障干部职工用餐用水安全，开展燃气安全排查整治，严密排查办公区域安全隐患。

【干部队伍管理】2021 年，抚州海关开展“现场监管与外勤执法权力寻租”专项整治。坚持开门搞整治，畅通信访举报渠道，印制并发放专项整治工作告知书，对 99 家企业发放调查问卷，走访企业面对面宣传 156 次。坚持廉政教育全覆盖，通过党委会、三会一课、节前廉政教育等形式开展纪法教育和警示教育集中学习研讨 18 次。做实企业调研，广泛征求意见，党委委员实地调研企业 5 家，走访抚州市纪委监委、商务局等部门，征求意见建议 4 条。强化风险防范，深化标本兼治，排查出业务管理薄弱环节 8 个，确认单位重点岗位 4 个，精准制定风险防范措施 12 条。

加强党风廉政建设和反腐败斗争。坚持严的主基调不动摇，纠“四风”树新风，一体推进不敢腐、不能腐、不想腐。进一步整治形式主义、官僚主义，坚持“过紧日子”，厉行勤俭节约，杜绝酒驾醉驾。强化监督管理，运用“第一种形态”3 次。完善管理制度体系，以党员领导干部为重点，坚决落实中央八项规定精神，推进清廉海关建设。开展准军事化海关纪律部队建设，加密内务督察次数，100%完成队列训练任务。深化“亮窗”行动，政务服务“好差评”系统好评率 100%。完善常态化廉政监督抽查回访机制，实地和电话回访 24 次，未发现违反廉政规定情事，企业满意率 100%。

（撰稿人：肖达伟）

# 龙南海关

【概况】中华人民共和国龙南海关（简称龙南海关）是南昌海关直接领导的属地型正处级隶属海关，前身南昌海关驻龙南办事处，2005 年 7 月 8 日正式运行，按授权对外办理辖区内海关业务。2018 年 4 月 20 日，根据中共中央《深化党和国家机构改革方案》，国家质量监督检验检疫总局的出入境检验检疫管理职责和队伍划入海关总署，年内原江西出入境检验检疫局龙南办事处如期完成机构改革转隶工作，2019 年 4 月 3 日正式开关，按授权执行赣州市所辖龙南市、全南县、定南县、信丰县、安远县、寻乌县的海关工作。

2021 年，龙南海关始终坚持以习近平新时代中国特色社会主义思想为指导，深入学习贯彻党的十九大和十九届历次全会精神，全面践行总署党委“五关”建设总体要求，落实南昌海关党委工作要求，各项工作取得新进展、实现新突破。相继获第六届全国文明单位、第 20 届全国青年文明号、江西省第十六届文明单位、江西省非洲猪瘟防控先进集体、南昌海关先进单位等称号。辖区共有注册企业 819 家，其中一般贸易企业 796 家，加工贸易企业 23 家。主要进口商品为机电产品、塑料粒子等，主要出口商品为家具、电子元件、玩具等。特色产品家具、打火机、稀土和供港活猪在南昌关区占比较大。全年监管进出口货值 37.3 亿元、同比增长 73%；货运量 7 万吨、同比增长 36.3%；结关报关单 13,981 份、同比增长 35.8%；税收入库 7,262.3 万元、同比增长 86.1%；检验检疫 1.4 万批次、货值 30.6 亿元；签发原产地证书 2,969 份，签证金额 1 亿美元。

【党的建设】2021 年，龙南海关深入学习贯彻习近平新时代中国特色社会主义思想，重点围绕《习近平谈治国理政》《中共中央关于党的百年奋斗重大成就和历史经验的决议》和习近平总书记“七一”重要讲话等内容，通过专题学习班、“学习强国”线上学、“三会一课”线下学等多种形式，在统筹新冠肺炎疫情防控和促进外贸稳增长等重点工作中，引导党员干部不断增强“四个意识”，坚定“四个自信”，做到“两个维护”。固化“每日必学、每周研讨”学习机制，把学习贯彻习近平新时代中国特色社会主义思想、习近平总书记系列重要指示批示精神作为理论学习的首要任务和“第一议题”，开展党委理论学习中心组专题学习18次。

**▲2021年9月27日，南昌海关所属龙南海关深入企业生产一线开展“我为群众办实事”实践活动**

坚持学史明理、学史增信、学史崇德、学史力行，一体推进学党史、悟思想、办实事、开新局。用好习近平《论中国共产党历史》等4本规定书籍和《中国共产党的100年》等4本重要参考材料，制定《龙南海关党史学习教育细化措施》，坚持高标准、严要求，开好专题组织生活会。发挥“学习强国”“钉钉”“海关e课堂”等平台作用，组织党员干部12人次参加各级党史学习教育网上专题培训班；组织全体党员干部学习“党史学习教育题库”，开展“学党史、悟思想、办实事、开新局”党史知识竞赛活动，检验学习成果。制作报送微党课1个，组织党员干部撰写文章15篇。开展“八个百”活动295次。党委书记带头讲党课，引领党员干部上讲台，开展“百名党员讲党史”“百名关员谈体会”活动5次，党员干部分享红色经典、心得体会20人次；组织开展“六个一”主题党日活动；开展“学史·铸魂”海关红色讲坛、党史学习教育读书班、青年干部理论学习等活动6次。开展“八个一”活动198次。组织全体党员干部重温入党誓词，祭奠革命烈士，向抗战英雄们敬献鲜花，悼念英灵、寄托哀思；联合总署基层锻炼干部前往瑞金、于都参观二苏大会堂旧址、红军长征出发地等，切身感受党的艰辛历程、巨大变化、辉煌成就。开展“我为群众办实事”实践活动，帮助服务对象、干部群众解决“急难愁盼”问题109个。

深化“强基提质工程”，落实总署关于“支部建在科上”的总体要求，成立龙南海关党总支，严格落实“三会一课”、组织生活会、民主评议党员、主题党日等党建制度，创建“四强”党支部。搭建“红色资源+党员教育”新平台，不断提升支部的创造力、凝聚力、战斗力。抓实抓细党史学习教育，发挥红色资源优势，赴井冈山、定南等地开展“红色走读”系列活动，用党的光荣传统和优良作风，教育引导党员干部牢记初心使命、坚定理想信念、凝聚奋斗力量。

压实全面从严治党政治责任，加强清廉海关建设。落实中央八项规定精神及其实施细则，开展形式主义、官僚主义专项整治，推进“现场监管与外勤执法权力寻租”专项整治，常态化抓好纪法教育、廉政教育。运用监督执纪“四种形态”特别是第一种形态，加强对党员干部的日常监督管理，打通全面从严治党“最后一公里”。深化警示教育，开展“四风”问题常态化核查。加强对“一把手”和领导班子的监督，营造风清气正的政治生态。

配合总署对口支援工作，推动南昌海关与赣州市签订全力推进新时代赣南苏区振兴发展合作协议。发挥辖区毗邻粤港澳大湾区区位优势，支持龙南开通至深圳铁海联运班列，帮扶6家供港蔬菜企业入选地方“菜篮子”工程，支持信丰建设供港澳蔬菜区域检测中心。制订实施《龙南海关乡村振兴定点帮扶三年工作计划》，巩固脱贫攻坚成果，推进全面脱贫与乡村振兴有效衔接。

【综合监管】2021年，龙南海关支持龙南保税物流中心（B型）开放平台发展。龙南保税物流中心（B型）是总署对口支援龙南重点项目之一，是江西省目前唯一正在运行的保税物流中心（B型），于2016年10月26日批准设立，于2018年3月16日由总署正式批复同意封关运作，并于2018年6月19日办理首票货物进出中心业务。围绕赣州市“三大战略、八大行动”，全面对标海南自由贸易港政策体系，助推龙南跨境电商业务快速发展。共验放跨境电商网购保税进口清单38.9万份、货值8,200万元，分别增长7倍和5.4倍，交易金额列全省第二。

【检验检疫】2021年，龙南海关坚持“外防输入、内防反弹”总策略，压实“五方责任”。成立疫情内部防控工作专班，激活新冠肺炎疫情防控指挥体系，制订印发新冠肺炎疫情防控指南、应急处置方案等细化措施，开展应急演练。落实属地防疫要求，做好一线关员安全防护。坚持核酸检测“应检尽检”和新冠疫苗接种“应接尽接”，新冠疫苗接种率达100%。开展安全生产专项整治三年行动，强化进出口货物属地质量安全监管。推进“国门利剑2021”“国门绿盾2021”“断链刨根”等专项行动，坚决打击“洋垃圾”、象牙等濒危物种及其制品、非法引进外来物种和种子苗木、跨境电商进口走私等违法犯罪活动。加强国门生物安全风险防控，制订国门生物安全监测实施方案，试行“视频监管+移动单兵+红外测温+现场检疫”“四位一体”监管体系，实现对供港生猪的饲养和出口过程的网络化、可视化管理，严防非洲猪瘟疫情传入传出。加强对辖区外来杂草、检疫性实蝇监测。检疫监装活猪189车、20,025头，捕获检疫性实蝇3,262头，检出检疫性杂草387种次。

【服务开放发展】2021年，龙南海关落实海关全面深化业务改革各项要求，推进“两步申报”“提前申报”改革，“两步申报”应用率70%。深化行政审批制度改革，精简进出口环节监管证件和随附单证，推进关税保证保险，启动属地纳税人管理改革，推广原产地证书智能审核和自助打印，实现原产地证书签证“零跑路”“零接触”“零等待”。签发原产地证2,969份，签证金额1亿美元。深化“十百千万”服务计划，建立重点企业“一对一”帮扶机制，加大政策宣讲频次，指导企业用好用足总署对口支援优惠政策。持续做好统计分析，加强外贸形势研判，做好进出口监测预警，加强技术性贸易措施研究与应对。辖区外贸进出口总值148.5亿元，同比增长20.4%。政务信息被采用5篇次。新闻宣传在《江西日报》等省级媒体、《中国国门时报》等海关媒体刊发54篇次。制发正式文件21件、非正式文件6件，同比均减少25%。《供港蔬菜助力乡村振兴》项目入选关区第一批“我为群众办实事”十佳项目。

**▲2021年6月30日，南昌海关所属龙南海关保障铁海联运班列开通**

【财务与后勤保障】2021年，龙南海关强化综合管理服务中心工作，完成时任江西省委书记刘奇和省领导易炼红、吴忠琼调研保障工作，完成总署副署长王令浚、时任人教司副司长朱光耀及南昌海关领导在龙南调研的接待保障工作。做好财务管理工作，落实中央八项规定精神及其实施细则和“过紧日子”的要求，预算执行率99.9%。资产管理进一步夯实，闲置房地产整合利用率91%。用好专项资金，保障和改善总署挂职干部、基层锻炼干部的工作生活环境。做好绿化亮化提升、天然气改造等民生工程，干部职工工作生活品质稳步提升。

【队伍管理】贯彻落实文件要求，把巡视整改作为重要的政治任务，增强抓好巡视整改的思想自觉、政治自觉和行动自觉。成立龙南海关党委巡视整改工作领导小组，明确责任领导、承办科室、完成时限，抓好巡视整改工作。建立“日调度、周报告、月总结”工作机制，对职能部门下达的整改要求，严格落实、限时完成，并及时办结反馈。针对巡视反馈指出的问题，建立巡视整改工作二级台账24项，建立专项整治工作台账6项，制定115项整改措施，完成全部整改任务，其中立行立改103项，12项取得阶段性成效并长期坚持。针对巡视反馈意见主动开展问题原因分析30余次，对5名科级领导干部进行工作约谈，与党员干部就巡视整改开展谈心谈话60余人次。坚持把“当下改”与“长久立”相结合，新制定、修订各类制度10个，制定操作指引2个，完善作业流程2个，不断巩固整改工作实效。

弘扬“马上就办、真抓实干”优良作风，常态化开展视频检查、内务督察，做到严在日常、管在经常，让铁的纪律、好的作风成为党员干部自觉遵循。按照“政治坚定、业务精通、令行禁止、担当奉献”准军事化纪律部队建设要求，强化队伍纪律作风养成，定期开展内务规范强化月活动。健全纪律检查和内务督察长效机制，以治理酒驾醉驾为切入口，关注党员干部八小时以外思想动态和生活，树立准军事化纪律部队良好形象。坚持在“干中学、学中干”，营造比学赶超、争创一流的良好工作氛围，新增危险货物及其包装检验、打火机查验等资质9人次。开展政治谈话，了解掌握干部队伍思想状况，办好“暖心聚力”工程，凝聚起干事创业合力。

（撰稿人：任忠虎）

# 第七篇

# 企事业单位

# 南昌海关后勤管理中心

【概况】2021年，南昌海关后勤管理中心（简称后勤管理中心）立足发展重点围绕关区中心工作，坚决贯彻《“十四五”海关发展规划》，及时修订完善管理制度，落实“国企改革”要求和新冠肺炎疫情防控各项措施，推进所属企业整合，按时剥离“三定”外经营业务；并紧跟发展需要，强化“过紧日子”意识，研究智慧后勤方案，有效防止管理缺位和监督盲点带来的廉政风险，不断提升服务保障的科学性和满意度。2021年，完成事业单位下属企业改革方案，有序推进资产管理和关区基建项目实施，“节约型机关”创建达标，保障完成庆祝中国共产党成立100周年期间各项任务。

【政治建设】2021年，后勤管理中心坚持深入学习贯彻习近平新时代中国特色社会主义思想和党的十九大精神，及时跟进学习习近平总书记最新重要讲话精神。落实“每日必学、每周研讨”机制，把学习十九届六中全会精神作为学习教育重要内容，用党的创新理论武装头脑、指导实践、推动工作。贯彻落实党史学习教育相关部署，每周一次集中学习《中国共产党简史》等，党员全覆盖参与“海关e课堂”相关专题培训，开展党史学习教育相关活动共计51次。创新学习模式，采用班子集中领头学、党支部宣讲广泛学、党员交流精细学、测试竞赛验证学、手机App微课堂随时学的“五学”模式，全年开展专题研讨13次、各类线上线下学习93次。

【业务建设】2021年，后勤管理中心构建职责清晰、运行有序、相互制衡、权责一体的管理机制，完善制度规范工作程序，严格落实“四必一查”（口罩必戴、体温必测、信息必登、查看健康码与行程码）要求，加强机关食堂管理，做好个人防护“三件套”（佩戴口罩、社交距离、个人卫生）教育提醒和监督，强化新冠肺炎疫情内部防控工作。2021年，统筹推进“立改废”防止管理缺位，结合工作实际新增和修订完善内部管理制度11项。做好防疫物资领用发放，开展“防疫期间科学消毒”等专门培训5次，实施内部防疫消杀100余次。组织包括外包服务人员在内共300多人次接受核酸检测，完成全员补种新冠疫苗“第三针”。开展院内隐患排查5次，全面完成24个安全隐患问题的整改工作，顺利完成红谷滩消防设施改造、洪都大道办公区电梯更换、消防设施维修更新、人防空间清理等重点安全工作。做好约200人次封闭管理和隔离观察人员的相关保障工作。11月至12月，改用快餐盒方式供餐期间保障每日400人次工作餐。

严格场所卫生消毒工作。做好办公场所平常通风工作，办公室经常性开窗换气，办公楼中央空调通风系统定期进行清洗消毒，增加中央空调系统新风量，电梯轿厢保持通畅。做好往来频繁区域日常消毒工作，对电梯间、卫生间等公共区域及时做好消毒保洁，频次由每天2次增加至4次；在办公区域与家属（宿舍）区域设置物理隔离，防止人员交叉接触；食堂实行错峰用餐，强化食堂卫生管控及食材采购管理，确保食材可追溯、可溯源；食堂设置专职消毒人员，建立消毒登记卡制度，工作人员每日测量体温并登记；严格快递收发管理，设置独立区域存放快递，每天对区域内设施、快递物品实施消杀。

强化节能减排工作，树牢“过紧日子”意识，坚持加强全域管理以深化节约型机关建设，建立水、电、燃气、办公用品及设备耗材、仓储管理和公车油耗维修10余类台账，认真开展成本支出对比分析。

定期分析能源资源消费状况并适时研究优化节约方案，机关食堂节约成本10%以上。结合全国节能宣传周、低碳日等活动，加快研究和制订电动车停放、公共区域感应灯等改造方案，努力营造人人节约、事事节约、环环节约的良好氛围。

加强财务和资产管理，定期开展资产清查盘点，有序推进资产优化配置管理工作，规范国有资产出租出借，按要求完成财政预决算等工作6项，规范完成采购任务4大类230多批次。参与庆祝中国共产党成立100周年系列活动，提前做好相关预案，完成庆祝中国共产党成立100周年期间各项保障任务。聚焦后勤主责主业，持续推动“我为群众办实事”实践活动，办结民生实事23项。

持续严格执行“国企改革”三年行动规划，落实总署部署要求，加强所属经济实体管理，加快“智慧后勤”建设步伐。年内顺利完成中海大酒店改革方案，按时完成进出口环节经营业务剥离，及时推进所属企业优化整合工作。通过认真学习贯彻《“十四五”海关发展规划》，推进“智慧后勤”建设，初步实现采购和仓管等3个服务保障领域的数字化、网络化、信息化。

**【队伍建设】**2021年，后勤管理中心持续开展党风廉政教育，强化全面从严治党“两个责任”落实，深化“强基提质工程”，推进党建业务深度融合，推动新时代加强和改进思想政治工作意见的具体措施落地见效。2021年，强化支部品牌建设，争创关区“四强”党支部，借助“智慧党建”系统，坚持用好“学习强国”

“钉钉”“赣鄱关情”等平台提升党员的政治素养和业务能力，认真讲好“后勤故事”，推进后勤管理中心两个支部标准化规范化建设，后勤管理中心第一、第二党支部开展政治生日活动17次、支部书记谈心谈话8次，组织“红色家书诵读”、参观“小平小道”“红色图书馆”“南昌舰”等主题党日活动，组织参与关区“百名党员讲党史”等特色主题活动2次。并定期组织学习贯彻《关于新形势下党内政治生活的若干准则》，认真执行中央八项规定，加强准军事化纪律部队建设，要求全体党员干部严守工作纪律和廉政规定，全年按要求开展各类节前廉政教育，预防和杜绝酒驾醉驾。

▲2021年11月12日，后勤管理中心对机关大楼开展安全巡查工作

（撰稿人：占超平）

# 南昌海关技术中心

【概况】南昌海关技术中心（简称技术中心）于1999年经中央机构编制委员会办公室批准成立，是从事化工产品、矿产品、危险品及危包产品、动植物及其产品、食用农业品、食品及食品接触材料等检测的检验检测机构。内设综合部、质量部、业务部、动植物检疫部、农食检测部、工业品检测部、消费品检测部7个机构，拥有包括国家柑橘检测重点实验室、国家水产品检测重点实验室、国家茶油检测重点实验室、国家矿产品检测重点实验室、国家化学品安全检测重点实验室、国家烟花爆竹检测重点实验室、国家陶瓷检测实验室和总署动物检验检疫区域实验室在内的8个实验室，现有仪器设备1,471台套，原值约2.01亿元。通过了中国计量认证（CMA）、中国合格评定国家认可委员会（CNAS）、农产品质量安全检测机构考核（CATL）资质认定，检测能力覆盖51个领域，认可检测项目6,248个；年均检测样品超3万个，检测项次超15万次。

2021年，技术中心坚持以习近平新时代中国特色社会主义思想为指导，发挥技术检测优势，强化学术领域研究，完成法检样品4,478批次，11,802个样品，42,777项次；受理委托业务11,475批次，16,784个样品，72,518个项次；收费1,118.45万元，同比下降3.73%。

【政治建设】2021年，技术中心制订《南昌海关技术中心党史学习教育方案》和“党史学习计划表”。组织讲授“党史”“国史”29人次，开展学习研讨并结合自身经历谈感想40人次，开展“书记讲党课”2次。举办“百年征程、百图纪念”和“百年党史、精神谱系”庆祝中国共产党成立100周年主题板报展，组织全体党员赴八一起义纪念馆、南昌新四军军部旧址陈列馆开展“红色走读”活动。开展“我为群众办实事”实践活动，设立职工更衣室、开放乒乓球室、清洗食堂厨房油烟管道、更换烟机电机，改善工作环境，提升职工群众获得感。

【业务建设】2021年，技术中心加强进口冷链食品农产品检测新冠病毒防护。

制订防护方案，指定责任部门监督防护服穿脱、检测全过程和记录表格规范填写，并对废弃物统一无害化处理。对技术中心进行分区管理，设置专用路径通道。组织生物安全三级防护培训，清点防疫物资仓库，核查有效期，补充生物安全三级防护所需物资。

强化非洲猪瘟疫情防控。年内共检测非洲猪瘟样品 4,736 个，同比增长 57.13%，其中法定检验 4,710 个，同比增长 124.50%；检出非洲猪瘟病毒核酸阳性样品 1 例，阳性率 0.02%。

强化进境植物有害生物防控。根据 2021 年海关动植物检测工作要点，年内检测截获入境植物有害生物 493 批次 3,577 种次，同比增加 41.3% 和 73.4%，其中截获我国进境植物检疫性有害生物 225 批次 335 种次。

强化进出口危险品检测。年内共完成进出口危险化学品鉴定 839 批次，1,730 项次；烟花爆竹检测 353 批次，5,963 项次，检出不合格 61 批次。

建设粤港澳大湾区“菜篮子”检测平台。落实江西省委省政府关于支持蔬菜高质量发展工作要求，与江西省供销社及信丰县政府合作，在信丰县设立技术中心粤港澳大湾区“菜篮子”检测平台，达成信丰县政府引导、江西省供销社出资、技术中心运营协议，建成后检测能力可以覆盖“菜篮子”所有检测项目，全力支持赣南等原中央苏区加快融入粤港澳大湾区。

年内，作为特邀机构参与江西省对第三方检测机构监督检查，多次参与南昌市市场监督管理局食品安全应急反应抽检任务，为宜春市观摩团做食品安全抽样示范展示，为多个政府部门培训授课，成为宜春市市场监督管理局年度最佳服务机构。

**【实验室能力建设】**2021 年，技术中心组织申报总署科技成果评定项目 2 项、海关技术规范制定项目 1 项，发表核心期刊论文 6 篇，申报发明专利 20 项，获批农业农村部标准制修订立项 1 项（2018 年以来，技术中心首个获批农业农村部标准立项项目）。参加 16 个检测方法的检测结果不确定度评定，参与能力验证 36 项，其中，国际能力验证 1 项，首次参与地方农业系统能力验证 6 项。接受 CNAS 换证评审 1 次、CMA 扩项评审 4 次、食品安全抽检业务承检机构评审 1 次、进出口商品检验鉴定机构评审 1 次。

年内，完成实验室管理体系文件第七版换版，新版文件包括质量手册、程序文件、作业指导书和记录表格 1,413 个。制定涉及实验室安全的体系文件 13 个，对每个实验室安全风险点进行摸排分析，制作实验室安全巡查登记本，每日开展安全巡查，不定期开展安全大检查，对发现的问题立查立改，确保实验室安全。

研发新实验室管理系统并在本部所有实验室上线，将实验室“人、机、料、法、环”全要素进行了系统集成，实现了检测数据自动抓取、自动计算、自动判定，检测原始记录自动合成、自动归档，全流程无纸化，在极大提高工作效率、保证检测质量的同时，从根本上杜绝人为干预检测结果的可能。

（撰稿人：杨　芳）

# 江西国际旅行卫生保健中心

【概况】江西国际旅行卫生保健中心（简称卫生保健中心）是隶属南昌海关、具有独立法人资格的二类公益事业单位，主要职能是依据《中华人民共和国传染病防治法》《中华人民共和国国境卫生检疫法》为江西口岸出入境人员开展传染病监测和健康体检、国际旅行预防接种、国际旅行卫生保健咨询以及为口岸卫生检疫执法提供技术支撑等，同时利用自身医疗资源积极参与社会健康体检市场竞争，为社会各界人士提供健康体检服务。内设综合部、体检部、卫生检疫实验室。现有各类医学检验检查设备 366 台（套），原值 4, 500 万余元。

2021 年，卫生保健中心坚持以习近平新时代中国特色社会主义思想为指导，聚焦主责主业，扎实开展各项工作。完成病媒生物鉴定 2, 056 种（只）；完成出入境人员体检 5, 374 人次，同比增长 28. 8%；预防接种业务 4, 263 人次，同比增长 10. 9%；口岸法定体检政策性减免收费 75. 8 万元；开展社会体检 86, 142 人次，同比增长 15. 4%；完成干部职工体检 647 人次。

【政治建设】2021 年，卫生保健中心开展党史学习教育活动。组织全体党员集中学习习近平总书记在党史学习教育动员大会上的重要讲话、习近平总书记在中国共产党成立 100 周年大会上的重要讲话、十九届六中全会精神、党史学习教育 8 本专用书籍等 35 次，召开专题组织生活会 2 次，开展红色走读活动 2 次，党员撰写学习体会 43 篇。通过优化工作流程、缩短受检者取证时间、开通微信公众号、制定“7×24”值班值守制度等，开展“我为群众办实事”实践活动，为 1, 884 人次（出入境人员）提供“当天取证”服务，方便体检人员在微信公众号上快速查询结果，实现新冠核酸检测结果在“国务院小程序”等互联网平台查询，保障南昌海关人员核酸检测工作，完成关员新冠肺炎疫情防控核酸检测 12, 857 人次。为南昌海关干部职工增加体检项目，进一步落实南昌海关对干部职工的关心。在基层党建方面，认真落实南昌海关党委关于全面推进党支部标准化规范化建设要求，以创建

"121℃"党建示范品牌为引领，以"病原检测岗"和"巾帼医护岗"两个党员先锋示范岗为抓手，注重提高党建工作质效，打造清廉高效支部，为保健中心履行职能和促进事业发展提供坚强政治保证。全年召开支部委员会议16次（含扩大会议）、全体党员大会19次，组织生活会2次，开展主题党日活动12次，讲党课5次。在南昌海关党建品牌申报（复核）会上交流党建品牌建设情况。1名党务工作者获评南昌海关"优秀党务工作者"。在党风廉政建设方面，结合南昌海关"现场监管与外勤执法权力寻租"专项整治工作，设置举报箱、张贴举报渠道和对外公示举报奖励海报，开展纪法和警示教育，梳理《2021年专项整治廉政风险清单》和《2021年专项整治重点关注单位名单》，撰写"专项整治心得体会"5篇，上报清单人员5名，与3名工作人员开展谈心谈话。并针对自查阶段查找出的问题，采取"加强廉政教育、签订个人不收红包承诺书、电话回访"等形式，确保整改取得实效。

**【业务建设】**2021年，卫生保健中心发挥新冠肺炎疫情防控技术支撑作用，筑牢口岸"检疫防线"。2021年，PCR实验室完成扩增改造并投入运行，检测能力由每日检测94个样本增至1,410个；PCR实验室满分通过国家临检中心新冠病毒核酸检测项目室间质评，技术支撑能力持续提升。4月，调配6名专业人员赴上饶做好入境包机人员卫生检疫技术保障工作，完成新冠病毒核酸检测51例。建立24小时值班值守应急响应保障机制，在确保"检得出、检得准、检得快"的同时做到自身安全，全年完成人员新冠病毒核酸检测14,720份，进口商品新冠病毒核酸样本检测359份。

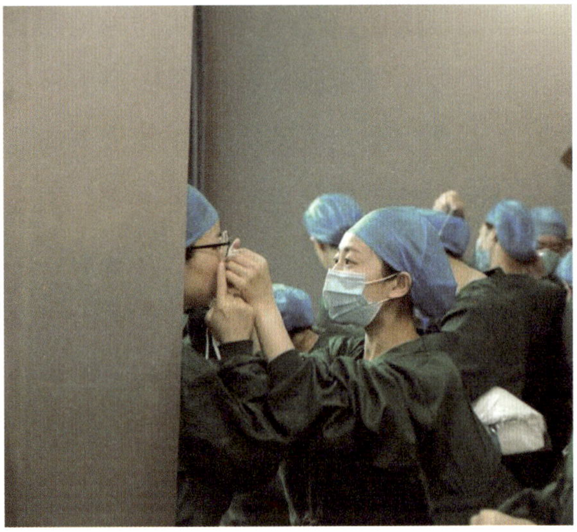

**▲2021年8月13日，卫生保健中心采样人员支援昌北机场口岸新冠肺炎疫情防控工作**

（撰稿人：熊家瑛）

# 中国电子口岸数据中心南昌分中心

【概况】中国电子口岸数据中心南昌分中心（以下简称数据分中心）是中国电子口岸数据中心设立在南昌的分支机构，为总署委托南昌海关管理的署属事业单位，内设综合部、业务部，2021 年正式独立开始运作。主要承担本地区电子口岸应用项目及联网企业的技术支持、操作培训、热线值班；及时收集、报告项目运行情况及各方反映；协助本地区中国国际贸易单一窗口标准版推广运维；协助海关信息系统项目开发、运行维护；本地区电子口岸系统运行、维护；电子口岸专网分中心节点的网络系统和信息安全保障；承办本地区电子口岸政务卡、企业卡入网的身份鉴别、录入、制作；参与地方电子口岸应用项目建设，做好相关技术支持；参与地方国际贸易单一窗口应用项目建设，共同做好相关运行维护、技术支持、操作培训及热线值班等工作。

【政治建设】2021 年，数据分中心坚持以习近平新时代中国特色社会主义思想为指导，坚决贯彻落实习近平总书记重要指示批示精神，加强政治理论学习，系统学习党的十九大和十九届历次全会精神，把学习贯彻十九届六中全会精神与党史学习教育结合起来，从百年党史中汲取智慧和力量，做到学史明理、学史增信、学史崇德、学史力行。持续加强党风廉政建设，紧盯春节、中秋等重要时间节点，严格落实南昌海关节假日廉洁自律提醒及执行报告制度。

【业务建设】2021 年，数据分中心保障主体业务系统畅通运行，做好电子口岸业务窗口服务和专网系统运维工作，确保业务平稳有序进行。2021 年，办理江西省电子口岸新增入网企业 2,197 家，制发电子口岸 IC 卡 2,681 张，IC 卡信息变更 606 次，IC 卡解锁 172 次；受理热线电话 2,390 次，其中电子口岸企业制卡、入网问题咨询 1,821 次，网络咨询使用、数据异常咨询 569 次，问题解决率 100%。完成两会及庆祝中国共产党成立 100 周年期间网络安全保障工作，未发生信息系统网络安全事件。

年内，完成南昌海关会议调试技术保障 1,877 人次；组织机房巡检 740 人次，发现并及时处理高危事件2起，及时发现并处理其他问题18起；受理南昌海关内部维护处理各类客户端故障21,310台/次，为海关业务现场提供上门服务152次；为南昌关区企业申请企业向海关传输报文的专属加密ID（DXPID）共计205家。

“双十一”期间，组建技术保障团队24小时值守保障，应急处置突发情况。及时处理企业反馈各类问题，对跨境电商信息系统、服务器、存储、网络进行全面安全检查，组织对公共服务平台、监管系统、卡口验放、物流库进行压力测试，保障跨境电商平稳有序。

加大市场开拓力度，首次完成江西电子口岸跨境电子商务辅助管理平台的软件开发；与赣江新区综合保税区、赣州综合保税区、九江综合保税区签订运维保障合同；与南昌海关缉私局、昌北机场海关、技术中心、保健中心签订运维保障协议。

【队伍建设】2021年，数据分中心建立专业技术人员技能再培训制度，通过开展岗位练兵、岗位互学活动，推行一人多岗工作模式，有效解决专业技术人员紧缺问题，全面提升专业技术保障能力。

（撰稿人：舒　杨）

# 南昌海关学会

【概况】2021年，南昌海关找准海关学会（以下简称学会）工作的定位和方向，紧密依靠各学会小组和广大会员的支持和配合，主动将学会工作融入关区全局工作之中，认真履行各项职能，努力创新机制，增强学会活力，扎实推进关区群众性理论研究工作取得较好成绩。

【理论研究】2021年，南昌海关学会编纂完成《江西省志·海关志（1980—2010）》《江西省志·出入境检验检疫志（1952—2010）》。4篇论文在总署政工办和中国海关学会建党百年联合征文活动中获奖。1篇论文在中国海关学会发起的“海关在总体国家安全观中的历史使命与责任担当”主题征文活动中入选。9月，完成中国海关学会秘书长工作会议（北方片区）的接待和保障任务。

（撰稿人：陈　斌）

# 第八篇

# 人物荣誉

# 南昌海关2021年度荣获“两优一先”名录

2021年，南昌海关关区各级党组织和全体党员以习近平新时代中国特色社会主义思想为指引，在总署党委的正确领导下，按照“五关”建设总体要求，在落实党中央重大决策部署、新冠肺炎疫情防控、强化监管优化服务、脱贫攻坚等工作中奋勇拼搏，开拓进取，取得了建设社会主义现代化海关的较好成效，涌现出一批先进集体和先进个人。在庆祝中国共产党成立100周年之际，为表彰先进、鼓舞士气，在各基层党组织推荐的基础上，经南昌海关机关党委研究并报关党委同意，通报表彰下列先进基层党组织、优秀共产党员、优秀党务工作者：

先进基层党组织：

办公室党支部、综合业务处党支部、卫生检疫处党支部、进出口食品安全处党支部、统计分析处党支部、企业管理和稽查处党支部、人教处党支部、监察室党支部、后勤管理中心第一党支部、昌北机场海关旅检一科党支部、赣江新区海关综合业务二科和物流监控二科党支部、青山湖海关减免税管理科党支部、九江海关查检一科党支部、赣州海关综合业务一科党支部、吉安海关综合业务科党支部、上饶海关办公室党支部、萍乡海关党支部。

优秀共产党员：

朱翌华　洪海峰　严国强　马振中
陶　林　陈芸婧　董旖婧　徐团才
龚赋岚　郭伊斌　程　勇　张　露
李　通　刘玉薇　徐诗哲　胡支美
沈　洋　姜志清　舒　杨　江　巍
吴妍颖　沈铮新　李　阳　赵云鹏
余　忠　万惊梦　高俊峰　张思静
姜　慧　马欣欣　李仕祥　熊　捷
刘　玥　刘毛毛　胡日昌　刘晚其
蒋　斌　原　晋　陈晓良　周　芬
翁丽娟　王成宁　涂晓霞　彭婉青
姚楚君　张可晗　周　勃　熊　伟
汪　杰　张　强　方　倩　黄庆武
付秀勇　陈润秋　孔令军　李　膺
王　捷　武卫村　吴　平　宋天洋
邹俊丞　余　凯　赵培雪　黄　媛
彭志强　龚志新　史春路　江鹏飞

邹治敏　廖思玉　黄　亮　夏乾程
刘　恋　朱昌清　胡　潇　程　青
刘相宜　杨云柯　陈　欢　万　雷
李　洁　曾　辉　肖达伟　钟义勇
吴玉坤　刘永胜　车淑辉

优秀党务工作者：

陈　莘　张　璐　卢　泉　黄志勇
傅　成　张　晓　蒋　璐　熊祥林
段利平　全德昌　高天放　陈　涛
徐欣源　郭怡川　占超平　钟　键
熊家瑛　刘永昇　袁　帅　罗　勇
袁　沫　丁祥敏　陶成伟　郑　悦
李春燕　文天保　王庆军　吴　岳
胡文峰　曾新华　张　健　李　刚
曾凡莲　杨正翔　刘　姝　万　浩
郭智吉　唐　银　方幸福　黄友洪

# 南昌海关荣获“光荣在党50年”纪念章名单

根据中共中央办公厅《关于做好“光荣在党50年”纪念章颁发工作的通知》要求，经南昌海关机关党委研究并报关党委同意，为下列老党员颁发“光荣在党50年”纪念章：

邓　晓　黄　政　罗忠泽　严文进
孙　根　张文根　程远峰　余昌益
汪兆荣　郭　贞　孔祥川　熊秉芽
胡四芽　魏业和　张　轮　宋汉敏
喻昆铭　刘九胜　丁林泽　蒋水生
吴周铎　张绪炎　廖月华　秦瑞华
柳　州　周战刚　刘永胜　杨庆德
谢达亿　丁嘉凌　程安然　王贞凤
张国琪

# 2021年度荣获省部级及以上表彰名录

## 一、省部级及以上集体荣誉

所属昌北机场海关旅检科被全国妇联授予全国巾帼文明岗表彰。

所属赣江新区海关党总支被海关总署党委授予2021年度全国海关党建示范品牌。

所属昌北机场海关旅检一科党支部被海关总署党委授予2021年度全国海关党建示范品牌。

所属赣州海关党总支被海关总署党委授予2021年度全国海关党建示范品牌。

所属吉安海关综合业务科党支部被海关总署党委授予2021年度全国海关党建培育品牌。

南昌海关被江西省委全面深化改革委员会授予2020年度江西省全面深化改革工作先进单位。

南昌海关被江西省平安建设领导小组评选为2020年度全省平安建设工作先进单位。

南昌海关机关被江西省委、省政府评选为江西省第十六届文明单位。

所属九江海关被江西省委、省政府评选为江西省第十六届文明单位。

所属景德镇海关被江西省委、省政府评选为江西省第十六届文明单位。

所属新余海关被江西省委、省政府评选为江西省第十六届文明单位。

所属鹰潭海关被江西省委、省政府评选为江西省第十六届文明单位。

所属赣州海关被江西省委、省政府评选为江西省第十六届文明单位。

所属龙南海关被江西省委、省政府评选为江西省第十六届文明单位。

所属宜春海关被江西省委、省政府评选为江西省第十六届文明单位。

所属上饶海关被江西省委、省政府评选为江西省第十六届文明单位。

所属吉安海关被江西省委、省政府评选为江西省第十六届文明单位。

所属龙南海关报关大厅被共青团中央评选为第20届全国青年文明号。

所属赣江新区海关报关大厅被共青团中央评选为第20届全国青年文明号。

南昌海关被江西省委、省政府授予

2020年度省直机关绩效考核集体三等功。

## 二、省部级及以上个人荣誉

龚赋岚同志被国务院食品安全委员会授予全国食品安全工作先进个人称号。

甘乐平同志被江西省委授予全省优秀党务工作者称号。

张振平同志被江西省委、省政府授予江西省脱贫攻坚先进个人称号。

何海宇同志被江西省总工会授予江西省巾帼建功标兵称号。

方倩同志被江西省人民政府授予“十三五”期间全省安全生产工作先进个人称号。

武卫村同志被江西省委评为2021年度“新时代赣鄱先锋”。

# 2021年度南昌海关“四强”党支部名录

根据海关总署党委印发《总署和直属海关两级机关全面推进党支部标准化规范化建设 争创“四强”支部工作方案》和《总署政治部关于推进海关系统“四强”支部建设的实施意见》部署要求，按照《南昌海关推进“四强”支部建设工作方案》安排，为进一步深化“强基提质工程”、推进“四强”支部创建，按照“党支部自评、上级党组织审核、机关党委复核、关党委研究确定”的工作程序，经关党委研究决定，评定下列党支部为关区“四强”党支部：

## 一、南昌海关机关“四强”党支部

办公室党支部、综合业务处党支部、进出口食品安全处党支部、统计分析处党支部、人教处党支部、监察室党支部。

## 二、隶属海关“四强”党支部

昌北机场海关监管一科党支部、赣江新区海关办公室党支部、青山湖海关减免税管理科党支部、九江海关查检一科党支部、赣州海关办公室党支部、吉安海关办公室党支部、上饶海关办公室党支部、萍乡海关党支部。

# 第九篇

# 大事记

# 2021 年南昌海关大事记

## 1 月

▲1 日　南昌海关组织参加总署进口高风险非冷链集装箱货物口岸环节新冠病毒检测和预防性消毒工作电视电话会议。

▲4—5 日　南昌海关党委在井冈山开展“不忘初心担使命，寻根溯源再出发”主题党日活动。

▲5 日　赣州海关作为第一进境地海关完成对赣州港首票“赣深组合港”模式下的进口实货申报测试。

▲6 日　井冈山综合保税区验收通过总署批复。

▲7 日　南昌综保区保税维修业务“零突破”。

▲11 日　青山湖海关保障江西省博物馆首批境外展品顺利入境，系来自日本、德国的瓷器文物 43 组 100 件。

▲12 日　江西省委常委、副省长、赣州市委书记吴忠琼听取赣州海关工作情况汇报。

▲13 日　江西省副省长胡强听取南昌海关工作汇报。

▲15 日　南昌海关与江西省政府新闻办联合召开“回顾十三五　展望十四五　学习贯彻党的十九届五中全会精神”系列之“江西外贸发展情况”新闻发布会。

▲19 日　南昌海关召开第三十次形势分析及工作督查例会暨统筹口岸疫情防控和促进外贸稳增长工作指挥部会议。

▲21 日　江西省委常委、赣州市委书记吴忠琼听取赣州海关工作情况汇报。

关区首票保税展示交易陶瓷完成内销手续。

南昌海关卫生保健中心 P2 实验室完成扩建并通过验收。

▲25 日　南昌海关党委召开 2020 年度民主生活会。

▲26 日　江西省人大代表、南昌海关关长张格萍在南昌参加江西省十三届人大五次会议开幕式。

中国（赣州）跨境电子商务综合试验区与匈牙利中欧商贸物流合作园区“双区联动”签约仪式在赣州举行。

▲28 日　南昌海关完成署级项目监管场地海关地理信息支撑系统（HGIS）“三

维建模”业务测试工作。

▲**30日** 江西省人大代表、南昌海关关长张格萍在南昌参加江西省十三届人大五次会议闭幕大会。

## 2月

▲**1日** 2021年南昌海关工作会议和南昌海关全面从严治党工作会议以视频形式在关召开。

▲**4日** 南昌海关作为“一带一路”检验指南系列标准审查协调牵头单位组织召开纺织专业海关技术规范线上审查会议。

▲**9日** 南昌海关召开统筹口岸新冠肺炎疫情防控和促进外贸稳增长工作指挥部会议。

▲**12日** 海关总署署长倪岳峰通过总署总值班室值班视频点名系统检查南昌海关节日期间应急值班工作并致以新春祝福。

▲**23日** 江西省委常委、赣州市委书记吴忠琼听取南昌海关工作汇报。

▲**24日** 南昌海关以视频形式在全国海关政治部主任会议上作交流发言。

▲**25日** 南昌海关召开2021年缉私工作会议。

南昌海关印发《2021年南昌海关工作会议重点工作任务分工方案》。

南昌海关龚赋岚同志被国务院食品安全委员会授予“全国食品安全工作先进个人”称号。

▲**26日** 南昌海关以视频形式组织参加驻署纪检监察组“现场监管与外勤执法权力寻租”专项整治工作动员部署会议。

## 3月

▲**2日** 南昌海关以视频形式组织参加全国海关动植检工作会议。

南昌海关因在扩大对外开放工作中作出突出贡献被江西省人民政府评为第六批及时奖励集体三等奖。

南昌海关缉私局开展“2102”系列打击走私雪茄专项行动，抓获犯罪嫌疑人14名，现场查扣涉案雪茄烟3.8万支。

▲**3日** 南昌海关以视频形式组织参加全国海关商品检验工作会议。

▲**4日** 南昌海关以视频形式组织参加全国海关综合业务工作会议。

南昌海关首票特殊区域跨境电商出口海外仓业务正式落地。

南昌海关办理新版“减免税管理办法”实施后首票“征免税确认通知书”。

▲**9日** 南昌海关以视频形式组织参加全国海关科技工作会议。

南昌海关印发《2021年南昌海关全面从严治党工作会议重点任务分工方案》。

▲**10日** 南昌海关召开“现场监管与外勤执法权力寻租”专项整治工作动员部署会。

南昌海关办理总署“新减免税管理子系统”上线运行后关区首票税款担保业务。

▲**11 日**　南昌海关缉私局将 2 起涉嫌走私案件移送至南昌市人民检察院审查起诉。

▲**15 日**　南昌海关组织收看全国海关党史学习教育动员会。

▲**16 日**　南昌海关被评为 2020 年度江西省全面深化改革工作先进单位。

南昌海关缉私局以视频形式组织参加全国海关缉私部门党史学习教育和教育整顿动员部署会议。

南昌海关缉私局开展打击“水客”走私专项行动，抓获犯罪嫌疑人 1 名，查证涉嫌走私入境的高档手表 16 块，案值约人民币 80 万元。

▲**18 日**　南昌海关以视频形式组织参加全国海关进出口食品安全工作会议。

南昌海关完成关区首票进口大宗散货“两段准入”信息化监管报关单结关。

▲**20 日**　南昌海关组织实施 2021 年度考试录用公务员面试工作。

南昌海关印发《南昌海关关于进一步贯彻落实习近平总书记重要指示批示精神和党中央重大决策部署持续推动落实重点任务的通知》，制定“66 项重点任务清单”。

▲**24 日**　总署调研组到中海大酒店（原总署九江教育培训基地）开展调研。

▲**28 日**　南昌海关缉私局侦破一起洋酒走私入境案，该案涉案案值约 3，500 万元人民币。

▲**31 日**　中央电视台综合频道《焦点访谈》栏目报道南昌海关开展党史学习教育相关活动。

## 4 月

▲**1 日**　总署缉私局党组成员、副局长兼政治部主任李云龙出席南昌海关缉私局领导班子 2020 年度总结述职会。

南昌海关党委印发《中共南昌海关委员会关于进一步整治形式主义问题为基层减负的通知》。

▲**2 日**　南昌海关获评 2020 年度全省公共机构节能工作考核优秀。

▲**7 日**　江西省委常委、赣州市委书记吴忠琼听取南昌海关工作汇报。

▲**9 日**　中央电视台综合频道《新闻联播》栏目报道赣州海关保障跨省、跨关区合作“赣深组合港”通关新模式启动工作。

▲**10 日**　九江港口岸城西港区设立进境水果指定监管场地获总署正式批复同意。

▲**13 日**　总署党委第六巡视组巡视南昌海关工作动员会在关召开。

▲**19 日**　总署党委第六巡视组听取南昌海关党委工作汇报。

▲**20 日**　总署署长倪岳峰在署召开专项工作研讨会与南昌海关视频连线。

▲**21 日**　南昌海关联合合肥、济南、深圳、海口、西安海关通过“钉钉”直播平台举办知识产权海关保护线上培训。

▲**26 日**　南昌海关缉私局组织开展

“传承红色基因，筑牢忠诚警魂”党史知识竞赛和“学史力行，让青春在警旗上飞扬”青年民警座谈会。

南昌海关寄递渠道查获侵权货物案入选2020年《中国海关知识产权保护典型案例》。

**▲27日** 南昌海关以视频形式组织参加2021年全国海关卫生检疫工作会议。

**▲28日** 上海特派办对南昌海关固废专项稽查行动情况开展督导检查。

**▲29日** 太原海关到南昌海关开展交流学习。

南昌海关党委理论学习中心组（扩大）专题学习暨党史学习教育处级领导干部专题培训班在中国井冈山干部学院举行。

**▲30日** 南昌海关开展“回顾百年芳华，共赞可爱中国”主题演讲比赛暨五四表彰活动。

## 5月

**▲10日** 南昌海关缉私局召开党史学习教育和教育整顿第二次推进会。

**▲13日** 南昌海关召开党史学习教育巡回指导工作推进会。

**▲14日** 南昌海关召开打击“洋垃圾”入境专项稽查行动部署及督导视频会议。

**▲17日** 南昌海关首次监测发现红火蚁。

**▲22日** 南昌海关关长张格萍陪同江西省委书记刘奇到龙南保税物流中心（B型）调研跨境电商发展。

**▲25日** 总署科技司第六检查组对南昌海关开展庆祝中国共产党成立100周年网络安全保障远程督导评估工作。

**▲31日** 南昌海关召开统筹口岸疫情防控和促进外贸稳增长工作指挥部会议。

## 6月

**▲2日** 南昌海关组织收听收看全国深化“放管服”改革着力培养和激发市场主体活力电视电话会议暨全省深化“放管服”改革着力培养和激发市场主体活力电视电话会议。

**▲4日** 2021年江西省打击走私综合治理工作电视电话会议在南昌海关召开。

**▲8日** 南昌海关缉私局在关组织参加全国第一批公安队伍教育整顿顽瘴痼疾整治视频推进会。

**▲9日** 南昌海关召开“现场监管与外勤执法权力寻租”专项整治工作视频会。

南昌海关党委理论学习中心组（扩大）纪法专题学习举行。

**▲15日** 南昌海关组织参加全国海关疫情防控工作视频会议。

**▲16日** 南昌海关召开统筹口岸疫情防控和促进外贸稳增长工作指挥部会议。

南昌海关组织参加全国海关庆祝中国共产党成立100周年网络安全保障工作电视电话会议。

▲**17日**　驻署纪检监察组“现场监管与外勤执法权力寻租”专项整治工作第四实地检查组进驻南昌海关，召开见面沟通会、问题线索汇报会。

南昌海关缉私局被江西省公安厅授予扫黑除恶专项斗争集体三等功，民警许鲁西、张靓霞被授予全省公安机关扫黑除恶专项斗争个人嘉奖。

▲**18日**　南昌海关缉私局刘健被江西省禁毒委员会授予“赣鄱缉毒先锋”先进个人荣誉称号。

▲**21日**　南昌海关张振平同志被江西省委省政府授予“江西省脱贫攻坚先进个人”称号。

▲**23日**　南昌海关召开第三十五次形势分析及工作督查例会暨2021年上半年全面从严治党形势分析会。

▲**26日**　南昌海关甘乐平同志被江西省委表彰为全省优秀党务工作者。

▲**28日**　南昌海关举行“光荣在党50年”纪念章颁发仪式暨“两优一先”表彰大会。

南昌海关在南昌大学音乐厅举行“永远跟党走”庆祝中国共产党成立100周年文艺汇演。

▲**30日**　九江海关方倩同志被江西省政府授予“‘十三五’期间全省安全生产工作先进个人”荣誉称号。

## 7月

▲**1日**　南昌海关组织收听收看庆祝中国共产党成立100周年大会现场直播。

南昌海关跨境电商B2B出口业务落地。

▲**5日**　南昌海关首份企业自助打印输泰国的《中华人民共和国与东南亚国家联盟全面经济合作框架协议》项下原产地证书由赣州海关签发。

▲**8日**　南昌海关组织收听收看总署加强新冠肺炎疫情安全防护工作视频会。

赣州海关“苏区红关”党总支获评2021年度全国海关党建示范品牌。

▲**11日**　南昌海关乡村振兴工作队进驻吉安市遂川县泉江镇大屋村实施乡村振兴定点帮扶。

▲**14日**　南昌海关正式启动加工贸易残次品管理改革试点。

▲**15日**　江西省省长易炼红到龙南保税物流中心（B型）调研跨境电商发展。

▲**16日**　江西省省长易炼红到赣州国际木材集散中心调研。

▲**19日**　南昌海关召开第三十六次形势分析及工作督查例会。

赣州海关武卫村同志被江西省委组织部评为2021年度“新时代赣鄱先锋”。

▲**21—22日**　驻署纪检监察组组长陶治国在南昌海关调研。

▲**24日**　RCEP原产地管理信息化应用项目2.0版在南昌海关上线运行。

▲**27日**　南昌海关作为总署首批试点海关顺利完成业务网邮件（WebMail）系统正式切换。

▲**28 日**　总署党委第六巡视组巡视南昌海关党委反馈会在南昌海关召开。

▲**29 日**　全国人大常委会委员、全国人大华侨委员会副主任委员、致公党中央副主席曹鸿鸣一行到南昌国际快件监管中心调研。

## 8 月

▲**2 日**　南昌海关召开统筹口岸疫情防控和促进外贸稳增长工作指挥部会议。

▲**3 日**　南昌海关侦破 1 起走私陶瓷和象牙制品案件。

▲**4 日**　南昌海关与赣州市政府在赣州签署《关于充分发挥海关监管服务保障作用　全力推进新时代赣南苏区振兴发展合作协议》。

▲**5—6 日**　海关总署副署长王令浚到南昌海关调研。

▲**6 日**　南昌海关组织收听收看全国海关疫情防控工作视频会议。

南昌海关所属昌北机场海关、赣江新区海关报关大厅、赣州海关综合业务一科、新余海关业务大厅、宜春海关报关大厅、萍乡海关业务大厅、龙南海关报关大厅获评“2019—2020 年度江西省青年文明号”。

▲**10 日**　南昌海关 2 个项目获 2021 年度总署科研项目立项。

▲**11 日**　南昌海关、南昌海关缉私局在“唱支山歌给党听”省直机关庆祝中国共产党成立 100 周年群众歌咏活动中分获一等奖、二等奖。

▲**19 日**　南昌海关组织参加总署事业单位所属企业脱钩工作视频会议。

昌北机场口岸新增“南昌—纽约”全货机航线顺利开航。

▲**20 日**　南昌海关首批以“证明事项告知承诺制”模式进口乳品顺利通关。

▲**23 日**　江西啤酒首次出口缅甸，共 7,210 箱、货值约 21 万元。

南昌海关所属赣江新区、龙南海关报关大厅被评为第 20 届全国青年文明号。

▲**25 日**　江西省委常委、赣州市委书记吴忠琼听取赣州、龙南海关工作汇报。

▲**31 日**　南昌海关党委召开巡视整改专题民主生活会。

## 9 月

▲**1 日**　南昌海关组织收听收看总署学习贯彻习近平总书记“七一”重要讲话精神读书班暨宣讲交流会。

▲**9 日**　2020 年江西省综合保税区绩效评估结果较 2019 年显著提升，其中南昌综合保税区在全国排位从 2019 年第 70 位跃升至第 40 位，在中西部地区排位从 2019 年第 19 位跃升至第 9 位，排位等次从 B 类升至 A 类；赣州综合保税区在全国和中西部地区的排位等次均从 C 类升至 B 类；九江综合保税区在全国和中西部的排位也有小幅上升。

▲**10 日**　南昌海关修订印发《南昌海关贯彻落实“三重一大”决策制度实施细

则》。

▲**13日** 南昌海关召开党委理论学习中心组（扩大）学习贯彻习近平总书记“七一”重要讲话精神专题读书班暨宣讲报告会。

▲**17日** 南昌海关召开第三十八次形势分析及工作督查例会。

江西省第十五次党代会代表选举工作考察组到南昌海关进行考察。

▲**27日** 中央第八督导组长周波到南昌海关缉私局就政法队伍第二批教育整顿工作开展现场督导。

▲**28日** 南昌海关召开统筹口岸疫情防控和促进外贸稳增长工作指挥部会议。

▲**30日** 南昌海关承担的《固废塑料近红外快检鉴定方法的建立》（2019HK015）和《口岸现场初筛实验室配置指南与管理技术研究》（2020HK295）2项署级科研项目通过总署专家组线上初评。

## 10月

▲**8日** 南昌海关举行2021年1月以来新任职处级领导干部宪法宣誓仪式。

▲**19日** 南昌海关召开党委理论学习中心组（扩大）党章专题学习会。

南昌海关召开第三十九次形势分析及工作督查例会。

前三季度江西外贸进出口3,481.5亿元，同比增长13.8%，较前8个月上升3.1个百分点，扭转了3月份以来累计增速持续回落局面，较2019年同期增长38.6%。

▲**21日** 南昌海关向成都海关紧急调拨6,000件医用防护服，价值27万元。

受总署人教司邀请南昌海关派员到上海海关学院参加监管司综合科长培训班授课。

▲**23日** 南昌海关作品荣获“江西省第三届职工网上艺术节”一等奖、优秀奖。其中，《红色税关�门岭》荣获“职工网民讲党史类”一等奖，《誓言有声》荣获“摄影类”优秀奖。

▲**22—26日** 总署专项审计调研组到南昌海关开展实验室建设专项审计实地调研。

▲**25日** 南昌海关召开统筹口岸疫情防控和促进外贸稳增长工作指挥部会议。

▲**26日** 南昌海关12360服务热线与地方12345便民服务热线顺利实现对接。

南昌海关完成2021年“春蕾计划”爱心公益捐款活动，共募集善款4.1万元。

▲**27日** 关长张格萍在南昌海关党员代表大会上当选我关出席江西省第十五次党代会代表。

▲**29日** 南昌海关组织参加全国海关疫情防控工作视频会议。

▲**31日** 南昌海关召开统筹口岸疫情防控和促进外贸稳增长工作指挥部会议。

南昌海关首次开展智能审图集中式制图。

## 11月

▲3日　南昌海关召开统筹口岸疫情防控和促进外贸稳增长工作指挥部会议。

▲8日　南昌海关召开统筹口岸疫情防控和促进外贸稳增长工作指挥部会议。

▲9日　南昌海关组织参加全国海关稽查改革推进视频会议，并作交流发言。

▲11日　南昌海关组织参加全国海关年鉴编纂部署工作视频会议。

▲18日　南昌海关召开第四十次形势分析及工作督查例会。

▲25日　南昌海关党委在关以视频形式参加总署党委理论学习中心组（扩大）学习暨党的十九届六中全会精神专题学习班开班式。

▲23—26日　中共江西省第十五届委员会候补委员、南昌海关关长、党委书记张格萍在南昌参加中国共产党江西省第十五次代表大会。

▲26日　南昌海关关长张格萍全票当选中国共产党江西省第十五届委员会候补委员，在17名候补委员中排名第3。

南昌海关口岸应对重大疫情卫生检疫基础设施基建项目完成总验收。

▲30日　南昌海关党委召开理论学习中心组（扩大）学习暨党的十九届六中全会精神专题学习班。

南昌海关关区2家供港活猪养殖场顺利通过香港食环署探访。

## 12月

▲3日　南昌海关在总署《“十四五”海关发展规划》网上培训班上就规划贯彻落实工作作经验介绍。

▲8日　南昌海关印发《南昌海关加强海关史研究工作方案》，成立南昌海关海关史研究工作领导小组，南昌海关关长担任组长，领导小组下设办公室。印发《南昌海关年鉴编纂出版工作方案》，成立《南昌海关年鉴》编纂委员会，南昌海关关长任主任委员，下设编辑部。

▲9日　南昌海关中海大酒店通过江西省公安厅、省卫健委“双随机、一公开”联合监督检查考核，被评价良好。

▲14日　央视《新闻联播》以“海关学习贯彻六中全会精神强化责任办实事”为题，介绍赣州海关依托“赣深组合港”通关模式助力赣州打通出海通道。

▲16日　江西省首列“抚州东乡—莫斯科沃尔西诺”中欧班列开行。

▲17日　南昌海关召开第四十一次形势分析及工作督查例会暨2021年下半年全面从严治党形势分析会。

南昌海关召开统筹口岸疫情防控和促进外贸稳增长工作指挥部会议。

南昌海关召开2021年度内控专题工作会议。

▲21日　南昌海关自主分析的首起

"水客"风险信息被总署风险司采纳并转化处置布控到深圳和拱北海关旅检渠道。

**▲22 日** 南昌海关组织参加全国海关疫情防控工作视频会议。

南昌海关获评江西省"2020 年度省直机关绩效考核优秀单位"并记集体三等功一次。

**▲23 日** 总署总检验师孙文康出席中国稀土集团成立大会并到赣州海关调研。

南昌海关在 2021 年海关系统商检领域岗位练兵中获得"优秀组织奖"。

南昌海关顺利完成国产终端替换工作，进度居全国海关前列。

**▲28 日** 国务院联防联控机制综合督查组到昌北机场海关、南昌国储物流铁路监管作业场所开展口岸疫情防控检查。

**▲29 日** 国务院联防联控督查组到九江城西港水运监管作业场所及九江综合保税区开展口岸疫情防控检查。

南昌海关关区征收关税和进口环节税净入库 100.03 亿元，为建关以来首次破百亿。

**▲28—30 日** 南昌海关受邀参加南京海关科研项目线上集中验收评审。

**▲31 日** 南昌海关组织以视频形式参加全国海关党史学习教育总结大会。

# 第十篇

# 海关统计资料

# 南昌海关进出口商品年度总值表

单位：万元人民币

| 年度 | 进出口额 | 出口额 | 进口额 | 同比（%） | | |
|---|---|---|---|---|---|---|
| | | | | 进出口 | 出口 | 进口 |
| 2000 | 1, 344, 664 | 991, 414 | 353, 250 | 23. 6 | 32. 1 | 4. 6 |
| 2001 | 1, 267, 519 | 860, 333 | 407, 186 | -5. 7 | -13. 2 | 15. 3 |
| 2002 | 1, 402, 687 | 871, 005 | 531, 682 | 10. 7 | 1. 2 | 30. 6 |
| 2003 | 2, 092, 670 | 1, 246, 410 | 846, 260 | 49. 2 | 43. 1 | 59. 2 |
| 2004 | 2, 923, 218 | 1, 651, 484 | 1, 271, 734 | 39. 7 | 32. 5 | 50. 3 |
| 2005 | 3, 338, 761 | 2, 005, 931 | 1, 332, 830 | 14. 2 | 21. 5 | 4. 8 |
| 2006 | 4, 948, 598 | 3, 000, 716 | 1, 947, 882 | 48. 2 | 49. 6 | 46. 2 |
| 2007 | 7, 230, 424 | 4, 168, 726 | 3, 061, 698 | 46. 1 | 38. 9 | 57. 2 |
| 2008 | 9, 545, 118 | 5, 412, 965 | 4, 132, 153 | 32. 0 | 29. 9 | 35. 0 |
| 2009 | 8, 727, 529 | 5, 033, 213 | 3, 694, 316 | -8. 6 | -7. 0 | -10. 6 |
| 2010 | 14, 629, 821 | 9, 079, 759 | 5, 550, 062 | 67. 6 | 80. 4 | 50. 2 |
| 2011 | 20, 387, 440 | 14, 160, 957 | 6, 226, 483 | 39. 4 | 56. 0 | 12. 2 |
| 2012 | 21, 086, 322 | 15, 846, 515 | 5, 239, 807 | 3. 4 | 11. 9 | -15. 9 |
| 2013 | 22, 844, 979 | 17, 525, 434 | 5, 319, 545 | 8. 3 | 10. 6 | 1. 5 |
| 2014 | 26, 243, 484 | 19, 666, 525 | 6, 576, 959 | 14. 9 | 12. 2 | 23. 6 |
| 2015 | 26, 285, 359 | 20, 514, 912 | 5, 770, 447 | 0. 2 | 4. 3 | -12. 3 |
| 2016 | 26, 384, 489 | 19, 621, 927 | 6, 762, 562 | 0. 4 | -4. 4 | 17. 2 |
| 2017 | 30, 111, 172 | 22, 090, 111 | 8, 021, 061 | 14. 1 | 12. 6 | 18. 6 |
| 2018 | 31, 617, 435 | 22, 229, 519 | 9, 387, 916 | 5. 0 | 0. 6 | 17. 0 |
| 2019 | 35, 099, 686 | 24, 960, 542 | 10, 139, 144 | 11. 0 | 12. 3 | 8. 0 |
| 2020 | 40, 246, 096 | 29, 182, 260 | 11, 063, 836 | 14. 7 | 16. 9 | 9. 1 |
| 2021 | 49, 765, 386 | 36, 687, 457 | 13, 077, 929 | 23. 7 | 25. 7 | 18. 2 |

# 南昌海关 2021 年进出口商品月度总值表

| 月份 | 1—当月累计（万元人民币） | | | 1—当月累计同比（%） | | |
| --- | --- | --- | --- | --- | --- | --- |
| | 进出口额 | 出口额 | 进口额 | 进出口 | 出口 | 进口 |
| 1 月 | 4, 017, 197 | 2, 933, 774 | 1, 083, 423 | 41. 3 | 51. 8 | 19. 0 |
| 2 月 | 7, 120, 808 | 5, 210, 583 | 1, 910, 224 | 57. 2 | 82. 5 | 14. 1 |
| 3 月 | 10, 803, 679 | 7, 872, 227 | 2, 931, 451 | 25. 6 | 32. 8 | 9. 7 |
| 4 月 | 14, 712, 181 | 10, 900, 478 | 3, 811, 704 | 20. 4 | 26. 1 | 6. 7 |
| 5 月 | 18, 886, 063 | 13, 989, 287 | 4, 896, 776 | 18. 5 | 21. 6 | 10. 4 |
| 6 月 | 22, 797, 570 | 16, 802, 461 | 5, 995, 109 | 15. 2 | 16. 9 | 10. 9 |
| 7 月 | 26, 526, 504 | 19, 371, 658 | 7, 154, 846 | 11. 9 | 11. 9 | 11. 7 |
| 8 月 | 30, 125, 716 | 21, 928, 151 | 8, 197, 565 | 10. 7 | 10. 1 | 12. 4 |
| 9 月 | 34, 801, 969 | 25, 472, 630 | 9, 329, 339 | 13. 7 | 14. 6 | 11. 5 |
| 10 月 | 39, 372, 330 | 28, 963, 326 | 10, 409, 004 | 18. 4 | 20 | 14. 3 |
| 11 月 | 44, 845, 989 | 33, 098, 691 | 11, 747, 298 | 21. 9 | 24. 6 | 14. 9 |
| 12 月 | 49, 765, 386 | 36, 687, 457 | 13, 077, 929 | 23. 7 | 25. 7 | 18. 2 |

# 南昌海关2021年进出口商品国别（地区）前30位总值表

| 国别（地区） | 进出口 | | 出口 | | 进口 | |
|---|---|---|---|---|---|---|
| | 累计（万元人民币） | 同比（%） | 累计（万元人民币） | 同比（%） | 累计（万元人民币） | 同比（%） |
| 美国 | 6, 914, 332 | 36. 4 | 6, 644, 001 | 36. 6 | 270, 331 | 31. 9 |
| 中国香港 | 3, 615, 910 | 10. 1 | 3, 512, 721 | 8. 9 | 103, 189 | 73. 5 |
| 韩国 | 2, 807, 271 | -5. 1 | 1, 692, 363 | 25. 3 | 1, 114, 908 | -30. 7 |
| 日本 | 2, 591, 107 | 1. 9 | 1, 528, 747 | 18. 0 | 1, 062, 360 | -14. 8 |
| 中国台湾 | 2, 447, 227 | 19. 6 | 676, 836 | 48. 4 | 1, 770, 391 | 11. 4 |
| 越南 | 2, 232, 749 | 34. 9 | 1, 956, 012 | 38. 4 | 276, 737 | 14. 2 |
| 智利 | 2, 068, 948 | 49. 9 | 410, 658 | 72. 3 | 1, 658, 290 | 45. 2 |
| 印度 | 1, 590, 399 | 89. 2 | 1, 540, 543 | 94. 2 | 49, 856 | 5. 6 |
| 中国① | 1, 463, 995 | 61. 3 | 0 | — | 1, 463, 995 | 61. 3 |
| 澳大利亚 | 1, 454, 196 | 24. 3 | 659, 372 | 16. 0 | 794, 824 | 32. 1 |
| 马来西亚 | 1, 321, 365 | 18. 9 | 1, 070, 369 | 7. 7 | 250, 996 | 114. 1 |
| 印度尼西亚 | 1, 254, 818 | 44. 5 | 851, 557 | 45. 2 | 403, 261 | 42. 9 |
| 荷兰 | 1, 117, 843 | 17. 3 | 1, 090, 209 | 16. 5 | 27, 634 | 62. 8 |
| 泰国 | 1, 083, 120 | 37. 2 | 922, 901 | 38. 5 | 160, 219 | 30. 1 |
| 德国 | 1, 036, 820 | 14. 0 | 886, 143 | 25. 2 | 150, 678 | -25. 2 |
| 英国 | 1, 013, 201 | 19. 5 | 967, 530 | 17. 8 | 45, 671 | 72. 6 |
| 巴西 | 984, 584 | 37. 4 | 619, 202 | 36. 2 | 365, 383 | 39. 5 |
| 菲律宾 | 813, 835 | 59. 0 | 766, 173 | 75. 7 | 47, 662 | -37. 0 |
| 新加坡 | 771, 422 | -39. 4 | 671, 918 | -38. 7 | 99, 504 | -43. 9 |
| 南非 | 722, 386 | 74. 2 | 256, 685 | 12. 0 | 465, 701 | 151. 1 |

① 港澳台除外。

续表

| 国别（地区） | 进出口 | | 出口 | | 进口 | |
|---|---|---|---|---|---|---|
| | 累计（万元人民币） | 同比（%） | 累计（万元人民币） | 同比（%） | 累计（万元人民币） | 同比（%） |
| 阿联酋 | 705,023 | -6.9 | 700,493 | -6.7 | 4,530 | -24.8 |
| 加拿大 | 672,875 | 21.8 | 589,077 | 19.2 | 83,798 | 44.3 |
| 俄罗斯联邦 | 567,040 | 19.5 | 470,639 | 10.4 | 96,401 | 100.9 |
| 墨西哥 | 563,992 | 14.9 | 368,825 | 21.2 | 195,167 | 4.7 |
| 秘鲁 | 538,474 | 51.3 | 130,846 | 49.4 | 407,628 | 51.9 |
| 赞比亚 | 526,864 | 15.0 | 12,546 | -43.4 | 514,317 | 18.0 |
| 法国 | 490,137 | 4.2 | 403,401 | 33.0 | 86,735 | -48.1 |
| 刚果（金） | 469,251 | 120.3 | 33,031 | 165.7 | 436,219 | 117.5 |
| 西班牙 | 420,419 | 35.0 | 395,563 | 40.8 | 24,856 | -18.9 |
| 波兰 | 412,727 | 49.7 | 407,294 | 49.5 | 5,433 | 66.0 |

# 南昌海关 2021 年进出口商品贸易方式总值表

| 贸易方式 | 进出口 | | 出口 | | 进口 | |
|---|---|---|---|---|---|---|
| | 累计（万元人民币） | 同比（%） | 累计（万元人民币） | 同比（%） | 累计（万元人民币） | 同比（%） |
| 合计 | 49, 765, 386 | 23. 7 | 36, 687, 457 | 25. 7 | 13, 077, 929 | 18. 2 |
| 一般贸易 | 36, 969, 010 | 30. 6 | 29, 348, 543 | 30. 9 | 7, 620, 467 | 29. 4 |
| 国家间、国际组织无偿援助和赠送的物资 | 1, 302 | -59. 2 | 1, 302 | -59. 2 | 0 | |
| 其他捐赠物资 | 31 | -98. 8 | 0 | -100 | 31 | -98. 5 |
| 加工贸易 | 10, 079, 494 | -6. 5 | 5, 860, 792 | -7. 5 | 4, 218, 702 | -5 |
| 来料加工装配贸易 | 476, 112 | 11. 5 | 265, 245 | -2. 2 | 210, 867 | 35. 1 |
| 进料加工贸易 | 9, 603, 382 | -7. 2 | 5, 595, 547 | -7. 7 | 4, 007, 835 | -6. 5 |
| 寄售代销贸易 | 3, 028 | -1. 1 | 3, 028 | -1. 1 | 0 | |
| 加工贸易进口设备 | 218 | -95. 2 | 0 | | 218 | -95. 2 |
| 对外承包工程出口货物 | 30, 596 | -62. 4 | 30, 596 | -62. 4 | 0 | |
| 租赁贸易 | 362 | | 362 | | 0 | |
| 外商投资企业作为投资进口的设备、物品 | 3, 150 | -82. 2 | 0 | | 3, 150 | -82. 2 |
| 保税监管场所进出境货物 | 22, 213 | -67. 4 | 19, 791 | -57. 1 | 2, 422 | -89 |
| 海关特殊监管区域物流货物 | 2, 504, 767 | 190. 2 | 1, 393, 380 | 479. 5 | 1, 111, 387 | 78. 5 |
| 海关特殊监管区域进口设备 | 93, 732 | 63. 5 | 0 | | 93, 732 | 63. 5 |
| 其他 | 57, 484 | -10. 4 | 29, 663 | -46. 5 | 27, 821 | 219. 5 |

# 南昌海关2021年进出口企业性质总值表

| 企业性质 | 进出口 | | 出口 | | 进口 | |
|---|---|---|---|---|---|---|
| | 累计（万元人民币） | 同比（%） | 累计（万元人民币） | 同比（%） | 累计（万元人民币） | 同比（%） |
| 合计 | 49,765,386 | 23.7 | 36,687,457 | 25.7 | 13,077,929 | 18.2 |
| 国有企业 | 1,979,138 | 33 | 853,709 | 25.1 | 1,125,429 | 39.6 |
| 外商投资企业 | 11,422,395 | 26.2 | 6,422,891 | 22.6 | 4,999,504 | 31.1 |
| 民营企业 | 36,351,148 | 22.6 | 29,401,533 | 26.6 | 6,949,615 | 7.9 |
| 集体企业 | 23,186 | -25.8 | 22,960 | -26 | 225 | -12.7 |
| 私营企业 | 36,326,515 | 22.7 | 29,377,420 | 26.9 | 6,949,095 | 7.9 |
| 个体工商户 | 1,447 | -95.7 | 1,153 | -96.6 | 295 | 351.5 |
| 其他企业 | 12,705 | -71.3 | 9,324 | -77 | 3,381 | -10.9 |

# 南昌海关2021年进出口商品收发货人所在地总值表

| 收发货人所在地 | 进出口 | | 出口 | | 进口 | |
|---|---|---|---|---|---|---|
| | 累计（万元人民币） | 同比（%） | 累计（万元人民币） | 同比（%） | 累计（万元人民币） | 同比（%） |
| 合计 | 49,765,383 | 23.7 | 36,687,454 | 25.7 | 13,077,929 | 18.2 |
| 南昌市 | 12,902,498 | 12.1 | 8,947,160 | 25.5 | 3,955,339 | -9.8 |
| 景德镇市 | 835,727 | 25.7 | 826,759 | 25.8 | 8,967 | 15.3 |
| 萍乡市 | 1,848,025 | 28 | 1,822,047 | 27.4 | 25,977 | 85.2 |
| 九江市 | 6,517,441 | 44.2 | 5,141,659 | 38 | 1,375,782 | 73.4 |
| 新余市 | 2,134,070 | 27.6 | 918,462 | 16.3 | 1,215,608 | 37.7 |
| 鹰潭市 | 4,317,174 | 28.4 | 1,179,638 | 8.9 | 3,137,536 | 37.7 |
| 赣州市 | 7,384,483 | 46.8 | 5,764,628 | 37.1 | 1,619,855 | 96.2 |
| 宜春市 | 3,186,823 | 30.6 | 2,938,557 | 28.6 | 248,265 | 59.3 |
| 上饶市 | 3,185,731 | 24 | 2,790,639 | 20.1 | 395,092 | 60.8 |
| 吉安市 | 5,310,346 | 0.4 | 4,379,229 | 11.5 | 931,117 | -31.8 |
| 抚州市 | 2,143,066 | 23.2 | 1,978,675 | 21.6 | 164,391 | 47.4 |

# 南昌海关2021年进出口商品运输方式总值表

| 运输方式 | 进出口 | | 出口 | | 进口 | |
|---|---|---|---|---|---|---|
| | 累计（万元人民币） | 同比（%） | 累计（万元人民币） | 同比（%） | 累计（万元人民币） | 同比（%） |
| 合计 | 49, 765, 386 | 23. 7 | 36, 687, 457 | 25. 7 | 13, 077, 929 | 18. 2 |
| 江海运输 | 33, 296, 125 | 35. 8 | 26, 284, 261 | 34. 8 | 7, 011, 864 | 40 |
| 铁路运输 | 661, 396 | 40. 9 | 614, 765 | 42 | 46, 631 | 27. 5 |
| 汽车运输 | 11, 089, 538 | 0. 1 | 6, 186, 670 | 0 | 4, 902, 868 | 0. 2 |
| 航空运输 | 4, 532, 594 | 10. 2 | 3, 419, 544 | 14. 4 | 1, 113, 050 | -0. 9 |
| 邮件运输 | 34, 392 | -30. 2 | 30, 877 | -32 | 3, 516 | -8. 8 |
| 其他运输 | 151, 340 | 548. 8 | 151, 340 | 552. 6 | 0 | -100 |

# 南昌海关 2021 年进出口商品类章总值表

| 进出口商品类章 | 进出口 | | 出口 | | 进口 | |
|---|---|---|---|---|---|---|
| | 累计（万元人民币） | 同比（%） | 累计（万元人民币） | 同比（%） | 累计（万元人民币） | 同比（%） |
| | 49,765,386 | 23.7 | 36,687,457 | 25.7 | 13,077,929 | 18.2 |
| 第 1 章　活动物 | 34,957 | -6.9 | 34,957 | -6.9 | 0 | — |
| 第 2 章　肉及食用杂碎 | 17,193 | 87.3 | 646 | 8.8 | 16,548 | 92.7 |
| 第 3 章　鱼、甲壳动物、软体动物及其他水生无脊椎动物 | 1,246 | -19.5 | 403 | 53.2 | 843 | -34.4 |
| 第 4 章　乳品；蛋品；天然蜂蜜；其他食用动物产品 | 5,614 | 45.5 | 757 | 19,220.1 | 4,856 | 26.0 |
| 第 5 章　其他动物产品 | 4,206 | 15.9 | 2,478 | 8.5 | 1,728 | 28.5 |
| 第 6 章　活树及其他活植物；鳞茎、根及类似品；插花及装饰用簇叶 | 578 | -79.9 | 561 | -36.3 | 17 | -99.1 |
| 第 7 章　食用蔬菜、根及块茎 | 35,476 | 198.1 | 6,588 | 21.5 | 28,888 | 345.9 |
| 第 8 章　食用水果及坚果；甜瓜或柑橘属水果的果皮 | 18,940 | -4.6 | 18,359 | -6.1 | 581 | 97.2 |
| 第 9 章　咖啡、茶、马黛茶及调味香料 | 78,959 | 31.5 | 78,503 | 32.5 | 456 | -40.8 |
| 第 10 章　谷物 | 115,711 | 562.5 | 43 | 1,591.4 | 115,667 | 562.3 |
| 第 11 章　制粉工业产品；麦芽；淀粉；菊粉；面筋 | 2,222 | 39.6 | 156 | 27.4 | 2,065 | 40.6 |
| 第 12 章　含油子仁及果实；杂项子仁及果仁；工业用或药用植物；稻草、秸秆及饲料 | 91,405 | 449.2 | 3,701 | 64.5 | 87,704 | 509.4 |

续表1

| 进出口商品类章 | 进出口 | | 出口 | | 进口 | |
|---|---|---|---|---|---|---|
| | 累计（万元人民币） | 同比（%） | 累计（万元人民币） | 同比（%） | 累计（万元人民币） | 同比（%） |
| 第13章　虫胶；树胶、树脂及其他植物液、汁 | 9,970 | 15.9 | 8,331 | 140.3 | 1,639 | -68.1 |
| 第14章　编结用植物材料；其他植物产品 | 1,335 | 53.2 | 1,295 | 51.0 | 40 | 189.5 |
| 第15章　动、植物或微生物油、脂及其分解产品；精制的食用油脂；动、植物蜡 | 8,929 | 141.5 | 1,830 | -48.5 | 7,099 | 4,877.9 |
| 第16章　肉、鱼、甲壳动物、软体动物及其他水生无脊椎动物、昆虫的制品 | 57,292 | 27.3 | 57,292 | 27.3 | 0 | — |
| 第17章　糖及糖食 | 6,335 | 224.3 | 4,740 | 400.9 | 1,596 | 58.4 |
| 第18章　可可及可可制品 | 1,853 | 27.1 | 1,853 | 31.8 | 0 | -99.7 |
| 第19章　谷物、粮食粉、淀粉或乳的制品；糕饼点心 | 25,457 | 2.5 | 23,599 | 2.4 | 1,858 | 3.9 |
| 第20章　蔬菜、水果、坚果或植物其他部分的制品 | 45,771 | -32.5 | 45,551 | -32.6 | 220 | 9.4 |
| 第21章　杂项食品 | 24,016 | 36.1 | 17,944 | 46.0 | 6,072 | 13.4 |
| 第22章　饮料、酒及醋 | 15,560 | 86.2 | 4,213 | 93.6 | 11,347 | 83.6 |
| 第23章　食品工业的残渣及废料；配制的动物饲料 | 24,420 | 95.6 | 13,666 | 32.8 | 10,754 | 389.3 |
| 第25章　盐；硫磺；泥土及石料；石膏料、石灰及水泥 | 386,826 | 53.9 | 78,391 | 100.5 | 308,435 | 45.3 |
| 第26章　矿砂、矿渣及矿灰 | 2,727,443 | 38.0 | 7,572 | 152.1 | 2,719,870 | 37.8 |
| 第27章　矿物燃料、矿物油及其蒸馏产品；沥青物质；矿物蜡 | 23,434 | -56.1 | 4,485 | 62.9 | 18,949 | -62.5 |
| 第28章　无机化学品；贵金属、稀土金属、放射性元素及其同位素的有机及无机化合物 | 1,412,117 | 76.7 | 1,162,353 | 71.3 | 249,764 | 107.4 |
| 第29章　有机化学品 | 900,643 | 24.4 | 859,643 | 22.7 | 41,000 | 77.5 |
| 第30章　药品 | 79,963 | 5.2 | 55,724 | 21.3 | 24,239 | -19.4 |
| 第31章　肥料 | 29,568 | 51.1 | 29,568 | 51.1 | 0 | — |
| 第32章　鞣料浸膏及染料浸膏；鞣酸及其衍生物；染料、颜料及其他着色料；油漆及清漆；油灰及其他类似胶黏剂；墨水、油墨 | 150,196 | 43.5 | 141,442 | 43.1 | 8,755 | 49.0 |

续表2

| 进出口商品类章 | 进出口 | | 出口 | | 进口 | |
|---|---|---|---|---|---|---|
| | 累计（万元人民币） | 同比（%） | 累计（万元人民币） | 同比（%） | 累计（万元人民币） | 同比（%） |
| 第33章　精油及香膏；芳香料制品及化妆盥洗品 | 108,219 | 66.7 | 67,653 | 66.6 | 40,565 | 67.0 |
| 第34章　肥皂、有机表面活性剂、洗涤剂、润滑剂、人造蜡、调制蜡、光洁剂、蜡烛及类似品、塑型用膏、“牙科用蜡”及牙科用熟石膏制剂 | 70,070 | 41.3 | 53,392 | 42.1 | 16,677 | 38.9 |
| 第35章　蛋白类物质；改性淀粉；胶；酶 | 72,184 | 30.3 | 63,270 | 62.0 | 8,914 | -45.5 |
| 第36章　炸药；烟火制品；引火合金；易燃材料制品 | 193,973 | 28.5 | 190,880 | 27.5 | 3,093 | 142.3 |
| 第37章　照相及电影用品 | 10,028 | -64.4 | 4,601 | 58.3 | 5,428 | -78.5 |
| 第38章　杂项化学产品 | 633,581 | 8.4 | 591,602 | 21.3 | 41,979 | -56.6 |
| 第39章　塑料及其制品 | 1,956,515 | 32.6 | 1,681,555 | 36.5 | 274,959 | 13.0 |
| 第40章　橡胶及其制品 | 163,519 | 83.0 | 126,814 | 120.6 | 36,705 | 15.3 |
| 第41章　生皮（毛皮除外）及皮革 | 53,765 | 27.5 | 22,109 | 104.3 | 31,656 | 1.0 |
| 第42章　皮革制品；鞍具及挽具；旅行用品、手提包及类似容器；动物肠线（蚕胶丝除外）制品 | 546,395 | 62.8 | 546,119 | 62.7 | 276 | 260.0 |
| 第43章　毛皮、人造毛皮及其制品 | 82,762 | 229.5 | 82,684 | 232.8 | 78 | -71.6 |
| 第44章　木及木制品；木炭 | 417,251 | 45.4 | 259,951 | 76.9 | 157,300 | 12.4 |
| 第45章　软木及软木制品 | 111 | -43.4 | 111 | -43.4 | 0 | — |
| 第46章　稻草、秸秆、针茅或其他编结材料制品；篮筐及柳条编结品 | 12,343 | 109.9 | 12,324 | 109.7 | 19 | 580.2 |
| 第47章　木浆及其他纤维状纤维素浆；回收（废碎）纸及纸板 | 567,204 | 62.0 | 81 | -65.2 | 567,123 | 62.1 |
| 第48章　纸及纸板；纸浆、纸或纸板制品 | 573,068 | 10.8 | 529,433 | 6.1 | 43,636 | 137.4 |
| 第49章　书籍、报纸、印刷图画及其他印刷品；手稿、打字稿及设计图纸 | 30,667 | 29.9 | 27,528 | 38.6 | 3,140 | -15.9 |
| 第50章　蚕丝 | 2,000 | 294.5 | 1,940 | 282.7 | 60 | — |
| 第51章　羊毛、动物细毛或粗毛；马毛纱线及其机织物 | 333 | 125.5 | 87 | 446.3 | 246 | 86.9 |
| 第52章　棉花 | 34,513 | -4.8 | 26,038 | -11.0 | 8,475 | 21.1 |

续表3

| 进出口商品类章 | 进出口 | | 出口 | | 进口 | |
|---|---|---|---|---|---|---|
| | 累计（万元人民币） | 同比（%） | 累计（万元人民币） | 同比（%） | 累计（万元人民币） | 同比（%） |
| 第 53 章　其他植物纺织纤维；纸纱线及其机织物 | 50, 990 | 16. 4 | 43, 417 | 11. 4 | 7, 572 | 57. 0 |
| 第 54 章　化学纤维长丝；化学纤维纺织材料制扁条及类似品 | 107, 825 | 44. 2 | 92, 842 | 50. 9 | 14, 984 | 13. 2 |
| 第 55 章　化学纤维短纤 | 58, 081 | -3. 1 | 55, 153 | -3. 3 | 2, 929 | 2. 5 |
| 第 56 章　絮胎、毡呢及无纺织物；特种纱线；线、绳、索、缆及其制品 | 81, 131 | -0. 8 | 75, 254 | -1. 5 | 5, 877 | 9. 7 |
| 第 57 章　地毯及纺织材料的其他铺地制品 | 41, 254 | 70. 0 | 41, 174 | 69. 6 | 79 | 4, 198. 2 |
| 第 58 章　特种机织物；簇绒织物；花边；装饰毯；装饰带；刺绣品 | 58, 691 | 58. 6 | 52, 400 | 68. 8 | 6, 291 | 5. 8 |
| 第 59 章　浸渍、涂布、包覆或层压的纺织物；工业用纺织制品 | 61, 186 | 46. 8 | 49, 637 | 64. 9 | 11, 549 | -0. 3 |
| 第 60 章　针织物及钩编织物 | 125, 323 | 109. 7 | 114, 187 | 134. 5 | 11, 137 | 0. 7 |
| 第 61 章　针织或钩编的服装及衣着附件 | 1, 606, 724 | 64. 4 | 1, 606, 481 | 64. 4 | 242 | 14. 3 |
| 第 62 章　非针织或非钩编的服装及衣着附件 | 763, 523 | 41. 2 | 761, 878 | 41. 9 | 1, 645 | -59. 1 |
| 第 63 章　其他纺织制成品；成套物品；旧衣着及旧纺织品；碎织物 | 454, 548 | -21. 4 | 450, 294 | -20. 9 | 4, 254 | -49. 9 |
| 第 64 章　鞋靴、护腿和类似品及其零件 | 875, 893 | 34. 7 | 846, 101 | 38. 6 | 29, 791 | -25. 1 |
| 第 65 章　帽类及其零件 | 49, 689 | 170. 0 | 49, 562 | 170. 9 | 127 | 13. 7 |
| 第 66 章　雨伞、阳伞、手杖、鞭子、马鞭及其零件 | 18, 608 | -0. 4 | 18, 607 | -0. 4 | 0 | 995. 3 |
| 第 67 章　已加工羽毛、羽绒及其制品；人造花；人发制品 | 353, 255 | 98. 5 | 350, 627 | 97. 9 | 2, 628 | 220. 6 |
| 第 68 章　石料、石膏、水泥、石棉、云母及类似材料的制品 | 289, 377 | 9. 5 | 284, 060 | 9. 0 | 5, 316 | 46. 3 |
| 第 69 章　陶瓷产品 | 763, 210 | 10. 9 | 758, 159 | 10. 3 | 5, 052 | 427. 4 |
| 第 70 章　玻璃及其制品 | 354, 347 | 50. 1 | 338, 138 | 50. 0 | 16, 209 | 50. 7 |
| 第 71 章　天然或养殖珍珠、宝石或半宝石、贵金属、包贵金属及其制品；仿首饰；硬币 | 883, 326 | 77. 5 | 344, 279 | -2. 7 | 539, 047 | 274. 5 |
| 第 72 章　钢铁 | 758, 547 | 145. 1 | 744, 313 | 152. 7 | 14, 234 | -4. 1 |

续表4

| 进出口商品类章 | 进出口 | | 出口 | | 进口 | |
|---|---|---|---|---|---|---|
| | 累计（万元人民币） | 同比（%） | 累计（万元人民币） | 同比（%） | 累计（万元人民币） | 同比（%） |
| 第73章　钢铁制品 | 1,146,739 | 48.7 | 1,133,200 | 50.2 | 13,539 | -20.0 |
| 第74章　铜及其制品 | 2,351,647 | 47.9 | 663,112 | 48.0 | 1,688,535 | 47.8 |
| 第75章　镍及其制品 | 4,295 | -38.4 | 1,268 | 31.4 | 3,027 | -49.7 |
| 第76章　铝及其制品 | 202,332 | 14.5 | 193,416 | 12.0 | 8,915 | 118.9 |
| 第78章　铅及其制品 | 1,441 | -19.5 | 1,383 | -22.8 | 58 | — |
| 第79章　锌及其制品 | 6,177 | 36.6 | 3,332 | 30.5 | 2,846 | 44.5 |
| 第80章　锡及其制品 | 697 | 424.3 | 612 | 686.9 | 85 | 54.6 |
| 第81章　其他贱金属、金属陶瓷及其制品 | 464,967 | 108.1 | 127,481 | 81.2 | 337,485 | 120.5 |
| 第82章　贱金属工具、器具、利口器、餐匙、餐叉及其零件 | 244,401 | 43.7 | 241,519 | 43.8 | 2,882 | 31.4 |
| 第83章　贱金属杂项制品 | 447,360 | 35.2 | 438,437 | 34.8 | 8,922 | 60.9 |
| 第84章　核反应堆、锅炉、机器、机械器具及零件 | 4,506,164 | 39.4 | 3,919,844 | 39.4 | 586,320 | 39.4 |
| 第85章　电机、电气设备及其零件；录音机及放声机、电视图像、声音的录制和重放设备及其零件、附件 | 13,437,211 | -7.0 | 9,294,342 | -3.3 | 4,142,869 | -14.3 |
| 第86章　铁道及电车道机车、车辆及其零件；铁道及电车道轨道固定装置及其零件；附件；各种机械（包括电动机械）交通信号设备 | 11,312 | 56.9 | 11,292 | 56.6 | 21 | — |
| 第87章　车辆及其零件、附件，但铁道及电车道车辆除外 | 847,762 | 37.6 | 773,779 | 56.9 | 73,983 | -39.8 |
| 第88章　航空器、航天器及其零件 | 6,217 | -61.1 | 402 | 271.9 | 5,815 | -63.4 |
| 第89章　船舶及浮动结构体 | 87,211 | 351.0 | 85,730 | 355.4 | 1,481 | 189.5 |
| 第90章　光学、照相、电影、计量、检验、医疗或外科用仪器及设备、精密仪器及设备；上述物品的零件、附件 | 1,302,745 | 22.2 | 739,757 | 41.7 | 562,988 | 3.5 |
| 第91章　钟表及其零件 | 57,900 | 195.1 | 46,404 | 138.9 | 11,496 | 5,710.1 |
| 第92章　乐器及其零件、附件 | 23,650 | 25.0 | 23,430 | 24.8 | 221 | 64.7 |
| 第93章　武器、弹药及其零件、附件 | 112 | 5.5 | 112 | 5.5 | 0 | — |

续表5

| 进出口商品类章 | 进出口 | | 出口 | | 进口 | |
|---|---|---|---|---|---|---|
| | 累计（万元人民币） | 同比（%） | 累计（万元人民币） | 同比（%） | 累计（万元人民币） | 同比（%） |
| 第94章　家具；寝具、褥垫、弹簧床垫、软坐垫及类似的填充制品；未列名灯具及照明装置；发光标志、发光铭牌及类似品；活动房屋 | 2,732,926 | 25.7 | 2,724,131 | 25.4 | 8,795 | 264.4 |
| 第95章　玩具、游戏品、运动用品及其零件、附件 | 1,979,038 | 58.2 | 1,975,342 | 58.3 | 3,696 | 22.8 |
| 第96章　杂项制品 | 212,966 | 33.4 | 205,913 | 32.3 | 7,053 | 75.0 |
| 第97章　艺术品、收藏品及古物 | 10,406 | 55.6 | 10,342 | 54.6 | 63 | — |
| 第98章　特殊交易品及未分类商品 | 90,901 | 73.8 | 70,587 | 45.9 | 20,314 | 415.5 |
| 第99章　跨境电商B2B简化申报商品 | 113 | -56.1 | 113 | -56.1 | 0 | — |

# 附录

# 2021年南昌海关公告

## 中华人民共和国南昌海关公告

2021年第1号

根据海关总署2021年第57号公告（关于废止用于新型冠状病毒感染的肺炎疫情进口捐赠物资通关手续办理有关规定的公告），南昌海关决定废止2020年第1号公告（南昌海关关于用于新型冠状病毒感染的肺炎疫情进口捐赠物资办理通关手续的公告）。相关工作可按照现行有关规定办理。

本公告自发布之日起施行。

特此公告。

南昌海关

2021年7月16日

## 中华人民共和国南昌海关公告

2021年第2号

为满足社会公众的海关统计数据使用需求，根据《中华人民共和国海关统计条例》有关规定，现公布《2022年南昌海关统计数据公布时间表》（见附件）。

特此公告。

附件：2022年南昌海关统计数据公布时间表

南昌海关

2021年12月23日

附件

## 2022年南昌海关统计数据公布时间表

| 时间 | 快讯 | 月度正式数据 | 时间 | 快讯 | 月度正式数据 |
|---|---|---|---|---|---|
| 1月 | 1月17日（星期一） | 1月18日（星期二） | 7月 | 7月15日（星期五） | 7月18日（星期一） |
| 2月 | — | — | 8月 | 8月12日（星期五） | 8月18日（星期四） |
| 3月 | 3月14日（星期一） | 3月18日（星期五） | 9月 | 9月12日（星期一） | 9月18日（星期日） |
| 4月 | 4月15日（星期五） | 4月18日（星期一） | 10月 | 10月17日（星期一） | 10月18日（星期二） |
| 5月 | 5月12日（星期四） | 5月18日（星期三） | 11月 | 11月14日（星期一） | 11月18日（星期五） |
| 6月 | 6月13日（星期一） | 6月18日（星期六） | 12月 | 12月12日（星期一） | 12月18日（星期日） |

注：

月度数据指上一个月的当月数据及1月至上一个月的累计数据。其中，“快讯”为海关统计月度初步汇总数据；“月度正式数据”是在月度初步数据的基础上，进一步修正差错后形成的正式数据；“月度正式数据”由海关对外统计数据咨询服务部门提供数据咨询。

2022年2月不公布数据，3月14日公布1月和2月合计快讯数据。

# “中国海关史料丛书” 编委会